· 青少年网络心理

Internet Psychology and

周宗奎/主编

青少年社交退缩与网络交往

Adolescent Social Withdraw and Online Communication

田 媛 著

中国出版集团

世界图书出版公司

广州·上海·西安·北京

图书在版编目（CIP）数据

青少年社交退缩与网络交往／田媛著. —广州：
世界图书出版广东有限公司，2025.1重印
　ISBN　978-7-5100-8021-0

　Ⅰ.①青… Ⅱ.①田… Ⅲ.①互联网络—影响—
青少年—心理交往—研究 Ⅳ.①C912.1

中国版本图书馆 CIP 数据核字（2014）第 150019 号

青少年社交退缩与网络交往

责任编辑	翁　晗
出版发行	世界图书出版广东有限公司
地　　址	广州市新港西路大江冲25号
电　　话	020-84459702
印　　刷	悦读天下（山东）印务有限公司
规　　格	880mm×1230mm　1/32
印　　张	10
字　　数	230 千
版　　次	2014 年 6 月第 1 版　2025 年 1 月第 4 次印刷
ISBN	978-7-5100-8021-0/B·0082
定　　价	58.00 元

总　序

一

　　工具的使用对于人类进化的作用从来都是哲学家和进化研究者们在探讨人类文明进步的动力时最重要的主题。互联网可以说是人类历史上影响最复杂、前景最广阔的工具，互联网的普及已经深深地影响了人类的生活方式。它对人类文明进化的影响已经让每个网民都有了亲身感受，但是这种影响还在不断地深化和蔓延中，就像我们认识石器、青铜器、印刷术的作用一样，我们需要巨大的想象力和以世纪计的时距，才有可能全面地认识人类发明的高度技术化的工具——互联网对人类发展的影响。

　　互联网全面超越了人类传统的工具，表现在其共享性、智能性和渗透性。互联网的本质作用体现在个人思想和群体智慧的交流与共享；互联网对人类行为效能影响的根本基础在于其智能属性，它具有能部分地替代人类完成甚为复杂的信息加工的功能；互联网对人类行为之所以产生如此广泛的影响，在于其发挥作用的方式能够在人类活动的各个领域无所不在地渗透。

　　法国当代哲学家贝尔纳·斯蒂格勒在其名著《技术与时间》中，从技术进化论的角度提出了一个假说："在物理学的无机物和生物学的有机物之间有第三类存在者，即属于技术物体一类的有机化的无机物。这些有机化的无机物贯穿着特有的动力，它既和物理动力相关又和生物动力相关，但不能被归结为二者的'总和'或'产物'。"在我看来，互联网正是这样一种"第三类存在者"。互联网当然首先依存于计算机和网络硬件，但是其支撑控制软件与信息内容的生成和运作又构成自成一体的系统，有其自身的动力演化机制。我们所谓的"网络空间"，也可以被看作是介于物理空间和精神空间之间的"第三空间"。

与物理空间相映射，人类可以在自己的大脑里创造一个充满意义的精神空间，并且还可以根据物理世界来塑造这个精神空间。而网络是一个独特的虚拟空间，网络中的很多元素，包括个体存在与社会关系，都与个体在自己大脑内创造的精神空间相似。但是这个虚拟空间不是存在于人的大脑，而是寄存于一个庞大而复杂的物理系统。唯其如此，网络空间才成为独特的第三空间。

二

网络心理学正是要探索这个第三空间的心理与行为规律。随着互联网技术和应用的迅猛发展，网络心理学正处在迅速的孕育和形成过程中，并且必将成为心理科学发展的一个重大进展。

技术的发展已经使得网络空间从文本环境转变为多媒体环境，从人机互动转变为社会互动，使它成为一个更加丰富多彩的虚拟世界。这个世界对个人和社会都洋溢着意义，并将人们不同的思想与意图交织在一起，充满了创造的机会，使网络空间成为了一个社会空间。在网络这个新的社会环境和心理环境中，一定会衍生出反映人类行为方式和内心经验的新的规律，包括相关的生理反应、行为表现、认知过程和情感体验。

从门户网站到搜索引擎，再到社交媒体，互联网的发展已经在个人生活、公共事业、商业活动、科学创造等领域取得了划时代的进步，日新月异的技术、产品和服务已经使互联网成为了一个以高创新和高潜力为标志的最具魅力的新兴行业。网络技术与生活内容的结合，产生了网络社交、电子政务、电子商务、网络金融、在线教育、网络医疗、网络游戏、网络婚恋等丰富多彩的网络生活形态；随着网络生活史的延续，基于互联网的大数据进而开始改变人类行为的组织方式与生活方式。与人类历史上的任何一个时期相比，个人的自我表露、娱乐、休闲的方式更加丰富，人与人之间的交往和互助的方式更为多样，人们的教育和科学研究活动更为自由，医疗卫生保健活动也更加自主……网络技术仍然在不断地发展与创新，人们对技术改变生活的心态已经从被动接受转变为充满期待。

进入移动互联网时代之后，手机、平板电脑等个人终端和网络覆盖的普及带来了时间和空间上的便利性，人们在深层的心理层面上很容易将网络空间看作是自己的思想与人格的延伸。伴随着网络互动产生的放大效应，人们甚至会感到自己的思想与他人的思想可以轻易相通，甚至可以混合重构为一体。个人思想之间的界线模糊了，融合智慧正在成为人类思想史上新的存在和表现形式，也正在改写人类的思想史。

伴随着作为人类智慧结晶的网络本身的进化，在人类众多生产生活领域中发生的人的行为模式的改变将会是持续不断的，这种改变会将人类引向何处？从人类行为规律的层面探索这种改变及其效果，这样的问题就像网络本身一样令人兴奋和充满挑战。

网络心理学是关于人在网络环境中的行为和体验的一般规

律的科学研究。作为心理学的一个新兴研究领域，网络心理学大致发端于1990年代中期。随着互联网的发展，网络心理学也吸引了越来越多的学者开始研究，越来越多的文章发表在心理学和相关学科期刊上，越来越多的相关著作在出版。近两三年来，一些主要的英文学术期刊数据库（如Elsevier Science Direct Online）中社会科学和心理学门类下的热点论文排行中甚至有一半以上是研究网络心理与网络行为的。同时，越来越多的网民也开始寻求对人类行为中这一相对未知、充满挑战的领域获得专业可信的心理学解释。

在网络空间中，基于物理环境的面对面的活动逐渐被越来越逼真的数字化表征所取代，这个过程影响着人的心理，也同时影响着心理学。一方面，已有的心理科学知识运用于网络环境时需要经过检验和改造，传统的心理学知识和技术可以得到加强和改进；另一方面，人们的网络行为表现出一些不同于现实行为的新的现象，需要提出全新的心理学概念与原理来解释，形成新的理论和技术体系。这两方面的需要使得当前的网络心理学研究充满了活力。

网络心理学得到了多个学科研究者的关注和参与，心理学、传播学、计算机科学、管理学、社会学、教育学、医学等学科的研究者，从不同的角度对网络心理与行为进行了探索。在心理学范畴内，网络心理研究涉及传统心理学的各个分支学科，认知、实验、发展、社会、教育、组织、人格、临床心理学等都在与网络行为的结合中发现了或者正在发现新的富有潜力的研究主题。传统心理学的所有主题都可以在网络空间得到拓展和更新，如感知觉、注意、记忆、学习、动机、人格理论、人际关系、年龄特征、心理健康、群体行为、文化与跨文化比较等等。甚至可以说，网络心理学可以对等地建构一套与传统心理学体系相互映射的研究主题和内容体系，将所有重要的心理学问题在网络背景下重演。实际上当前一部分的研究工作正是如此努力地开展的。

但是，随着网络心理学研究的深入，一些学科基础性的问题突显出来：传统的心理学概念和理论体系能够满足复杂的网络心理与行为研究的需要吗？心理学的经典理论能够在网络背景下得到适当的修改吗？有足够的网络行为研究能帮助我们提出新的网络心理学理论吗？

在过去的 20 年中，网络空间的日益发展，关于网络心理的研究也在不断扩展。早期的网络心理学研究大多集中于网络成瘾，这反映了心理学对社会问题产生关注的方式，也折射出人类对网络技术改变行为的焦虑。当然，网络心理学不仅要关注网络带来的消极影响，更要探究网络带来的积极方面。近期的网络心理学研究开始更多地关注网络与健康、学习、个人发展、人际关系、团队组织、亲社会行为、自我实现等更加积极和普遍的主题。

网络不仅仅是心理学的一个新课题，它更是一个人类心理体验的新领域，这个人类体验的领域是过去人类历史上从未出现过的，对这个全新领域的探索必然会改变心理学本身。但是，这需要心理学研究人员的思想首先发生转变，对网络心理学的研究方法与理论创新保持开放的态度；能够把人的网络空间、网络存在、网络环境看作是当代人类行为的最基本的要素，甚至将网络看作是某种根本的存在方式；理解并主动利用网络对个体心理、人际关系、群体行为和文化的重大影响，以探索和创造科学心理学在网络时代的新篇章。我们很高兴地看到，世界上一些活跃在网络心理与行为研究领域的实验室和团队已经开始显示出这种趋向。

网络心理学不仅仅只是简单地诠释和理解网络空间，作为一门应用性很强的学科，网络心理学在实际生活中的应用也有着广阔的前景。例如，如何有效地预测和引导网络舆论？如何提高网络广告的效益？如何高效地进行网络学习？如何利用网络资源促进教育？如何使团体和组织更有效地发挥作用？如何利用网络服务改进与提高心理健康和社会福利？如何有效地开展网络心理咨询与治疗？如何避免网络游戏对儿童青少年的消极影响？网络心理学的研究还需要对在线行为与线下生活之间的相互渗透关系进行深入的探索。在线行为与线下行为是如何相互影响的？个人和社会如何平衡和整合线上线下的生活方式？网络涵盖了大量的心理学主题资源，如心理自助、心理测验、互动游戏、儿童教育、网络营销等，网络心理学的应用可以在帮助个人行为和社会活动中发挥非常重要的作用。对这些问题的探讨不仅会加深我们对网络的理解，也会提升我们对人类心理与行为的完整的理解。

更富意味的是，网络技术恰恰是人类当代最有活力的技术领域。云计算、大数据方法、物联网、可视化、虚拟现实、增强现实、大规模在线课程、可穿戴设备、智慧家居、智能家教、微信传播等等，新的技术形态和应用每天都在改变着人的网络行为方式。这就使得网络心理学必须面对一种动态的研究对象，计算机与网络技术的快速发展使得人们的网络行为更加难以预测。网络心理学不同于心理学的其他分支学科，它必须与计算机网络的应用技术相同步，必须跟上技术形态变革的步伐。基于某种技术形态的发现与应用是有时间限制与技术条件支撑的。很可能在一个时期内发现的结论，过一个时期就完全不同了。这种由技术决定的研究对象的不断演进增加了网络心理学的发展难度。同时也增加了网络心理学的发展机会、增加了网络心理学对人类活动的内涵和重要性。

三

　　网络心理与行为研究是多学科的，不仅需要社会科学领域的研究者参与，也需要信息技术、网络技术、人机交互领域的研究者的参与。网络心理学的未来要依靠不同学科的协同创新。心理学家应该看到不同学科领域的视角和方法对网络心理研究的不可替代的价值。要理解和调控人的网络心理与行为，并有效地应用于网络生活实际，如网络教育、网络购物、网络治疗、在线学习等，仅仅依靠传统心理学的知识远远不够，甚至容易误导。为了探索网络心理与行为领域新的概念和理论，来自心理学和相关领域的学者密切合作、共同开展网络心理学的研究，更有利于理论创新、技术创新和产品创新，更有利于建立一门科学的网络心理学。

　　根据研究者看待网络的不同视角，网络心理学的研究可以分为三种类型：基于网络的研究、源于网络的研究和融于网络的研究。"基于网络的研究"是指将网络作为研究人心理和行为的工具和方法，作为收集数据和测试模型的平台，如网上调查、网络测评等；"源于网络的研究"是指将网络看作是影响人的心理和行为的因素，依据传统心理学来考察网络使用对人的心理和行为产生了什么影响，如网络成瘾领域的研究、网络使用的认知与情感效应之类的研究，"记忆的谷歌效应"这样的研究是其典型代表；"融于网络的研究"是指将网络看作是一个能够寄存和展示人的心理活动和行为表现的独立的空间，来探讨网络空间中个人和群体的独特的心理与行为规律，以及网络内外心理与行为的相互作用，这类研究内容包括社交网站中的人际关系、体现网络自我表露风格的"网络人格"等等。这三类研究对网络的理解有着不同的出发点，但也可以有交叉。

我们不妨大胆预测一下网络心理与行为研究领域未来的发展走向。在网络与人的关系方面，两者的联系将全面深入、泛化，网络逐渐成为人类生活的核心要素，相关的研究数量和质量都会大幅度提升。在学科发展方面，多学科的交叉和渗透成为必然，越来越多的研究者采用系统科学的方法对网络与人的关系开展心理领域、教育领域、社会领域和信息工程领域等多视角的整合研究。在应用研究方面，伴随新的技术、新的虚拟环境的产生，将不断导致新的问题的产生，如何保持人与网络的和谐关系与共同发展，将成为现实、迫切的重大问题。在网络发展方向上，人类共有的核心价值观将进一步引领网络技术的发展，技术的应用（包括技术、产品、服务等）方向将更多地体现人文价值。这就需要在网络世界提倡人文关怀先行，摒弃盲目的先乱后治，网络技术、虚拟世界的组织规则将更好地反映、联结人类社会的伦理要求。

四

互联网的发展全面地改变了当代人的生活，也改变了青少年的成长环境和行为方式。青少年是网络生活的主体，是最活跃的网络群体，也是最容易受网络影响、最具有网络创造活力的群体。传统的青少年心理学研究主要探讨青少年心理发展的年龄阶段、特点和规律，在互联网高速发展的时代，与青少年相关的心理学等学科必须深入探索网络时代青少年新的成长规律和特点，探索网络和信息技术对青少年个体和群体的社会行为、生活方式和文化传承的影响。

网络行为具备的平等性、互动性、隐蔽性、便利性和趣味性都让青少年网民着迷。探索外界和排解压力的需要能够部分地在诙谐幽默的网络语言中得到满足。而网络环境所具有的匿名性、继时性、超越时空性（可存档性和可弥补性）等技术优势，提供了一个相对安全的人际交往环境，使其对自我展示和表达拥有了最大限度的掌控权。

不断进化的技术形式本身就迎合了青少年对新颖的追求，如电子邮件（E-mail）、文件传送（FTP）、电子公告牌（BBS）、即时通信（IM，如 QQ、MSN）、博客（Blog）、社交网站（SNS）、多人交谈系统（IRC）、多人游戏（MUD）、网络群组（online-group）、微信等都在不断地维持和增加对青少年的吸引力。

网络交往能够为资源有限的青少年个体提供必要的社会互动链接，促进个体的心理和社会适应。有研究表明，网络友谊质量也可以像现实友谊质量一样亲密和有意义；网络交往能促进个体的社会适应和幸福水平；即时通信对青少年既有的现实友谊质量也有长期的正向效应；网络交往在扩展远距离的社会交往圈子的同时，也维持、强化了近距离的社会交往，社交网站等交往平台的使用能增加个体的社会资本，从而提升个体的社会适应幸福感水平。

同时，网络也给青少年提供了一个进行自我探索的崭新空间，在网络中青少年可以进行社会性比较，可以呈现他们心目中的理想自我，并对自我进行探索和尝试，这对于正在建立自我同一性的青少年来说是极为重要的。如个人在社交网站发表日志、心情等表达，都可以长期保留和轻易回顾，给个体反思自我提供了机会。社交网站中的自我呈现让个人能够以多种形式塑造和扮演自我，并通过与他人的互动反馈来进行反思和重塑，从而探索自我同一性的实现。

处于成长中的青少年是网络生活的积极参与者和推动者，能够迅速接受和利用网络的便利和优势，同时，也更容易受到网络的消极影响。互联网的迅猛发展正加速向低龄人群渗透。与网络相伴随的欺骗、攻击、暴力、青少年犯罪、群体事件等也屡见不鲜。青少年的网络心理问题已成为一个引发社会各界高度重视的焦点问题，它不仅影响青少年的成长，也直接影响到家庭、学校和社会的稳定。

同时，网络环境下的学习方式和教学方式的变革、教育活动方式的变化、学生行为的变化和应对，真正将网络与教育实践中的突出问题结合，发挥网络在高等教育、中小学教育、社会教育和家庭教育中的作用，是网络时代教育发展的内在要求。更好地满足教育实践的需求是研究青少年网络心理与行为的现实意义所在。

五

互联网为青少年教育和整个社会的人才培养工作提供了新的资源和途径，也提出了新的挑战。开展青少年网络心理与行为研究是青少年教育和培养的长远需求。顺应时代发展对与青少年成长相关学科提出的客观要求，探讨青少年的网络心理和行为规律，研究网络对青少年健康成长的作用机制，探索对青少年积极和消极网络行为的促进和干预方法，探讨优化网络环境的行为原理、治理措施和管理建议，引导全面健康使用和适应网络，为促进青少年健康成长、推动网络环境和网络内容的优化提供科学研究依据。这些正是"青少年网络心理与行为教育部重点实验室"的努力方向。

青少年网络环境建设与管理包括消极防御和积极建设两方面的内容。目前的网络管理主要停留在防御性管理的层面，在预防和清除网络消极内容对青少年的负面影响的同时，应着力于健康积极的网络内容的建设和积极的网络活动方式的引导。如何全面正确发挥网络在青少年教育中的积极作用，在避免不良网络内容和不良使用方式对青少年危害的同时，使网络科技更好地服务于青少年的健康成长，是当前教育实践中面临的突出问题，也是对网络科技工作和青少年教育工作的迫切要求。基于对青少年网络活动和行为的基本规律的研究，探索青少年网络活动的基本需要，才能更好地提供积极导向和丰富有趣的内容和活动方式。

为了全面探索网络与青少年发展的关系，推动国内网络心理与行为研究的进步，青少年网络心理与行为教育部重点实验室组织出版了两套丛书，一是研究性的成果集，一是翻译介绍国外研究成果译丛。

《青少年网络心理研究丛书》是实验室研究人员和所培养博士生的原创性研究成果，这一批研究的内容涉及青少年网络行为一般特点、网络道德心理、网络成瘾机制、网络社会交往、网络使用与学习、网络社会支持、网络文化安全等不同的专题，是实验室研究工作的一个侧面，也是部分领域研究工作的一个阶段性小结。

《网络心理与行为译丛》是我们组织引进的近年来国外同行的研究成果，内容涉及互联网与心理学的基本原理、网络空间的心理学分析、数字化对青少年的影响、媒体与青少年发展的关系、青少年的网络社交行为、网络行为的心理观和教育观的进展等。

丛书和译丛是青少年网络心理与行为教育部重点实验室组织完成研究的成果，整个工作得到了国家数字化学习工程技术研究中心、中国基础教育质量监测协同创新中心、华中师范大学心理学院、社交网络及其信息服务协同创新中心、教育信息化协同创新中心的指导与支持，特此致谢！

丛书和译丛是作者和译者们辛勤耕耘的学术结晶。各位作者和译者以严谨的学术态度付出了大量辛劳，唯望能对网络与行为领域的研究有所贡献。

周宗奎

2014 年 5 月

序　言

最近有位母亲向我抱怨她读小学六年级的儿子对于互联网和手机的依赖越来越强，现在的小学生几乎是人手一部 iPhone、iPad，去别人家里做客不先打招呼问好，而是先问人家家里的 Wifi 密码；在家里手机消息提醒声也是叮叮叮响个不停，儿子和他的小伙伴们平时生活中话不多，在 QQ 群、微信群里倒是聊得热火朝天……

再看看我们的大学校园，大学生们对网络的依赖更为严重，新的需要层次理论在微博、人人网上流传甚广。对于大学生来说，最基本的需要不再是生理的需求，而是 Wifi 和剩余电量；同学聚会好不容易能凑齐几个人，却是"最远的距离不是天涯海角，而是我在你面前你在玩手机"的景象……大学校医院康复科里来做理疗的同学络绎不绝，有好多都是爱玩手机的"低头族"，长时间的低头玩手机，让这些 20 岁的青年们有了 40 岁的颈椎。

从这位母亲的抱怨以及现在大学生的网络社交需求中我们可以窥见网络对当代青少年人际交往的影响和改变，现如今的青少年越来越青睐网络交往，同时，现实生活中社交退缩的状况在这一代青少年中表现得也更为明显。

基于此，本书深入探讨了当代青少年在网络时代的社会性发展，对社交退缩和网络交往的概念进行了阐述，研究了社交退缩的结构与测量，完成了量表的编制和修订；采取问卷法、实验法对青少年社交退缩和网络交往进行了实证研究，并提出了对社交退缩儿童青少年的干预方法。

本书尝试整合和拓展青少年社交退缩和网络交往的主要理论和研究成果，在写作风格上尽可能简明流畅，使读者更容易对这一领域有进一步的了解。目前心理学的大环境与网络密切相关，身处网络时代，我们无法忽略网络对我们的生活、对我们人际交往方式的影响。心理学是研究人的学科，青少年时期是人生发展的重要时期，探索这一时期的社交退缩和网络交往能够帮助我们更好地了解自己。在这个网络时代，我们有太多的迷茫和困惑，这本书也尝试着提供一种方式，以一种认真且不教条呆板的态度来应对网络时代的种种。

值此书稿出版之际，谨向为本书撰稿、整理和出版工作提供了各种支持的同仁、出版社领导、文献资料的作者以及项目经费资助人致谢！由于水平有限，书稿有诸多不足之处，恳请读者批评指正。也特别希望因为本书的出版，会有更多的读者关注我国青少年网络心理与行为的发展状态和特征，我们携手共同努力为孩子们的健康成长贡献一点绵薄之力！

2013 年冬于桂子山

目　录

第一篇

网络时代青少年的社会性发展：
社交退缩与网络交往概述

第一章

社会性发展：网络交往的影响

　　小亮出生在山区，在他两岁的时候，母亲就去世了，从此他成了单亲家庭的孩子。小学开始，父亲就到城市打工，只剩下奶奶在家照看他。我们常常把这样的孩子叫做留守儿童。小学和初中，他很少说话，不喜欢与同学一起玩，也很少与老师沟通，但是学习成绩还算不错，总是名列前茅。每天放学就一个人背着书包早早回到家里，有时候还帮助奶奶做点家务。在村里长辈的眼中，他是一个听话懂事的孩子，遗憾的是不太爱说话，给人特别内向，甚至自闭的感觉。上高中以后，他学会了上网，这可让他高兴坏了——终于可以找到一个与人交往的方式。在网络中，他有了一些朋友，经常与他们聊天，在那里，他觉得比现实当中更安全。有一天，他考上了大学，有了更多在网上与人交流的渠道，比如论坛、社交网站、微博等。但是让他为难的是，身边的很多同学都参加学校的各种社团和活动，而他却总是一个人待在寝室或者教室。他自己也渐渐担忧为什么自己会是这样？以后如何面对找工作等问题？

你身边是否也有小亮这样的人呢？你觉得小亮的问题出在哪里？

在小亮的故事当中，涉及几个要点。从其行为表现上说，在现实当中，他不愿意与同学交往，很内向和孤僻，但是在网络中，他似乎没有现实当中的社交问题。从原因上说，可能与他的家庭环境（单亲家庭）和自身处境（留守儿童）有关，这些又涉及其家庭教养和亲子关系等；也可能与其自身特质和人格有关，比如他天生就很孤僻（遗传），或者他非常自卑、害羞、内向。

总的来说，小亮的社会性发展不太良好，即其社会化（socialization）的问题。具体来说，我们可以说小亮是一个社交退缩的个体。人是自然的人，所以，人具有自然性；人同时又是社会的人，所以，人具有社会性。一句话，人是自然性和社会性的总和。马克思认为，人是各种社会关系的总和。人只有同时具备自然性和社会性这两种属性才是完整的人，失掉其中任何一种属性，人都将是残缺不全的。社会化的人是习得了被其所在文化认为重要的和恰当的观念、价值观和行为的人，社会化则是这种过程（戴维·谢弗，2012）。社会化都至少有以下三种方式。第一，社会化意味着要调节行为。小亮在发现自己和同伴相处很难时，需要有意识地去学会与人相处，因为与人沟通和相处（而不是与人隔离）是这个社会重要的技能。第二，社会化过程有助于个人成长。通过行为的调节，小亮或许能慢慢学会与人交流，结交更多的朋友，得到更多的同伴支持，这样才更利于其健康成长。第三，社会化使社会秩序得到延续。社会需要一定的组织形式，只有符合社会期望和认同的观念、价值和行为才有利于社会的和谐稳定，社会化的人又把学到的知识和技能有意无意地传给下一代。

在信息技术飞速发展的 21 世纪，除了传统的一些人际交往因素，比如同伴交往，对社会化有很大的影响以外，网络是一个不可忽视，甚至应当越来越重视的影响因素。本章在对同伴关系对儿童社会化发展的影响进行简单回顾以后，着重阐述网络对儿童发展的影响。

第一节　同伴交往概述

同伴交往，是指同龄人之间或心理发展水平相当的个体之间的一种交往过程，其突出特点是交往双方关系的平等性。同伴关系对于促进和维持个体的心理适应起着非常重要的作用，这种作用体现在同伴群体分析的不同层次（周宗奎，2002）。因此同伴交往既是个体社会性发展的重要背景，同时也是个体社会性发展的重要内容，对个体的适应与发展均有着重要的影响，关于同伴交往的课题也早已成为促进个体发展的重要研究主题。

Hinde（1987）将个体的同伴交往划分为四个不同的层次，依次为个体特征水平、人际互动水平、双向关系水平和群体水平。这四个层次之间密切联系，相互影响。这种划分既从横向的角度揭示了个体同伴交往活动的不同特征，体现出了社会交往活动的复杂性，也从纵向的角度展示了个体同伴交往行为的发展过程，即从最初的个体到最后的群体中的同伴交往。具体来说，（1）个体特征水平。重点关注影响同伴交往的个体特征因素，例如性格、气质、社会技能和社会认知等；（2）人际互动水平。该水平强调交往双方在交往过程中的双向互动行为，因为在人际互动中，交往双方的行为并不是相互独立或者单向影响的，而是存在相互依赖的关系，一方的行为既是对另一方行为的反应，同时也是另一方做出下一个行为的诱因（Rubin，Bukowski，& Parker，1998）；（3）双向关系水平。该水平主要关注两个彼此关系很近的个体之间的双向关系。这种可以反映交往双方的情感联系水平的双向关系是基于关系很近的两个个体之间的持续性交往，会受到交往双方的交往历史和交往期望的影响；（4）群体水平。每个个体总会处于一定的群体背景下，群体环境必将对每个个体的各种行为活动产生影响，包括个体的人际交往。因此最后一个水平重点关注群体背景下的个体间交往。而这种群体既可以是像班级这样正式组建的集体，也可以是如社团这样的基于共同兴趣而自发形成的非正式群体。

第二节 网络交往对社会性发展的影响

中国互联网络信息中心（CNNIC）于 2012 年 1 月发布的《第 29 次中国互联网络发展状况统计报告》显示，青少年网民群体（10～29 岁）占全体网民数量的 65.8%，已经达到了一个较高的水平，青少年网民群体是中国总体网民规模的主体组成部分。

在日常生活中，不会上网和不上网的青少年已经很少了。就算没有电脑，我们也可发现他们手中的 iPhone，iPad，或者普通智能手机，只需要轻轻按几个键就可以知晓国际国内新闻，可以在社交网站交朋友，可以刷微博……甚至很多人把这些年轻的一代称为"数字土著"（Digital Natives）。John 和 Urs（John & Urs，2008）在他们 *Born Digital：Understanding the First Gener-*

ation of Digital Natives 一书中，详细阐述了什么是数字土著以及其基于网络带来的认同、安全、学习等问题。事实上，自从互联网诞生以来，互联网与青少年的关系就引起心理学研究者的广泛关注。特别是 2000 年以来，网络心理与行为已成为心理学中非常重要的一个研究领域，目前已经有不少探讨网络对个体影响的专著出版，这些书从不同角度探讨了网络信任、网络学习、网络交往、网络游戏、网络人格、网络干预与心理健康等与个体发展密切相关的层面。青少年群体从事的活动主要有网络交往、信息获取、网络娱乐和商务交易四类，其中网络交往属于普及率最高的网络行为之一（Vignovic & Thompson，2010），这也是本书主要和重点关注的领域。

一、网络交往概念界定

最初将计算机连接成网络正是基于不同计算机使用者互相交流的需要，因此网络交往始终是网络功能的最重要组成部分，但由于网络社会自身的复杂性，网络交往具有的内涵和外延均比较广泛，这也使得不同研究者往往对"网络交往"有不同的理解。一般来说，研究者们多用"网络使用行为"（Internet Use Behavior）、"计算机媒介沟通"（Computer-Mediated Communication，简称 CMC）、"互联网交流"（Internet Communication）、"在线交流"（Online Communication）、"计算机媒介互动"（Computer-Mediated Interaction）、"网上关系"（Online Relating）、"网络社会交互"（Social Interaction on the Internet）等等概念来界定"网络交往"。

我国一些研究者认为，网络交往是基于计算机网络技术而形成的一种依靠符号作为交流中介的社会交往新形式，其本质是一种基于"人—计算机—人"模式的间接交往活动，网络使用者在网络互动过程中会逐渐形成一个广泛的网络关系网，以实现广泛交流思想和抒发感情的目的，即符号性精神互动（陈秋珠，2006；葛宜林，2005；郭习松，2005；刘一勤，2011）。另外有研究者认为网络交往一般有广义和狭义之分，广义的网络交往是指广泛的互联网使用行为，而狭义的网络交往仅指在网络空间进行的人与人之间的信息和情感交流、相互影响、相互理解的网络人际交往（卜荣华，2010）。还有研究者从哲学的角度对网络交往的概念进行了阐述，认为网络交往是物质化交往，与传统交往相比，网络交往具有符号化、短暂性、个性化和群体化相交融等特点（吕玉平，2000）。

国外学者对网络交往的概念也给出了不同角度的阐释。由于网络社会是一个由全世界的网络使用者跨越时间和空间界限构建起来的虚拟的社会群体，因此有研究者认为网络交往是一种经过削减的、缺乏有效互动和依赖性的虚拟对话模式（Riva & Galimberti，1997）。网络上的人际关系也因此是一种虚幻的，具有浅薄、剥削和敌对等特点的人际关系（Stoll，1996）。还有一些研究者认为网络交往是新旧交往形式的混合体，互联网为交往的质量提供了更多的选择和变化，将人们带进了交往的新形式（Ray，1999；Franzen，2000；Fine，Sifry，Rasiej，& Levy，2008）。Leask 和 Younie（2001）认为在线交流（Online Communication）可以使用任何形式的电子通讯，为个人与他们的同伴提供了在线同步/异步双向的沟通机会，以及个体一段时间内的某些承诺和专业参与。Jünemann 和 Lloyd（2003）认为使用电子邮件这种媒介沟通方式，不需要视觉或语言线索，是一种相对比较受依赖的交往方式。还有研究者强调以计算机为媒介的工具性交往的一个非常重要的特征是交往伙伴间系统知识的分歧

（Jucks, Bromme, & Runde, 2007；Jucks, Becker, & Bromme, 2008）。Vignovic（2010）认为电脑媒介沟通（CMC）大量出现在现代的工作场所，使公司可以经常利用CMC技术（例如邮件、视频会议）来联系世界范围内的员工和顾客。简而言之，CMC技术允许个体在联系的时候彼此看不到对方，这样可以让人们在一个更加平等的环境中工作，一些潜在的不相关的物理属性，如年龄、体重、种族，吸引力和残疾也不会被纳入他人的判断中。

本研究从已有的界定和自身的研究需要将，"网络交往"的概念操作性定义为以互联网为媒介，利用文本、语音和视频进行的人际交往。

二、网络交往的形式

随着互联网技术的发展，人们利用网络能够从事的活动越来越丰富，越来越多样化，网络交往的空间也越来越广。支持网络交往的技术平台呈现出多元化的特点，已有的网络交往形式包括即时通信（IM）、电子邮件（E-mail）、电子公告牌（BBS）、博客（Blog）、交往网站（SNS）、微博（MicroBlog）和网络游戏（Online game）等。虽然平台众多，但网络使用者们最常用的几种交往方式主要集中于即时通信、电子邮件、电子公告牌、博客、交往网站和微博六种。

1. 即时通信

即时通信（IM）是指通过互联网即时地发送和接收互联网信息。最初的即时通信功能能够使用的媒体只有文本，随着计算机网络和多媒体技术的发展，现在的高端即时通信软件已经实现了文本、声音和视频同步进行的多媒体功能。自1998年面

世以来，即时通信的使用普及率逐年攀升，以中国为例，根据
CNNIC（2012）的报告，截至 2011 年末，中国网民的即时通信
使用率为 80.9%，达到 4.15 亿人。同时即时通信的功能也日渐
丰富，现在的多数即时通信软件不再是一个单纯的聊天工具，
而已经发展成了集交流、娱乐、电子商务、办公协作和客户服
务等为一体的综合化信息平台。并且随着移动技术的发展，即
时通信已经实现了移动化，即网络通信使用者已经可以通过自
己的移动设备，如手机、iPad 等实现实时实地的即时通信。目
前国内已有的即时通信工具包括 QQ、MSN、淘宝旺旺、E 话通、
UC、UcSTAR 等。

2. 电子邮件

我们通过将电子邮件与传统的邮件传输方式（通过邮局寄
送）进行比较，便能直接了解什么是电子邮件。所谓电子邮件
（Electronic Mail，简称 Email），便是通过互联网将邮件信息以数
据包的形式发送到对方的邮箱网络账户中，它是目前使用最为
普遍的一种网络交往方式。CNNIC（2012）的数据显示，截至
2011 年底，中国大陆网民中有 47.9% 的人使用电子邮件相互传
递信息、提供资料、交流思想。电子邮件能够得到如此高的使
用率，正是因为与传统的邮件传输方式相比，电子邮件具有很
多突出的优势，如方便快捷、价格低廉、速度快、一信多发等
（童星，2001）。

3. 电子公告牌

电子公告牌（Bulletin Board System，简称 BBS），即是指网
络上设立的电子论坛（网络论坛），论坛一般以匿名的方式向公
众提供访问的权利，从而使公众能够以电子信息的方式发布自
己的观点。网络论坛按不同的主题被划分成不同的公布栏，栏

目设立的依据是大多数 BBS 使用者的要求和喜好。在网络论坛上，不同的网络使用者可以不受时间和空间的限制进行随意的交流，一方面可以实时地了解其他人的思想言论，另一方面也可以实时地将自己的观点想法发布到网络上，实现与他人进行实时的交流。电子公告牌的一个显著特点是，一个人可以同时了解到很多人的观点想法，一个人的想法也可以同时被很多人知道。但是由于网络的匿名性，每个网络使用者在发布自己的思想观点时都可以作为一个陌生人的身份出现。

4. 博客

博客，作为一种电子日志，在网民中也有着极高的使用率。CNNIC（2012）资料显示，截至 2011 年，博客应用在中国网民中的用户规模达到了 3.19 亿，使用率为 62.1%。并且随着博客使用规模的进一步扩大，半年内有更新博客内容的博客用户规模达到了 1.45 亿，增长率为 37.9%。

博客与现实日志既有区别也有共同点。在功能上，两者都是个人思想观念和生活经历的载体；在内容和形式上，两者却存在很多的不同之处。首先，存在形式不一样，博客是数字化的，而现实日志是具体化的。其次，个体对博客和现实日志的态度不一样。博客在可以保护个体隐私的同时，也允许个体将博客内容公之于众，而现实日志一般是绝对隐私的。正如一位研究者所说的，博客是一种隐私性和公开性有效结合的网络日志，它不仅是个人思想的表达和日常琐事的记录，它所提供的内容也可以用来进行交流和为他人提供帮助，是可以包容整个互联网的，具有极高的共享精神和价值（周筱芬，2007）。最后，两种日志的具体内容也会存在差异。在博客中，个体不仅可以记录自己的生活经历，也可以发表其他内容，如趣味性的故事。而现实日志一般只用于记录个人的生活经历。

5. 社交网站

交往网站（SNS，全称 Social Networking Site）是帮助网络使用者在网络环境下建立起社会性网络的互联网应用服务。CNNIC（2012）的调查报告显示，截至 2011 年，中国使用交往网站的网民用户数量达到了 2.44 亿，在网民中的渗透率达到 45.8%。

交往网站为网络使用者提供了自我展示、网络交往的平台，为不同特征的网络使用者的网络交际活动创造了越来越便利、越来越高效的网络环境。个体在网络上的人际关系一般有两个来源，一个是现实关系向网络的延伸，即交往双方在现实中已是熟识的人，他们的网络关系只是在他们现实关系的基础上无需培养而建立起来的一种关系。另一个是在网络平台上逐渐培养起来的关系，即在网络环境下认识、培养感情和建立关系，在这种情况下建立起来的网络关系往往是比较脆弱的。

6. 微博

微博（MicroBlog）即微型博客的简称，是一种基于用户关系进行小规模信息交流的平台。CNNIC（2012）的调查显示，截至 2011 年底，我国微博用户数达到 2.5 亿，比上一年增长 296.0%，是所有网络交往形式中年增长率最高的一种。微博用户不仅可以用 140 字左右的简洁信息与他人沟通，同时也可以进行短时间的语音聊天。同时微博与即时聊天工具（QQ）绑定，可以接收邮箱信息、离线信息等，让用户随时随地地处于一个动态的关系网络中。微博正因此强大的互动功能和简洁表达形式而备受青年学生的追捧。

三、网络交往的特点

网络时代引起了整个社会生产与生活方式的变化。从人际交往关系来说，网络赋予人的社会交往及其关系、结构以新的内涵，并从时间和空间上根本改变了传统的社会交往和人际沟通的方式，形成了许多独特的观念和准则。网络提供了人际交往的特殊空间，正是这种特殊性决定了网络人际交往不同于现实社会交往的新特点。

1. 互动性与交互性

网络和传统传媒方式在交流上的最大区别就在于网络独一无二的互动性（interactivity）。网络不仅仅只是单向的传播，同时还具有丰富的互动性。这种互动性具有形态（modality）、来源（source）和信息（message）方面的三大特征（Vasalou & Joinson，2009）。用户在网络交往中的角色并不仅仅是被动的信息接受者，而更主要是积极的信息参与者。传统大众传媒不能让用户随意地选择信息的来源，而网络则可以让用户立即选择他们所关注的信息资源。Sundar 和 Nass（2000）指出传统大众传媒和网络的关键区别在于后者能让网络使用者在网络交往中同时呈现大量不同形态（文字、图片、音频、视频等）的信息，并自由地切换各种形态。

交互性同时也是一种概念化的媒介特征，从简单的文字到复杂的图片、动画、音频和视频，它可以让用户感受到网站的多元化形态。网络的交互性不仅让用户能够自由选择信息来源（包括作为信息门户的权利），还能够自由操作信息水平，例如各种各样的超链接被嵌进网站内容中，网络使用者通过链接可以不断地扩展和深入信息浏览水平，但可以自由决定哪些文本可以去阅读，哪些文本可以被忽略。另外通过互动可以建构一种新的自我意识和自我控制（Riva，1997）。

2. 自主性与随意性

网络中的每一个成员都可以最大限度地参与信息的制造和传播，这就使网络成员几乎没有外在约束，而具有更多的自主性。同时，网络是基于资源共享、互惠互利的目的建立起来的，网民有决定权，但由于缺乏必要的约束机制，所以网络交往也具有极大的随意性。陈秋珠（2006）认为，根据线索过滤原则和社会呈现理论，随着线索的缺乏以及社会呈现的降低，依靠网络交往建立亲密的、真诚的人际关系是不可能的。网络交往具有"一次博弈"的特征，即网络交往常常不会给网络使用者充足的时间去进行交往活动。李国华和仇小敏（2004）的研究认为，通过网络交往建立的人际关系具有高效率和低稳定性的特征。卜荣华（2010）进一步提出，网络交往的特征概括起来主要有两种：去抑制性和弱连接性。网络的去抑制性即是指人在网络环境中会表现出不同于现实交流时的行为，比如说会更放松、约束感更低和自我表达更开放等。弱连接性则主要是指交往对象之间由于直接的接触很少，因而形成的情感连接肤浅易断，交往双方共同关注的内容范围也比较狭窄。

3. 间接性与广泛性

网络改变人际交往方式，突出的一点，就是它使人与人面对面、互动式的交流变成了人与机器之间的交流，带有明显的间接性。哈佛大学心理学家 Stanley Milgram 在 1960 年代提出著名的六度分割理论，认为处于社会中的个体要想与他人建立联系平均只需要六步（王小凡，李翔，陈关荣，2005）。而社交网站（SNS）的核心价值就是基于"六度分割理论"构建的一种人际沟通网，它建立一张可以容纳全世界用户在内的巨型网络，只要网络中某一个人发出的消息可以以最快的方式传播到网络中的其他用户并逐渐扩大影响范围，这就是网络交往间接性的体现（余学军，2008）。而这种间接性也决定了网络交流的广泛性。

4. 非现实性与匿名性

不少学者认为网络交往同时具有传统人际交往的部分特点和独特的无法被传统交往形式所替代的种种优势。网络社会的人际交往和人际关系的定义，已经突破了传统人际交往和人际关系的内涵，除保留了传统人际交往的一些形式，也有其自身的内在本质，具有直接性和匿名性、开放性和共享性、多元性等特点（黄胜进，2006）。在网上人们可以"匿名进入"，网民之间一般不发生面对面的直接接触，这就使得网络人际交往比较容易突破如年龄、性别等在内的传统因素的制约。陈志霞（2000）也指出，网络交往既保留了传统人际交往的一些特质，也有它本身的一些特质如便利性、时效性、经济性、保密性、虚幻性、新异性、创造性和审美性等。田佳和张磊（2009）认为，网络人际关系的主要特征包括多维性、全球性、虚拟性、不确定性和非中心化。

5. 开放性与平等性

网络超越了地理空间的限制，而网络交往则极大地拓展了人际交往的渠道和范围。网络将不同种族、国籍、文化背景、价值观念和生活方式的人连接在一起，形成了一个开放式的空间。在网络空间中，每个人都可以自由地选择交往的对象，并与之交流任何感兴趣的话题，或者获取任何感兴趣的信息。可以说网络为人际交往提供了极大的开放性。

网络没有中心，没有直接的领导和管理结构，没有等级和特权，每个网民都有可能成为中心，因此，人与人之间的联系和交往趋于平等，个体的平等意识和权利意识也进一步加强。由于网络匿名性的特点，网络沟通中的伦理规范比现实沟通中要弱，个体在网络中进行沟通可以打破现实沟通中因伦理、道德等因素造成的障碍，双方间建立平等、真实的沟通关系（Ben-Ze'ev，2003）。此外苏炫（2008）认为师生在网络上进行沟通可以消除师生间的不平等地位，有利于建立平等良好的师生关系。从权利意识角度，有报道显示，2010 年人大代表通过微博问政，体现了民主原则的具体化，保障了公民的言论自由，而这正是网络沟通平等性的必然结果（秦前红，李少文，2011）。

6. 失范性

网络世界的发展，开拓了人际交往的新领域，也形成了相应的规范。除了一些技术性规则（如文件传输协议、互联协议等），网络行为同其他社会行为一样，也需要道德规范和原则，因此出现了一些基本的"乡规民约"。但从现有情况看，大多数网络规则仅仅限于伦理道德，而用于约束网络人际交往具体行为的规范尚不健全，且缺乏可操作性和有效的控制手段。另外，网络的全球性和发达的信息传递手段，使人与人之间的交往没有了空间障碍，同时也使现实社会中人与人之间的情感更加疏远。网络虚拟化的人际交往方式，使得许多网民往往抱着游戏的心态参与网上交往，致使网上的信任危机甚于现实社会。我国学者杨欣（2010）认为，现实社会的交往和网络交往建立在不同的互动基础上，现实社会交往建立在人们面对面交往的基础上，具有直观性、互动性、现实性和制约性的特点，而网络交往则是一种虚拟的交往形式，它没有现实交往中的伦理制约。而且网络人际交往具有多重、分散、流动、交往规则的多元性、价值规范的不确定性以及重感性满足而轻道德约束等特征。

7. 社会支持性

互联网中的交往同样也具有社会支持性，个体参加社会支持的在线交流是因为他们在寻找与他们自身相关的信息、权利、鼓励、情感支持以及同情（Hamilton，1998；Mickelson，1997；Scheerhorn，Warisse，& McNeilis，1995；Sharf，1997）。网络和网络讨论组的出现为病患者寻求相同病症或相同治疗经历的人的支持提供了便利。例如病患可以分享个人的故事、医疗信息以及从相同经历的其他病人那里获得支持。研究人员发现计算机媒介沟通（CMC）讨论小组可以为病患提供新的社会支持途径（Braithwaite，Waldron，& Finn，1999；Brennan，Moore，& Smythe，1992；Lamberg，1997；Lieberman，1992；Mickelson，1997；Scheerhorn，Warisse，& McNeilis，1995）。

在线交流可以提供"弱连接"。有研究者认为弱连接关系存在于动态的亲密的家庭关系和压力之外，其本质属性是前后相关的（Adelman，Parks，& Albrecht，1987）。一个人到一个特定的地方，就会接受到一些弱连接的支持。这个地方也许是教堂里向神父忏悔或者是在线交流中与有相同病症的患者的相互倾诉。事实上，有些研究人员认为由弱连接所提供的支持是匿名的、客观的，不会在亲密的人际关系中出现，因此为社会支持提供了另一种帮助（Adelman，Parks，& Albrecht，1987；Walther & Boyd，2002；Wellman & Gulia，1999）。

第二章

社交退缩概述

从第一章小亮的例子我们知道，社交退缩的个体在网上未必"退缩"，即他们的线上和线下行为具有一定的差异。那究竟什么是社交退缩呢？社交退缩的个体有什么特点呢？这些是本章所关心的问题。

一、社交退缩的概念及内涵

社交退缩在发展心理病理学中被看作是儿童期过度控制障碍或者是内隐行为问题的症状表现，这些问题与青少年期和成年期的某些问题行为存在一定程度的关联。1980 年代，Hinde（1987）提出社交退缩是一种特质，这种特质影响着个体的同伴交往状况（如友谊建立、个体在同伴群体中的地位等）。Rubin（1988）认为社交退缩是独自一人，不与他人交往的行为。之后Rubin 和 Asendorpf（1993）又将社交退缩界定为在熟悉或不熟悉的同伴交往情境中持续表现出各种形式的独处行为。Hart 等人（2000）认为社交退缩是儿童在熟悉环境中的一种独处的行为模式，在此种模式下儿童一贯性地脱离同伴群体交往。随着这一概念被不断补充和完善，从多项研究中可归纳出个体的社交退缩行为与他们表现出的羞怯、抑制、孤独、社交谨慎、社交沉默、反应迟钝，以及被同伴拒绝或排斥等有较高的相关。近年来，个体社交退缩成为越来越受到关注的主题，早期提出的这些概念无论在界定还是在评估方式上都得到了广泛的延展（Rubin & Coplan, 2010；Rubin, Wojslawowicz, Rose-Krasnor, Booth-LaForce, & Burgess, 2006；Wong, 2009）。

从临床视角上来看，社交退缩属于个体异常心理或异常社会情绪功能症状中的一个亚类型（McClure & Pine, 2006；Parker, Rubin, Erath, Wojslawowicz, & Buskirk, 2006），DSM-IV 和 ICD-10 也都将其视为一种有其病理学和预测源的表征。社交退缩与儿童青少年一系列的临床紊乱有关，如孤独症、焦虑症、恐惧症、沮丧症、人格分裂和精神分裂症等。比如，有研究发现被同伴评定为社交退缩的儿童报告了更多的社交焦虑障碍和抑郁的症状，在面对同伴的拒绝行为时，相对于正常儿童表现出了更多的沮丧情绪（Gazelle, Workman & Allan, 2010；Gazelle, 2006；Gazelle & Druhen, 2009）。社交退缩被证明与多种心理障碍有关联，包括社交和分离焦虑、恐惧症和抑郁（Rubin & Burgess, 2001）。Kingery 等人（2010）的研究表明社交退缩的青少年出现了较多的恐惧、焦虑、抑郁等负性情绪。

至今对社交退缩的界定仍不一致。例如，有研究者将童年期的社交退缩定义为评价儿童被同伴孤立或拒绝的行为表征（Gazelle & Ladd, 2003）。有研究者认为社交退缩反映了社会交往动机和人际互动的缺乏，在不同的年龄阶段表现不同（Coplan, Prakash, O'Neil, & Armer, 2004）。还有研究者则认为社交退缩是个体在成长过程中表现出的一种特殊的孤独气质或性格倾向的发展结果（Fox, Henderson, Marshall, Nichols, & Ghera, 2005）。

有研究者认为社交退缩是一个涵盖了多种行为指标的系统概念，这一概念能把各种原因的退缩行为与其他行为区分开来（Rubin，Coplan，& Bowker，2009）。近年来，他进一步扩展了社交退缩的内涵，指出社交退缩是童年期和青少年期一系列异常情感、思维和行为的表现。许多学者都赞同并沿用这一观点。例如，有研究者认为羞怯作为一种特殊的情感和行为是个体社交退缩的一种表现形式（Xu，Farver，Yu，& Zhang，2009）；Gazelle 和 Rubin（2010）也提出了相似的社交退缩概念，他们将社交退缩定义为个体在熟悉的同伴前表现出观望、羞怯、退缩、抑制等异常情感和行为。

可见，社交退缩是一个综合性概念，既包括外在行为方面的退缩和抑制，也包括内在的交往动机不足、孤独气质倾向和羞怯情绪体验。

二、社交退缩的分类

早期对社交退缩的研究通常将其看成是单维的结构，但随着研究的深入，发现社交退缩的儿童表现出不同的行为是由不同的原因造成的，有的儿童是因为自身气质的因素导致在陌生情境中表现出退缩行为，而有些儿童则是受到同伴的排斥被消极孤立。因此后来的研究者认为社交退缩是多维的结构，展开了对社交退缩类型的研究。

1. 二维结构

Rubin（1982）最早区分了导致个体退缩的两种类型：活跃-孤立和社交退缩。活跃-孤立（active isolation）指个体由于具有攻击行为或控制力较差等不良行为遭受同伴的拒绝和孤立而不得不离开群体。社交退缩（social withdrawal）是指个体由于自身内部因素而脱离同伴群体，如焦虑、消极自我概念、社交自我知觉缺陷等。还有研究者将恐惧和焦虑作为个体社交退缩的潜在影响因素。后来，Rubin 和 Mills（1988）将社交退缩分为两种类型，即安静退缩（passive withdrawal）和活跃退缩（active withdrawal）。安静退缩是指儿童由于害羞、焦虑或者过度社交敏感而活动于群体之外，退出同伴群体的行为。安静退缩儿童与人交往的动机较弱，相对于人，他们对物更有兴趣。活跃退缩与安静退缩不同，儿童不是主动地脱离群体，而是由于遭到群体的拒斥或没有成功加入群体而被孤立于群体之外，活跃退缩儿童虽渴望与人交往，但是由于表现出了不恰当的社交行为比如攻击造成了同伴的拒绝。

2. 三维结构

Asendorpf（1991）根据交往动机的不同，把社交退缩分为三种类型：害羞型（shyness）社交退缩，表现为社交趋近动机低，社交回避动机高；不合群（unsocial）社交退缩，表现为社交趋近动机和社交回避动机都低；回避型（avoidant）社交退缩，表现为动机的冲突，即社交趋近动机和社交回避动机都高。

Coplan（1994）发展了 Rubin 的分类，将社交退缩分为安静退缩、活跃退缩和焦虑退缩。安静退缩的儿童对物的兴趣大于对人的兴趣，喜欢安静的、独自的活动，此类个体对物的兴趣比对人的兴趣更大；活跃退缩儿童喜欢单独进行身体动作幅度较大的运动或角色游戏，反映了个体冲动的特征，通常表现出较多的不可控行为，社会化发展不成熟，外在的行为问题严重（如攻击、破坏等行为），因为其捣乱、干扰和攻击等行为遭到群体拒绝而被动地独处常游离于同伴群体之外。焦虑退缩也称抑制性退缩，儿童常常由于内心的在社交场合的趋近-回避的动机冲突而表现为无所事事，徘徊观望。在陌生情境中，造成儿童回避交往的主要原因是焦虑、害羞等气质特征。在熟悉的情境中，儿童回避交往的主要原因是过分关注社会评价和预期的消极评价（Asendorpf，1990）。

关于社交退缩三类型的划分方法主要集中在童年早期，到童年中期区分安静退缩和焦虑退缩两种退缩行为很困难，因此童年中期的社交退缩研究中不再对安静退缩和焦虑退缩进行区分（Rubin，2002），而采用 Rubin 的划分方法，研究安静退缩和活跃退缩两种社交退缩类型。研究表明 Masten 等（1985）编制的班级戏剧问卷的"消极-孤立"和"被排斥"维度可以测量安静退缩和活跃退缩（Younger & Daniels，1992），国内研究者（周宗奎，朱婷婷等，2006）根据两个维度的得分，将童年中期的社交退缩分为安静退缩型、活跃退缩型和双重退缩型。

3. 四维结构

研究者从个体情绪体验的角度将社交退缩归纳为四个类型，分别为：行为抑制（Behavioral inhibition）、羞怯（Shyness）、社交沉默（Social reticence）和焦虑-孤独（Anxious-solitude）。行为抑制是指个体遇到新奇事物或处于陌生情境中所表现出的生理性紧张和退缩（Fox, et al., 2005）。羞怯是个体在社交情境中的一种适应不良，伴随有情绪上的沮丧或恐惧，影响或抑制个体对期望活动的参与行为（Henderson & Zimbardo，2001）。社交沉默是指个体不参加同伴活动，徘徊于群体之外。这是个体由于内在的社会焦虑、冲突和逃避情绪反映出来的行为表现（Kagan, Snidman, Kahn, & Towsley，2007）。焦虑-孤独是指个体本身愿意接触外在环境并且加入同伴群体，但恐惧与焦虑大大削弱了他们的社会交往动机，从而导致回避和退缩行为的产

生（Coplan, et al., 2004）。临床上一般用"社交恐惧症"这一
概念来界定退缩行为，即个体在交往环境中出现明显、持续的
恐惧与焦虑的内化障碍，这是一种因极度社交退缩而导致的病
理性缺陷，一般退缩个体尚未达到这种严重程度。基于近年来
各流派研究者的观点，Rubin 和 Coplan（2010）构建了社交退缩
类型的模型，从退缩行为的来源以及动机等角度整合了一个较
为完整的体系（见图2-1）。

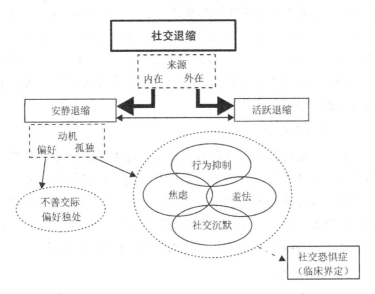

图2-1 社交退缩的分类（Rubin & Coplan, 2010）

三、社交退缩的测量方法

测量社交退缩的方法有很多，纵观以往研究，可以大致分
为4种方法，即父母评价法、观察法、教师评定法和同伴评
定法。

1. 父母评价法

父母评价多用于考察儿童的气质特点，研究儿童的社交性抑制行为。父母评价主要用于对儿童早期的社交退缩行为进行测量，在儿童中期以后基本不用这种方法来测量社交退缩。

2. 观察法

研究者对儿童的游戏或自由活动进行观察，既包括实验室观察，也包括自然观察。大部分观察法的研究使用 Rubin 等（1989）编制的儿童游戏行为观察量表（play observation scale）对儿童的行为进行记录和编码。这一方法对年龄较小的儿童较为适用，国内陈会昌等（2005）用此法对 149 名 4~7 岁儿童 30 分钟的自由游戏行为进行编码，研究了儿童安静退缩、活跃退缩和抑制行为的发展变化。

3. 教师评定法

此方法是请教师完成学前儿童游戏行为量表或者自编的评价量表来对儿童的社交退缩行为进行评定。也有研究者采加利福尼亚儿童 Q 分类问卷中的"害羞-抑制"维度作为评定的工具。教师评定法的操作定义和行为指标均与观察法相同，只是根据儿童游戏的场合的不同，如室内或室外而略有所不同。

4. 同伴评定法

童年中期以后测量社交退缩主要是使用同伴评定法。有一些常用的测量社交退缩的问卷，如 Masten 等（1985）编制的班级戏剧问卷（class play）。该问卷包含三个维度，即"社交-领导"维度、"攻击-扰乱"维度和"敏感-孤单"维度。其中的"敏感-孤单"维度的 7 个项目可以用来测量社交退缩。Rubin 和 Mills（1988）认为"敏感-孤单"应该细分为两个维度，即"消极-孤立"维度和"被排斥"维度。"消极-孤立"维度的 4 个项目（非常害羞的人；感情容易受到伤害的人；不愿意和别人一起玩，宁愿自己一个人玩的人；平时总是很伤心的人）可以测量安静退缩行为，"被排斥"维度的3个项目（被别人排斥在一边的人；无法让别人听他的话的人；一个和别人交朋友困难的人）可以测量活跃退缩行为。此外，也有研究者根据自己的研究目的编制了问卷，比如Schwartz等人（1998）编制的6个项目的问卷（那些儿童经常孤单、害羞、安静、屈服，宁愿一个人，不敢加入他人）。在这些问卷中班级戏剧问卷被公认为是测量社交退缩信效度较高的工具。万晶晶（2002）修订了班级戏剧问卷的中文版，修订后的信效度良好。国内研究者（周宗奎，朱婷婷等，2006；王玉花，2010）曾采用此问卷进行社交退缩的测量，研究了国内儿童的安静退缩和活跃退缩行为。

这四种方法在使用时行为指标各不相同，目前还没有形成一套普遍认可的社交退缩的行为指标。比较这四种方法的优缺点可以发现，父母评价法不适合年龄较大的被试群体，观察法虽具有客观真实的特点，但是观察地点的不同如在实验室情境和真实情境下儿童的行为会有所不同，而且观察的行为只针对儿童的自由游戏。有研究发现教师评定的有效性没有得到验证（Harrist，Zaia，& Bates，1997）。同伴评定法在儿童早期的效果不理想，但到儿童中后期，同伴评定的社交退缩的稳定性和预测性都很高，结果比观察法所得到的结果更理想（Rubin，1993）。

第三章

社交退缩与网络交往的研究现状

第一节 社交退缩的研究

一、社交退缩青少年的生物基础及脑机制研究

社交退缩行为可能根源于个体本身的先天生物性特点。研究者发现社交退缩儿童比其他儿童的心率更容易加快（Henderson，Marshall，Fox，& Rubin，2004）。有研究指出低水平的心脏迷走神经张力不仅能导致个体的社交抑制，而且能够预测这一行为的持续发展，研究者认为这一生物性特质起着儿童抑制和退缩行为的"先行者"作用（Rubin，Burgess，& Hastings，2002）。另外，Spangler（1998）发现，当遇到紧张情境或面对新奇事物的时候，退缩儿童的下丘脑-垂体-肾上腺轴（hypothalamic-pituitary-adrenocortical axis，HPA axis）会被激活。还有研究发现，在童年早期，儿童的社交退缩和行为抑制会导致皮质醇水平的升高（Buss，Schumacher，Dolski，Kalin，Goldsmith，& Davidson，2003）。

近年来，关于社交退缩的脑电研究成果也不断发展，并开始揭示社交退缩的有关生理特征。研究发现，儿童期的社交退缩在早期听觉皮层的加工上存在个体差异。失匹配负波（MMN）

波幅的降低和潜伏期的延迟可以视为社交退缩儿童和抑郁患者身上所表现出来的社交退缩成分（类似于 N170 被视为面孔识别的特异性成分）。儿童社交退缩和抑郁患者的额叶与他们 MMN波幅的降低存在关系，而额叶出现的二级 MMN 为这种关系提供了证据（Bar-Haim，Marshall，Fox，Schorr，& Gordon-Salant，2003）。还有研究者认为，社交退缩行为是内部焦虑感的外在表现，而内部的焦虑又与大脑杏仁体及其对脑皮质、下丘脑、交感神经系统、纹状体、中央灰质的放射介质的应激差异有关（Rubin，Coplan，& Bowker，2009）。

杏仁体引发的"恐惧"不仅会抑制儿童的好奇心，还会导致他们的行为抑制和社交沉默（Degnan & Fox，2007；Fox，Henderson，Rubin，Calkins，& Schmidt，2001）。Fox 和 Calkins（1993）记录了儿童在 9 个月、14 个月和 24 个月时的脑电活动，发现在进行研究的 15 个月内表现出稳定的右侧额叶脑电优势的儿童，更容易害怕、焦虑和行为退缩。其他的研究报告也得出了相似的结论，研究者指出右侧额叶偏侧化与婴儿期的抑制行为以及儿童早期的社交退缩相关联（Fox，Henderson，Marshall，Nichols，& Ghera，2005；Henderson，Marshall，Fox，& Rubin，2004）。

先天生物特质是儿童退缩行为的内在决定因素，外在环境作用强化了儿童退缩行为，许多研究者探索了同伴关系及教养环境对儿童社交退缩的影响作用。

二、社交退缩青少年的同伴关系研究

个体的同伴交往与社交退缩有紧密的联系。退缩个体通常不受欢迎，他们在社会交往活动中经常遭到同伴的拒绝和忽视，甚至被视为欺侮的对象（Oh，Rubin，Bowker，Booth‐LaForce，Rose‐Krasnor，& Laursen，2008）。在儿童中期，表现出较多安静退缩行为的个体对自己社会能力的评价较低；而在儿童后期，表现出较多安静退缩行为的个体被同伴评价为缺乏社交领导能力并具有较多的攻击破坏行为。万晶晶和周宗奎（2005）发现通过儿童同伴交往过程中的友伴数、亲密交流、冲突背叛、信任尊重和受侮辱五个方面可以综合预测儿童的退缩行为，孙铃等（2006）的研究也表明退缩行为与同伴拒绝呈正相关、与同伴接纳呈负相关。但这里的退缩行为是一个比较宽泛的概念，指的是总体上的社交退缩，最近很多学者关注不同社交退缩类型的儿童同伴关系的特点，许多研究表明安静退缩型儿童在各种类型退缩儿童中同伴关系发展的最好，比如，刘爱书等人发现，安静退缩儿童的社交地位、同伴数量和友谊质量与一般儿童没有显著的差异，但活跃退缩儿童和混合退缩儿童的同伴关系比较差，不良的同伴关系可以有效地负向预测活跃退缩行为（刘爱书，于增艳，杨飞龙，裴亮，2011）。周宗奎等也探讨了社交退缩类型和友谊的关系，表明安静退缩儿童拥有的互选朋友数量相对最多，而活跃退缩儿童与双重退缩性儿童则拥有相对最少的互选朋友（周宗奎，朱婷婷，孙晓军，刘久军，2006）。

此外，心理理论中关于儿童社交行为的一个潜在假设认为，儿童只有具备一定的关于心理活动的知识才可能习得一定的社会技能并学会做出正确的情绪行为反应，进而发展社会交往行为，也就是说，社交退缩与心理理论的发展有关。有研究指出退缩儿童和非退缩儿童在心理理论水平上存在差异，而同伴关系影响着儿童心理理论发展，Slaughter等人的研究发现受欢迎儿童在心理理论的任务上的得分显著高于被拒绝儿童（Slaughter，

Dennis, & Pritchard, 2002）。Browne 等人的研究也表明同伴交往能够促进儿童心理理论的发展（Brown, Donelan, & Dunn, 1996）。Dunn, Cutting 和 Fisher（2002）发现，5 岁儿童的心理理解能力可以预测儿童感知到的友谊质量，而社交的自我知觉对儿童孤独感的预测力最大（周宗奎，孙晓军，向远明，刘久军，2008），蔡春凤和周宗奎（2006）发现，同伴交往中对自我社交能力的知觉在同伴接纳与社交领导行为和孤独感之间起中介作用，也就是说，心理理论可能会影响同伴关系，心理理论水平较低的儿童在社会交往过程中可能会存在更多的内部或外部的问题，使得儿童在同伴关系的建立或维持上存在困难。

　　社交退缩倾向也可能与同伴交往模式或同伴地位的相对稳定性有关。周宗奎等人在一项为期 2 年的纵向研究中发现，同伴交往的自身特征决定了它具有一定的稳定性，一旦形成某一种同伴交往形式就会在一段时期内维持下去（周宗奎，赵冬梅，孙晓军，定险峰，2006）。同样的结果也出现在国外其他研究当中（Lansford, Killeya-Jones, Miller, & Costanzo, 2009；Walker, 2009）。有研究者在纵向研究中发现儿童获得的积极提名和消极提名在两年间相关度较高（周宗奎，赵冬梅，孙晓军，定险峰，2006）。还有研究也发现儿童在 8 岁和 10 岁时的同伴接受性具有中等程度的相关（陈欣银，李伯黍，李正云，1995）。儿童同伴交往的稳定性不仅体现在一般群体中，也体现在特殊群体中。国外有研究者考察了 4~6 岁轻微认知发展延迟的儿童的同伴交往，结果发现他们积极和消极的同伴交往都具有一定程度的稳定性（Guralnick, Hammond, Connor, & Neville, 2006）。显然，这种同伴交往模式的相对稳定性在一定程度上影响着儿童的社交退缩倾向。

　　然而，同伴交往与社交退缩的关系并不是固定不变的，随着年龄的增长，社交退缩与同伴拒绝、被欺侮之间的相关会增加，这可能是因为社交退缩与社会交往的准则或者期望相违背（Rubin, Bukowski, & Parker, 2006），退缩行为会因为同伴的拒绝更加突出，从而导致两者一致性的持续稳定。再者，个体的同伴交往经验是主观的，同伴交往的情境又是相对稳定的，"同伴圈子"的形成需要一定的过程，并且在形成后更为稳定，儿童的刻板效应导致那些原本退缩的儿童更加持续地受到同伴拒绝，这反过来又强化了儿童的社交退缩，加深了这种不良主观经验和行为的持续过程。Beran（2008）调查了 10～13 岁儿童受欺负的稳定性，发现未报告有受欺负行为的儿童在接下来 7 年的调查中也不大可能报告受欺负行为，而几乎一半在开始接受调查中报告有受欺负的儿童在随后的调查中一直报告受欺负行为。蔡春凤和周宗奎（2009）的一项研究表明，同伴拒绝、退缩行为是区分儿童受欺负稳定性的两个最主要的社会能力变量，也就是说，儿童得到的同伴拒绝提名越多、表现出的退缩行为越多，持续性受欺负的可能性就越大。

三、社交退缩青少年的亲子关系研究

亲子依恋关系能够影响儿童的社交退缩行为。依恋理论认为，父母的敏感性及应答反馈水平影响着儿童建立起的依恋关系是否是安全的。Bowlby 认为个体早期与主要抚养者的生活体验会形成一种相对稳定的内部工作模式并影响着个体成年时的依恋表征，这就涉及依恋的稳定性问题。国内外一系列相关研究表明，亲子依恋的类型在不同的年龄段存在着一定的稳定性（马伟娜，曹亮，桑标，2009）。有研究者采用成人依恋访谈、观察亲子间互动、测验和自我报告等多种方法对 16～18 岁青少年进行了为期两年的纵向研究，发现依恋类型在青少年中期至青少年晚期间保持较高的稳定性（Allen，McElhaney，Kuperminc，& Jodl，2004）。由此可以推测，消极依恋关系的高稳定性也可能导致儿童社交退缩的持续性状态。

这种模式能够影响儿童对他人的预期，决定儿童与周围人的关系。如果内部工作模式让儿童感到自信和安全，那么儿童就会积极地探索周围环境，早期安全的依恋可以预测儿童社交能力的积极发展，与此相对，如果内部工作模式不安全，儿童就会认为周围环境是不安全和无法预测的，会导致儿童在与他人交往过程中退缩，缺乏对周围环境的探索行为（Shamir-Essakow，Ungerer，& Rapee，2005）。有研究报告指出，那些早期在与父母的亲密关系中表现出害怕被拒绝、退缩和消极情绪反应的不安全回避型婴儿，他们在童年期的同伴交往中也会出现社会退缩和抑制行为（Brakel，Muris，Bögels，& Thomassen，2006）。Pastor（1981）的研究表明不安全型依恋婴儿比安全型婴儿在同伴交往时表现出了更多的害羞和恐惧。Rubin 等（1995）的研究也发现，不安全依恋类型与社交退缩行为有关，并且能够显著预测社交退缩行为。相关研究也发现，亲子关系不良的儿童更容易出现社交退缩。East（1991）的研究表明，社交退缩的儿童认为他们的亲子关系中缺乏支持性。Karine 和 Marcoen（1999）对儿童的研究也发现，与父亲有良好关系的儿童比不良关系的儿童在同伴关系中表现得更好，较少表现出焦虑和社交退缩行为。

父母的人格特质也影响着儿童的退缩行为。父母的人格特质在儿童羞怯和社交情绪适应不良中起着中介作用（Coplan，Arbeau，& Armer，2008）。表现出极为羞怯和高度退缩的儿童，他们的父母通常表现为神经质和敏感性水平较高。父母内在人格特质的高稳定性对其孩子退缩行为的持续产生也可能具有一定影响（Donnellan，Conger，& Burzette，2007；郭永玉，2005）。正是这样的人格特质，导致了他们偏好采用对孩子过度干涉和保护的教养方式。

父母的教养方式对儿童早期的社交抑制和退缩行为会产生稳定持久的影响。如果父母没有给予孩子积极及时的应答环境，孩子4岁时所表现出的羞怯情绪能够预测其7岁时的社交退缩行为，当父母总是能给予孩子最积极的反馈时，这种现象就不会产生（Coplan，Prakash，O'Neil，& Armer，2004）。这说明父母的行为对孩子起着直接的影响作用。Erickson提出，与安全型依恋的儿童相比，矛盾型儿童的母亲更偏好过分地干涉和控制孩子的活动。过度控制、干涉或者过分保护孩子的教养方式与儿童的抑制行为和社会退缩行为有高度相关，并且能预测儿童这些不良情绪与行为的持久发展。父母的过度保护和干涉实际上是对孩子的一种不当教养和管理方式，这种方式限制了孩子的行为，约束了他们的活动，妨碍了儿童独立性的建立，导致他们无法习得和发展必要的应对方式和问题解决的策略，从而在社会交往中产生负性情绪和退缩行为。Mcdonal和Parke（1984）的研究发现，社交退缩男孩的父亲在教育孩子的过程中普遍使用高压策略，较少参与孩子的活动，母亲则与孩子的日常言语交流不多。Rubin和Mills（1990）的研究发现，焦虑、社交退缩孩子的母亲比正常儿童的母亲更倾向于使用高压的教育和指导，要孩子坚持执行父母的意见，他们的另一个研究（Rubin & Mills，1990）也发现，社交退缩儿童的母亲会经常强迫自己的孩子，也更容易生气。Rubin（2001）的研究发现，在儿童自由游戏时，母亲过度参与会导致儿童的社交退缩。

其他一些研究也证明了这一结论，他们指出父母的过度保护角色导致了儿童羞怯、焦虑和社交退缩的产生。父母的教养方式通常与儿童表现出的行为反馈相互作用，从而导致教养方式保持相对稳定，进一步强化了儿童社交退缩的持续性（Knappe, Lieb, Beesdo, Fehm, Ping Low, Gloster, & Wittchen, 2009；Lieb, Wittchen, Hofler, Fuetsch, Stein, & Merikangas, 2000；Rapee, Schniering, & Hudson, 2009）。

四、生物学因素与环境对社交退缩影响的综合研究

总的来说，先天生物基础与后天环境的交互作用往往是儿童社交退缩的根本原因，研究生物学因素和行为之间的关系可以更加完善地解释儿童社交退缩的产生和转变。研究者认为儿童的退缩行为通常潜藏在生物因素之下，反过来，潜在的生理性羞怯和焦虑又激发了儿童在同伴和亲子关系中所表现出的外在退缩行为。

有研究者提出了"连贯理论"（Coherence Theory）来解释个体不良行为的稳定性发展（Wright, Beaver, & Gibson, 2010）。同时，这一理论也能够解释社交退缩行为的发展。连贯理论是指个体的特质、行为以及产生的社会结果互相作用，三者共同构成的整合体导致了其不良行为的稳定持续存在和发展。

首先，作为儿童发展不良行为中的一类，个体的社交退缩是其潜在生物特质的外在表现（Rubin, Burgess, & Hastings, 2002）。同时，儿童所表现出的退缩行为也直接作用于父母教养方式、亲子关系质量、同伴关系等社会结果，反过来又被这些社会结果所影响，儿童的行为及其伴随的社会结果实际上就构成了儿童所处的成长环境。从整合的观点来看，儿童不仅在个体的发展历程中表现出社会退缩特质和社会退缩行为，在不同

情境中也会显示出来（Schneider, Richard, Younger, & Free-man, 2000）。儿童的内在生物特质和外在人格特质、行为表现，以及所产生的被拒绝、被排斥等社会结果的共同作用维持了社交退缩。儿童的社交退缩行为是先天生物性因素和外在环境因素交互作用的结果，具有较强的稳定性和持续性（Degnan & Fox, 2007）。

其次，不良的同伴交往与个体的社交退缩存在一定的相关。积极的同伴关系有益于儿童的人格和认知的健康发展，培养良好的社会能力，而不良的同伴关系则会使儿童出现社交退缩并影响今后的社会适应。社交退缩儿童成为偏常群体后会遭到同伴的拒绝与群体的孤立。吕勤等人（2003）认为社交退缩中的消极退缩行为能预测同伴拒绝。Kingery 等（2010）认为社交退缩儿童更不被同伴喜欢，更容易被同伴欺负，同伴数量和质量比不退缩的儿童低，但是他们同样有一个最好的朋友。在同伴交往中，儿童试图坚持自己的想法和观点并得到同伴的服从，然而随着年龄的增长，社交退缩的儿童比正常儿童得到的同伴服从更少（Rubin & Krasnorl, 1986）。徐巍（2007）对社交退缩儿童的友谊质量进行了研究，结果发现不同社交退缩类型的儿童在友谊质量的陪伴与娱乐维度和亲密袒露与交流维度存在显著差异。在两个维度上，非社交退缩儿童得分均显著高于社交退缩儿童，说明社交退缩比非社交退缩儿童同伴间的友谊质量更差。郭伯良和张雷（2004）对近 20 年的社交退缩与同伴关系的相关研究所得出的结果进行了元分析，分析结果发现，儿童社交退缩与同伴接受之间呈显著负相关，也就是说社交退缩越严重，同伴接受程度越低，而社交退缩与同伴拒绝之间有较低程度的正相关，说明社交退缩会导致儿童不良的同伴关系。

社交退缩的儿童可能会长期处于一种不良的同伴关系中，

他们无法进行有效的交往活动、频繁违反所在同伴群体中的特定规则，因此受到同伴的拒绝，不被同伴接纳；具有社交退缩特质的儿童由于同伴接受性较低，导致他们在社会技能和同伴关系中产生消极的自我认知、自我评价以及对外部世界的敌意倾向（Ladd，2006），反过来又加强了他们的社交退缩。从另一方面看，退缩行为也能有效减少退缩特质的儿童在同伴交往中所感受到的羞怯、焦虑和抑郁情绪，这时的退缩行为变成了一种保护性机制，从而维持了这一特质的发展（Rubin & Coplan，2010）。

最后，父母常常根据孩子的生物性特质确定教养信念从而采取不同的教养方式。父母早期的教养方式会影响儿童后继的交往状况，在婴儿期被父母过度干涉和控制的儿童，他们在童年期会表现出更多的行为抑制和社交退缩（Rubin，Burges，& Hastings，2002）；而在权威型教养方式下成长的儿童与退缩行为没有显著相关。反过来，儿童的社交退缩行为同样可被视为父母过度保护和控制的原因，他们早期的抑制和退缩行为往往能够决定父母后继的教养倾向。具体来说，当父母察觉到自己的孩子表现出社交焦虑和脆弱感时，他们就会试图以权威地位用最直接的方式干预和纠正儿童的退缩行为。对于父母来说，简单地介入或观察孩子的退缩行为容易唤起父母的关注和同情。这些体验使得父母认为他们的孩子所表现出来的退缩是一种内在倾向，这种倾向导致儿童既希望参与同伴交往，同时又伴随着强烈的焦虑和无助感（Hastings，Rubin，& DeRose，2005）。父母为了让孩子能够迅速改善社交不适感，于是每次碰到问题时干脆直接告诉孩子用极端的方法渡过难关，而是不正确地加以引导。父母的行为强化了孩子的不安全感，致使儿童无法学习正确的社交应对策略，当再次遇到社交不适时只能继续依赖父母并寻求父母的帮助，如此恶性交互循环无疑加重了儿童的社交退缩和回避抑制行为，巩固了儿童社交退缩行为。随着时间的推移，父母这类使儿童免受社交焦虑的行为反而会阻碍他们正常社会能力的发展。

从环境因素与社交退缩的关系来看，除了同伴关系和父母教养方式的影响以外，还有许多方面与儿童的社交退缩行为相互作用，从而强化了这一不良行为方式。例如，退缩行为与教师管理方式之间存在相互影响。研究发现，退缩儿童需要得到教师的更多关注和鼓励，但是，这也同时滋长了他们对教师的依赖，在教师那里得到的支持和温暖往往使他们感到满足从而在同伴团体中表现得更加退缩，这又反过来增进了教师的关注度（Hamre & Pianta, 2006）。另外，儿童所在家庭的社会经济地位、接触到的电视、网络等媒体信息都影响着他们的退缩行为，这些环境因素大部分都是稳定存在于儿童的成长环境中，因此对于儿童的退缩行为有着长期的影响。

五、社交退缩的理论

1. 皮亚杰的认知发展观

著名的瑞士发展心理学家皮亚杰（Piaget）提出，同伴关系在儿童社会能力发展中具有重要的作用。同伴交往可以促使个体多方面心理特质的发展，例如同伴交往中的合作行为与情感共鸣可以帮助个体获得更为广阔的认知视野，同伴交往中冲突现象也并不是没有积极的作用，它可以促进个体社会观点采择能力的发展以及社会交往技能的提高。而且，由于在同伴交往中，交往双方是处于平等的关系，因此个体可以在这种平等的关系背景下学会合作，学会从他人角度思考问题，与之相关的观点采择能力、移情能力和角色扮演能力均可以得到发展。正如 Piaget 强调的，个体在同伴交往过程中体会到的平等关系可以帮助个体摆脱自我中心状态，因为当个体与他人的想法有矛盾的时候，个体不会简单地接受对方的观点，而是会努力去比较权衡，直到得出自己的结论。社交退缩的个体则可能由于同伴交往经历的缺乏，而导致其诸如观点采择能力、移情能力和角色扮演等能力发展的滞后（皮亚杰，1972/1981）。

2. 沙利文的人际关系理论

精神分析学家沙利文（Sullivan）同样强调同伴交往对个体发展的重要性。他认为，友谊可以促进个体人际敏感性的顺利发展，从而可以为以后的恋爱、婚姻和良好亲子关系的建立提供基础；同伴交往可以为个体逐渐理解合作与竞争的社会规则，理解服从与支配的社会角色构建基本框架；由于自我是在重要他人的反应中逐渐被确立的，因此同伴交往还可以促进个体自我的形成。后续的一些基于沙利文的人际关系理论的实证研究（Parker & Ashtr，1993）也发现，同伴关系障碍有可能导致个体产生一系列问题心理（如精神病）和问题行为（如退学、犯罪），该项研究还发现同伴关系障碍与后期的适应问题存在一定的相关。沙利文的人际关系理论所具有的价值逐渐得到显现，它在同伴和友谊研究中所得到的重视也越来越多（沙利文，1953/2010）。

3. 马斯洛的需要层次理论

人本主义心理学家马斯洛（Maslow）提出的需要层次理论是解释人类行为较为常用的理论之一，它认为人类的所有行为都是由各种需要所驱动，并且都在为获得更高的需要而努力。马斯洛将人类的需要从低到高分为五个层次，依次是生理需要、安全需要、归属与爱的需要、尊重的需要以及自我实现的需要。需要的满足是保证个体健康发展的前提。将需要层次理论用于解释个体的同伴交往行为，可以进一步提高人们对同伴交往重要性的认识。个体在良好的同伴交往环境中，可以体验到自己被同伴接纳，并拥有良好的友谊，而且在群体中占有一定的地位，可以获得来自同伴的赞许和尊重，这些都可以让个体体验到充分的安全感、归属感和受尊重感。即通过良好的同伴交往，个体的需要可以得到较好的满足，保证了个体可以获得较好的发展结果。反之，如果个体不能拥有良好的同伴交往，那么该个体就可能面临一系列的风险因素，例如导致其产生孤独感、抑郁、生活满意度下降，甚至社会适应不良，例如本研究中的大学生社交退缩现象（马斯洛，1970/2007）。

4. 生态系统理论

生态系统理论（Theory of Ecological System）由美国心理学家 Bronfenbrenner 提出。他把个体所处的生态系统划分成了五个子系统，依次为微观系统（microsystem）、中层系统（mesosystem）、外层系统（exosystem）、宏观系统（macrosystem）和历时系统（chronosystem），五个系统之间相互联系、相互制约，任何一个子系统的变化都可能会对其他系统产生影响。生态系统中各种因素的相互作用构成了个体成长和发展的动力。因此研究个体的发展就必须考察个体所处生态系统的不同层面的特征，进而可以帮助我们对影响个体发展的因素有一个更为全面和准确的认识，对于本研究我们分析大学生的社交退缩现象也有很重要的方法论意义（谢弗，2000/2005）。

第二节　青少年网络交往的研究

一、网络交往与人格

关于人格结构的理论模型中最具代表性的是大五人格模型，依据该模型，人格结构由五个最具代表性的人格特质组成，即外向性、神经质、开放性、宜人性和尽责性（Ehrenberg，Juckes，White，& Walsh，2008；John & Srivastave，1999），不同个体之间的大多数人格差异均可以由这五个方面来进行解释，每个特质均具有两极性，即高和低两个趋向，如外向性这个特质的两极分别是外向和内向（Gosling，Rentfrow，& Swann，2003）。

随着网络使用研究的不断增多，一些研究者也开始用大五人格模型来研究人格特质对网络使用的影响效应（McCrae & Costa，1997）。有研究者对哪些人格特质可以作为社交网站使用行为的潜在预测因素进行考察后发现，外向性、神经质和开放性三个特质对社交网站的使用行为具有预测力（Ross，Orr，Sisic，Arseneault，Simmering，& Orr，2009；Zywica & Danowski，2008），类似的很多研究（Amichai-Hamburger，2002；Amichai-Hamburger & Ben-Artzi，2003；Amichai-Hamburger，Wainapel，& Fox，2002）也发现外向性和神经质两个特质与上网活动存在显著相关，高外向性且低神经质的个体比内向且高神经质的个体更多地使用网络（Amichai-Hamburger，2002）。

具体来讲，外向性方面，高外向性的个体倾向于更经常地使用社交媒介（如即时信息和社交网站）（Ross，et al.，2009；

Zywica & Danowski, 2008)。他们在现实世界中会与很多人有交往行为，在社交网站上同样如此（Zywica & Danowski, 2008），个体的外向性越高，他们在 Facebook 上面加入的群组就越多（Ross, et al., 2009），通过广泛的网络人际交往，外向性的个体也会获得更高的自尊水平和生活满意度（Zywica & Danowski, 2008；Ellison, Steinfield, & Lampe, 2007）。

神经质方面，具有较高神经质倾向的个体在网络交往中会更多地选择使用即时通信的方式（Ehrenberg, Juckes, White, & Walsh, 2008），因为即时通信的交往方式允许个体有较长的时间思考如何对交往对象的言语给予回应，在这种交流方式中，高神经质的个体可以更轻松地与人互动。因此高神经质的个体会更容易被社交媒介的某些方面所吸引，尤其是以文字为主要交流方式的媒介形式（Ehrenberg, Juckes, White, & Walsh, 2008；Ross, et al., 2009），而情绪较稳定的个体，即低神经质的个体会较少地使用社交媒介。另外，网络使用也可以让有孤独感的神经质个体从中体验到孤独感减少（Amichai-Hamburger & Ben-Artzi, 2003），这可能也是高神经质个体会有更多的网络使用行为的原因。

开放性方面，已有的研究表明高开放性的个体会更经常地使用社交网站（Ross, et al., 2009）。高开放性表现为有好奇心和喜欢追求新颖的事物，低开放性则表现为特别遵从惯例和已有形式（John & Srivastava, 1999）。由于社交网站是一个相对较新的网络技术应用，那些对经验具有高开放性的个体会更多地被社交网站所吸引，并在使用社交网站的过程中会不断地尝试社交网站上的各种功能。

然而，也有相关研究发现了关于人格特质和网络使用的关系截然相反的结论。这些结果在某种程度上可能是由于某些网络应用（如社交网站）对匿名性的限制。大部分人在使用这类社交网站进行交往时只与和他们认识的人交往，进而限制了他们与陌生人的交往活动（Lampe，Ellison，& Steinfeld，2006），因此这些网站可能更能吸引外向的人。而且彼此不认识的个体之间更倾向于使用群组交谈（group-like conversations）的方式，而彼此较熟悉的个体间通常会采用即时信息来交流（Quan-Haase，2007）。

二、社交网站中的自我表露与分享行为

社交网站的顺利运行需要用户上传共享照片，更新资料和链接，这就避免不了对自己信息的透露，而且个人对隐私的态度能够影响个体在网站上共享资料的类型。女性在网络中的自我表露与在网络和现实生活中知觉到的友谊满足成正相关，但是她们却倾向于在现实生活中与朋友互动来增加亲密关系。研究者针对社交网站的风险承担、信任和隐私担心等特点分析发现，那些在社交网站上有个人简介的个体比那些没有简介的个体更加有风险承担的态度，并且男性的风险承担态度比女性的风险承担态度更加强烈。研究发现，Facebook 比 MySpace 有更高的信任感，一般的隐私担心和个人信息表露的担心对女性来说更强，与女性相比，更多的男性会在社交网站上留下自己的电话号码和家庭住址。社交网站应该告知潜在用户在创建社交网站时要考虑好风险承担和对隐私的担心等问题（Fogel & Neh-mad，2009）。隐私态度和某种表露类型的关系受隐私规则使用和隐私行为的控制，在社交网站中，如微博，使用者对隐私的态度能够影响社交网站上分享的内容类型和数量（Acquisti & Gross，2006），这反过来又会影响社交网站的活力。例如，对分

享知识的所有权和隐私权存在担心的用户可能会限制自己在社
交网站上的自我表露，会担心不注意或不合适的自我表露可能
会受到法律制裁（Grimmelmann，2009），个人信息可能会被无
意识表露（Jernigan & Mistree，2009），以及自我表露可能引发
包括网络欺负在内的身体威胁（Palfrey，2008）。有研究探索了
互联网上信息自我表露的态度问题，发现个体认知图示和态度
（如有关识别码价值的概念）是网络自我表露中对于隐私的总体
态度、透明度和个人信息控制的重要因素（Cranor，Reagle，&
Ackerman，2000），这表明社交网站应通过提供透明易懂的隐私
规则和隐私控制帮助缓和个体对自我表露的担心。此研究以 122
名 Facebook 的使用者作为被试，对网络自我表露进行研究分析，
结果表明社交网站可以通过制定隐私保险和提供隐私控制透明
化的策略来缓解用户对自我表露的担心（Stutzman & Kramer-Duf-
field，2010）。

在网络中不仅有关于自己隐私的表露，更多的是知识的分
享，如通过博客来进行分享。知识分享被看作是知识管理的一
个重要的手段，越来越多的人开始用博客分享他们的想法。所
以研究是什么鼓励个体通过分享他们的知识来帮助他人是非常
重要的。研究发现除了公平性和开放性对知识分享存在积极推
动作用外，助人、分享文化和有用性对个人的网络分享行为的
推动作用也很大（Yu，Lu，& Liu，2010）。与单纯的知识分享
不同，有研究者对影响人们在 YouTube 上分享视频的动机进行
了研究，发现分享后个体感觉到的舒适度是一个重要影响因素，
而且男女性在分享视频的类型上存在差异，女性的动机很大程
度上受视频的有用性和社会规范的影响，男性很大程度上受视
频的人际关系规范的影响（Yang，Hsu，& Tan，2010）。

三、网络社交与适应

自我表露、人际关系和健康在现实中和网络中的表现存在差异，个体间面对面的交流比网络交流的作用更大，网络交流方式的高使用与个体的低心理健康水平相关（Schiffrin, Edelman, Falkenstern, & Stewart, 2010）。社交网站的主要功能是进行互联网中人际关系的交互，与现实生活中的人际关系有冲突相似，网络交往也存在冲突。有研究探索了人们如何管理人际间的冲突，通过分析网络关系亲密性和对关系预期的管理风格，证明网络用户一般使用合作式的管理风格来处理他们的关系，尤其是当他们期望延续这段关系时会更加偏好这种管理风格（Ishii, 2010）。

人们通过网络与面对面给人留下印象是不同的，一些研究者认为通过网络交流给人的评价比面对面给人的评价高，另一些研究者的观点却相反。每个被试与对方有两次互动：网上交流一次；面对面交流一次。研究发现面对面交流模式比其他模式给人留下的印象更积极，经过面对面交流的被试比经过网络交流的被试更能达成一致的意见。

有研究发现高社交焦虑（面对面与人交流感到不舒服）与在网上与人交流以及通过短信与人交流存在正相关。相反，低社交焦虑（与人面对面交流感到舒服）与在网络上交朋友存在正相关。女性报告了更高的社交焦虑，另外，与男性相比，女性报告在社交网站上进行交流更加舒服（Pierce, 2009）。

还有研究发现自我报告孤独的青少年更加频繁地使用网络交流以及在网络上谈论与亲密关系有关的话题，孤独水平较高的青少年选择网络交往的动机可能是想通过网上交流来补偿现实生活中与人交流的不顺利，网络使用能够满足他们的社会交往、自我表露和自我探索的需求（Bonetti，Campbell，& Gilmore，2010）。

另外，对一些特殊群体进行研究发现，网络使用和交流能够影响个体的适应情况。通过对移民到新加坡的大陆民众进行大范围的电话采访调查发现，移民者倾向于改变他们原有的上网方式，使用当地的网络使用方式。而且，他们的移民时间越长，搜索原来国家网页的频率就越低，而搜索当地网页并与当地的人们进行网上交流的频率就越高，网络的使用能够极大促进移民者在当地的适应状况（Chen，2010）。以 86 个有语言缺陷历史的青少年和 90 个正常的青少年作为被试进行比较研究，考察有语言缺陷青少年的网络交流状况发现，语言能力与网络交流有复杂的关系，社交能力对网络交流的使用有直接预测作用，有语言缺陷的青少年和正常青少年在网络上都比现实中表现出更少的害羞，研究结果表明，网络交往中对语言表达和情景应对的要求不严格性，能够为有语言障碍的青少年提供一个使之积极适应的媒介。

针对老年人，有研究基于 SeniorNet（夕阳网，一个为老年人提供情感支持的网站社团）来分析网络交流模式和成员间的关系，除了将网站上的信息作为一个整体来研究，还分析了交流的内容和社交网络模式，研究发现情感支持的网站和非情感支持的网站存在差异，情感支持网站上成员相互间有更多的联系并且更加亲密，表明这种网站能够帮助老年人适应晚年生活（Pfeil，2007）。

四、其他

除了 Facebook、MySpace 两个有名的社交网站以外，对贴吧、IM、博客等的研究也有很多，例如，一项研究通过追星族不同地位的个体发帖的特征来调查他们不同的表现，发现群体地位低的个体更加倾向于使用亲密的、直接的线索表达自己的感受，包括使用第一人称、赞扬、自我表露、积极性语言等。与高地位的人相比，他们更少使用文章、大话和不一致的话语（Reysen, Lloyd, Katzarska-Miller, Lemker, & Foss, 2010）。

五、网络交往的理论

1. 社会增强假说

社会增强假说（Social Augmentation Hypothesis）认为互联网为人们提供了另一条日常互动渠道，增加了人们的社会总资源。在互联网的影响下，人们很多现实生活中的行为会得到增强。Katz 和 Aspden（1997）在 1995 年进行的全民互联网使用调查发现，网络使用者与非网络使用者相比，他们与家人有更多的联系和交流，并且拥有更多的新朋友。大量研究也发现，很多网络使用者认为使用网络这种方式能够改善他们的生活，能够给他们提供更多的交往途径（D'Amico, Whittington, Malkowicz, Fondurulia, Chen, Tomaszewski, & Wein, 1998；Hoffman, Novak, & Venkatesh, 2004；Isaacs, Walendowsk, Whittaker, Schiano, & Kamm, 2002；Lenhart, Rainie, & Lewis, 2001）。还有调查显示，互联网用户有更高水平的社会和政治参与度，有更多的日常社会互动（Wellman, 2001），更高的信任和更大的社会网络（Cole, 2000；Robinson, Kestnbaum, Neustadtl, & Alvarez, 2000；Uslaner, 1998）。Neustadtl 和 Robinson（2002）的研究也发现，互联网用户比非互联网使用者会多花三倍的时间用于参与社会事件。

2. 社会代替假说

社会代替假说（Social Displacement Hypothesis）主要认为，将时间花费在使用网络上面，会导致花费在现实活动上的时间出现相应的减少，时间分配的变化会进而导致个体的心理健康遭受负面的影响。有研究发现，初次接触互联网的个体，一年后会更多地参与网上交流，现实中分配给家人和朋友的交流时间相比以前出现了减少，而且这些个体的孤独感和抑郁水平有所提高（Kraut, Patterson, Lundmark, Kiesler, Mukophadhyay, & Scherlis, 1998）。Weiser（2001）对大学生的纵向研究也发现，在互联网上花费更多时间的学生，其孤独感和抑郁程度更高，生活满意度更低。其他的研究也表明，网络交往会减少现实社会活动时间（Nie & Hillygus, 2001）以及与亲戚和朋友交流的时间（Gershuny, 2003），缩小现实交往圈（Mesch, 2001），更少地打电话给家人和朋友（Shklovski, Kraut, & Rainie, 2004），并且对于青少年而言，与家人和朋友的关系会变得更弱（Sanders & McFarland, 2001）。

3. 社会补偿假说

McKenna 和 Bargh（1998，2000）提出了社会补偿假说（Social Compensation Hypothesis），认为网络可以为个体提供实现一些在现实中不能达到某个目的的机会，例如缺乏社会支持的个体能够从互联网使用中获得网络社会支持，从而对现实中社会支持的缺乏起到弥补的作用。拥有有限社会支持的个体可以运用网络交流来建立新的人际关系、获得支持性人际交流和有用的信息，使其获得另外的社会支持和社会认同。也有研究者认为网络能够提供给人们一个喜欢自己的机会，让他们能够公开地表达自己（Bessière, Ellis, & Kellogg, 2009）。还有一些研究中，研究参与者声称他们能够在网上更好地表达真实的自我，并且他们倾向于向线上的同伴表达理想（Bargh，McKenna，& Fitzsimmons，2002；McKenna，Green，& Gleason，2002）。

4. 情绪增强假说

情绪增强假说（Social Enhance Hypothesis）是认为网络使用可以让使用者获得更好的情绪体验（Whang，Lee，& Chang，2003；Weiser，2001）的一种观点。到目前为止，很少有研究探讨了网络使用与情绪调节动机的关系。而对情绪控制的研究（Gross，1998；Russell，2003）表明，人们对自身情绪的调节都是伴随着一定的动机的，例如 Whang 等人（2003）的一项以网络过度使用者为对象的调查研究中，参与调查的网络使用者会报告说他们在面临工作压力或者情绪沮丧时，便会去浏览互联网，以达到缓解压力或者排解消极情绪的目的。

5. 使用与满足理论

使用与满足理论（Uses and Gratification Theory）由 Suler（1999）提出，用以解释人们的网络行为。该理论尤其强调潜在需要对个体网络行为的影响，而这些潜在需要往往是网络使用者自身无法意识到的。网络空间的某些功能可以满足个体的潜在需要，而个体的不同网络行为正是这些潜在需要的折射（梁晓燕，2008）。如果其潜在的需要得到了满足，那么个体就会产生一种稳定的、完美的关于自我的感觉，而这种需要的满足是由于个体的某类网络使用行为。因此当个体获得美好的体验时，其网络使用行为也受到了强化。

第二篇

社交退缩的概念、结构与测量

第四章

社交退缩的概念与结构

第一节　问题提出

社交退缩是一个复杂的概念，研究者对社交退缩的探讨通常伴随着对焦虑、羞怯、行为抑制、社交沉默等相关内容的讨论。在以往研究中，研究者并未能够将社交退缩的概念与界定统一，也很少将社交退缩与这些相关概念的关系阐明清楚。一些研究者早期尝试将社交退缩的概念与结构整合起来，他们认为社交退缩是一个涵盖了多种行为指标的系统概念（Rubin，1982；Asendorpf，1990；Rubin & Asendorpf，1993），这一概念能把各种原因的退缩行为与其他行为区分开来（Rubin，Coplan，& Bowker，2009）。因此，从某种意义上来说，社交退缩包含了羞怯、沉默、行为抑制等一系列相关概念。考察个体的社交退缩状况，可以进一步理解为，以社交退缩为"理论中心"考察个体的社会交往不利的状况（Rubin & Coplan，2010）。

　　正如第二章社交退缩分类中所述，不同的研究者对社交退缩的结构有不同的理解和分类。提出了社交退缩的二维、三维、思维结构模型，对社交退缩的分类体现了研究者对社交退缩更全面的理解，每一种社交退缩的亚类型实际上反映了社交退缩内涵的不同方面。研究者们大多倾向于从退缩个体的情绪（紧张、羞怯等）和行为（抑制、沉默等）两个方面对这一概念进行理解和分类，本研究认为，社交退缩的概念应该有一个完整的结构框架，个体的退缩情绪和行为只是其中的两个方面，还应该包括退缩者的人格特质、交往动机、容易引起退缩的环境等因素，以及社交退缩导致的结果，即由社交退缩所引起的个体适应不良等后果。基于以上多因素的考虑，本研究者认为应该从更多的方面和角度对社交退缩进行界定，从而深层次理解这一概念的内涵和外延。

　　鉴于以上原因，本研究将在前人的研究基础上，对青年期被试群体进行深入访谈，进一步整合社交退缩概念的内涵和外延。为此，我们选择研究者协同一致的质的研究方法（Consensual Qualitative Research，CQR）（Hill，Knox，Thompson，Williams，Hess，& Ladany，2005；Hill，Thompson，& Williams，1997）来开展研究。CQR 是一种被广泛使用的质的研究方法，其最大的特点是，数据的分析由一个研究小组共同完成，所有的决定均需小组成员协商达成一致（朱旭，江光荣，2011）。这样既保证了对复杂现象进行研究时视角的多样性，又减少了单一研究者容易产生偏差观念的影响。

第二节 研究方法

一、参与者

当事人 共 16 名当事人均来自武汉某大学 2010 级本科，年龄在 20 到 24 岁之间，包括 8 名男生，8 名女生。当事人由所在年级的辅导员或者班主任推荐，推荐的原则是选取 8 名社交正常学生和 8 名社会交往不利或较为回避社会交往的学生。

研究小组 所有的访谈工作由 1 位发展与教育方向的博士生（本文作者，女，29 岁）主持完成。研究小组成员还包括 4 位发展与教育方向的硕士生（1 男 3 女，平均年龄为 24 岁）。在此研究之前，小组所有成员均没有使用 CQR 的经验。所有成员被要求阅读有关介绍 CQR 以及使用方法的文献数篇。然后小组成员一起对 CQR 的研究方法和操作程序进行讨论（8 小时），讨论过程中特别鼓励小组成员表达自己的观点以及成员间共同建立和谐平等的氛围。

研究开始之前，小组成员一起讨论了各自对社交退缩的含义及其表现的看法。研究小组成员普遍认为，社交退缩是指个体尽量避免与他人进行交往，如果无法避免社交行为或社交活动，个体会产生紧张、焦虑等情绪，同时还伴有某些退缩行为。在获得被试的访谈记录之后，组员继续就社交退缩问题进行了深入的交流和讨论。

二、访谈提纲

访谈提纲包括四个题目。第一题主要是询问当事人的一些基本信息，如年龄、年级、专业等；第二题询问当事人对社交退缩的含义、特点及表现的看法，如社交退缩是什么意思，社交退缩的人有哪些特点或表现，社交退缩还有哪些意思相近的表达方式等；第三题询问当事人认为社交退缩经常出现的情境或场合，如个体通常会在什么情境中或在哪些场合下社交退缩；第四题询问当事人的上网状况，如是否喜欢上网、通常在网上喜欢干什么等（见附录一）。

特别需要提到的是，考虑到访谈研究的单盲性，以及当事人回答问题的社会赞许性顾虑和问题答案的有效性，访谈提纲中提及了与研究主题无关的积极社交等内容，与研究内容无关的访谈内容没有进行文字转录。访谈提纲为半结构式，对每个当事人访谈的内容保持一致。在访谈提纲的开发过程中，对2位大学生进行了预访谈，根据反馈，对访谈提纲进行了多次有效修改。

三、数据收集

招募被试　访谈当事人均有由被试所在年级的辅导员或班主任推荐，并取得当事人的同意。在选取被试时特别注意排除与研究小组成员认识的当事人。

访谈　所有的访谈均由5名小组成员完成，采用面对面访谈的形式。在访谈前，先对当事人个人信息以及访谈内容保密、访谈内容需要录音等事项进行介绍，征求当事人同意后开始正式访谈和录音。每次访谈约持续15到20分钟左右。访谈结束后对当事人赠予小礼物表示感谢。访谈结束后询问当事人是否需要访谈逐字稿以及研究结果，如果需要可以留下联系邮箱。

转录　访谈录音由5名研究组成员转录为逐字稿。首次转录后组员再次交换对照录音核对逐字稿以确保其准确性，并将当事人的个人信息移除，用数字代为标志。访谈逐字稿约为5万字。

四、数据分析

本研究采用研究者协同一致质化研究方法（Cnsensual Qualitative Research，CQR）对访谈所得的数据进行分析，步骤为：（1）分析逐字稿，提取逐字稿中与本研究主题相关的内容；（2）将这些信息划分为几个域（domain）；（3）将同一个域中的信息概括综合成核心观点（core idea）；（4）将所有个案中同一个域的核心观点放在一起做交叉研究（cross analysis），找出其中的共同点，组成不同的类别（category），得出最后的研究结果。

研究中所有的数据都由一个研究小组完成，整个分析过程都由研究小组成员共同协商完成，并且邀请一位研究小组之外的人作为审核员（auditor），以避免研究小组成员在分析过程中产生定势思维或产生重大错误。本研究中，5名研究成员均参与每次讨论，整个数据分析过程花费120余小时。

域编码 根据访谈提纲以及访谈内容逐字稿，将所有与本研究主题相关信息划分为的几个组块就是域（domain）。研究成员共同参与讨论，将每个个案中的有效信息划分到一个或者多个域中，如果小组成员意见有分歧，需要在小组内表达各自的不同观点，共同协商，达到最后意见的统一。在概括和分类的过程中，由于不断有新的信息加入，因此，在讨论过程中需要对最初归纳的域不断进行修改或合并。访谈内容的全部有效信息应被重新分配，并能够全部纳入最后确定的域，最后，再将所有有效信息按照最终确定的域进行编码。

提炼核心观点　本研究核心观点的提炼工作由研究小组成员共同完成，对每个域中的内容进行讨论、概括和总结。核心观点应最大程度反应当事人的原意，并且，小组中每个成员对核心观点的理解以及表达都应达到一致。

交叉分析　将从 14 个个案得到的数据进行交叉分析。研究小组成员共同对从各个域提炼的核心观点进行分类、讨论并最终达到观点一致。

稳定性检查　另外，留下 2 个个案做分析结果的稳定性检查。检查的内容为考察 14 个个案的交叉分析类别是否适用于这2 个个案，观察所得的结果是否稳定。结果发现，余下的 2 个个案数据分类与原结果一致，这说明原来所得到的结果是非常稳定的。

审核　本研究的审核分为两部分，第一部分的审核工作由小组成员共同完成，在通过质化研究得到初始结果之后，小组成员对整个研究过程进行再分析，包括对访谈逐字稿，以及域的分类和核心观点的提取等内容进行再讨论，直至小组成员对此次分析结果达成一致；第二部分的审核工作由小组之外的成员完成，将小组成员达成一致的结果发给 3 位心理学专业的博士生，邀请其对结果进行审核，主要是审核域的划分、核心观点的提取等是否准确，在审核员做出判断后，将意见反馈给研究小组，研究小组讨论是否就审核员的意见进行修改。

当事人反馈　虽然小组成员将被试的逐字稿以及最后得出的研究结果发给每个被试，并且在结果中隐去各个被试的个人信息，邮件中希望被试能够就研究结果给出一定反馈以及意见，为研究提供证明效度（testimonial validity），但是最后并没有被试给予回复。

类别的代表性 按照 Hill 等（1997）的标准，可以就此标准划分研究结果。如果这个结果能代表所有个案或者只有 1 个个案除外，也就是本研究中 15 至 16 个个案，则该类别被视为普遍的（general）；如果结果能代表一般以上的个案，即本研究中的 9 至 14 个个案，则该类别被视为典型的（typical）；如果结果能代表 3 至 8 个个案，则该类别被视为变异的（variant）；如果结果能代表 2 个个案，则该类别被视为少有的（rare）；所有只包括一个个案的结果，放在"其他"类中，不做赘述。

第三节 研究结果

社交退缩的相关内容被分为行为特点、环境、人格特征、动机和结果 5 个域。所有域、类及其下子类的结果呈现在表 4-1 中，表中还包括每个类别的代表性及核心观点举例。文中按域呈现结果，对每个域的含义以其中的类别进行介绍，每个域所包含的核心观点。

表 4-1 社交退缩：CQR 的结果

域、类及子类	代表性	核心观点举例
1 行为特点	G	
1.1 情绪	T	当事人认为产生社交退缩时会伴有害怕、焦虑、紧张等情绪
1.2 行为	G	
1.2.1 行为模式	G	当事人认为产生社交退缩的人有一定的行为模式
1.2.2 应激行为	R	当事人认为个体在遇到突发社交事件的时候会产生退缩的应激行为

域、类及子类	代表性	核心观点举例
1.3 情感	V	
1.3.1 情感连接	R	当事人认为社交退缩个体与他人的关系淡薄，情感连接较弱
1.3.2 情感把握	V	当事人认为社交退缩个体不善于把握他人情感
1.4 社会认知	V	当事人认为社交退缩个体存在一定的社会认知偏差
1.5 社交技能	V	当事人认为个体表现出社交退缩可能是因为缺乏社交技能
1.5.1 陈述性社交技能	R	当事人认为社交退缩个体缺乏有意识提取线索、直接加以回忆和陈述的社交技能
1.5.2 程序性社交技能	R	当事人认为社交退缩个体缺乏借助某种社交环境间接推论得到正确社交方式的能力
2 环境	G	
2.1 客观环境	T	当事人认为个体的社交退缩通常会发生在某些特定地点或场合
2.2 主观环境	G	当事人认为社交退缩在某种情境下发生可能是由于个体自身对某种环境的主观反应所造成的
2.3 先前经验、早期经验	V	当事人认为社交退缩的原因是由于个体的早期经验或者先前经验导致
3 人格特质	T	当事人认为社交退缩产生的主要原因是由当事人的人格特质所造成的
4 动机	V	
4.1 外在动机	R	当事人认为社交退缩是由于某些客观原因使得个体无法与他人进行交往活动
4.2 内在动机	V	当事人认为社交退缩是由于个体的内在交往动机不足
5 结果	V	当事人认为个体会因为社交退缩而导致"心理不健康"、"网络成瘾"等不良结果
6 其他	R	

注：N = 16；G = general，15-16 个个案；T = typical，9-14 个个案；V = variant，3-8 个个案；R = rare，2 个个案

一、特点

行为特点是指当事人认为个体在社交退缩时所表现出来的特征，也就是理论意义上的"知、情、意、行"四个方面。具体来说，可以将行为特点分为：个体的情绪、行为（包括行为模式和应激行为）、情感（包括情感把握和情感连接）、社会认知以及社交技能等方面。

情绪是指由某种刺激事件引起个人的身心激发状态，当此状态存时，个体不仅会有主观感受和外露表情，而且会伴随产生某种行为（张春兴，2010）。访谈结果发现，一些当事人认为社交退缩的个体在面临社会交往时通常会出现"紧张、胆怯、害羞、焦虑、恐惧、害怕"等情绪，他们会表现出"不敢与别人交往"、"一和别人说话时就觉得紧张和焦虑"。

在本研究中，将行为从情绪概念中分离出来，单独作为一个核心观点考察。行为是指退缩个体在社会交往中表现的一种或几种典型的行为特点。行为又可以归纳为行为模式和应激行为，行为模式是退缩者通常反映出的行为状态，如"他们可能更喜欢一个人保持自己一个人的生活"，"就是更喜欢独居，不想被太多的事情打扰"；应激行为则是社交退缩者面对突发事件迅速产生的行为反应，如"刚刚得知了一些不好的消息的时候，或者遇到了困难和挫折的时候，就会选择一个安静的地方，回避、逃避"。

情感是指与人的社会性需要相联系的度和内心体验，是个体所具有的稳定而深刻社会含义的感情反应。本研究将情感划分为情感把握和情感连接两个亚类。情感把握是指个体对他人情感倾向的知晓和掌握程度，有些当事人认为社交退缩个体

"不善于了解或者观察他人的情感或者知觉"，"不确定别人是不是愿意跟自己交往"；情感连接是指个体与他人的身心依恋模式，也是一种情感上的亲密状态。当事人认为社交退缩个体"对和别人交往的活动不热衷，和别人也不是很亲密"、"不愿意与人家目光交流"等。

社会认知是指个体在社会情境中，将他人所表现的社会行为或社会环境中所发生的社会事件视为一种讯息，采用认识、记忆、思维、推理、判断等方式予以处理的复杂心理历程（Kosslyn，2007）。一些当事人认为社交退缩者对社会交往的认知通常较为极端或偏执，如"要是寻求别人的帮助就是否定自己，就低人一头，让别人瞧不起自己，自己的自尊心会受挫"、"觉得班上有很多小圈子，一个圈子的人想融入另一个圈子很难，同学很排外"。

社交技能是指个体适当而有效地进行社会交往的行为方式和能力（周宗奎，2011）。在本研究中，当事人认为个体表现出社交退缩可能是因为缺乏社交技能。参照知识概念的分类原则，深入访谈发现，社交技能也可以分为陈述性社交技能和程序性社交技能。陈述性社交技能是指个体具有有意识的提取线索、直接加以回忆和陈述的社交技能，缺乏陈述性社交技能的社交退缩个体表现为"无法展开话题"、"不知道什么时候该说什么话"等；程序性社交技能是指个体无需有意识提取线索，只需借助某种社交环境间接推论得到的正确社交方式。程序性社交技能是一套社会交往的操作步骤，缺乏程序性社交技能的社交退缩者则表现为"交际能力很弱"、"不精通待人处世之道"等。

二、环境

本研究将与社交退缩相关的环境特点概括为客观环境、主观环境，以及先前和早期经验。

客观环境的退缩是指个体的社交退缩行为通常发生在某些特定的地点或场合，如"大型的聚会场景"、"完全陌生的环境"、"人比较多的时候"、"参加会议尤其还要发言的时候"、"第一次需要在人多的公共场合推销自己"等。

主观环境的退缩是指个体由于自身对某种环境主观上的反应所造成的退缩现象，如"一个人压力大的时候就会退缩"、"在自己不擅长的活动中会退缩"、"感觉跟交往对象话不投机的时候会退缩"等，概括来看，主观环境其实就是个体对自己所处环境的社交效能感，当退缩个体认为自己处于社交的劣势情境时更倾向于表现出退缩行为。

先前经验和早期经验也被认为是引起社交退缩的一个环境因素的子类型。有当事人认为社交退缩的是由于个体的早期经验或者先前经验导致，如"之前跟他们讲话都没反应，也得不到支持，后来再碰到什么事情就不愿意问他们了"，这个案例说明了先前经验导致的社交退缩；又如"有的人从小到大生活的圈子都很窄，在家只跟爸爸妈妈说话，也没什么亲戚朋友，久而久之就成了他的生活方式，就习惯了"，这个案例说明了早期经验导致的社交退缩情况。

三、人格特质

人格特质是个人所特有的，代表着个人的独特的行为倾向。本研究中所指的人格特质是当事人认为的社交退缩个体性格上所固有的特征，例如，有的当事人认为"社交退缩的人可能性格比较内向，为人比较拘谨、谨慎"、"性格方面比较高傲、固执，对别人特别苛刻"、"忧郁、不够自信、自卑"、"做事情应该比较优柔寡断"、"社交退缩的人可能有很强的受暗示性"、"很容易妥协"、"像林黛玉一样比较孤僻"等。

四、动机

动机是某种内在状态，该状态促使个体产生某种外显行为活动，并维持已产生活动朝向某一目标进行的内在历程（Coleman, Galaczi, & Astruc, 2007）。本研究中，动机作为与社交退缩概念相关的一个域，是指社交退缩者在与他人交往时产生回避退缩的内在驱力，研究者将动机也分为外在动机和内在动机。外在动机是在外界的要求与外力的推动下产生的，是诱因所致的动机，如"本来想说话的，看到人多，就算了"、"担心说错话或者别人不喜欢，也就不打交道了"。简而言之，就是因为某种外在原因，"有那个想法就是行动不起来"；内在动机是由个体的内在需要引起的动机，如"不想跟别人交往"、"不愿意跟别人打交道"。

五、结果

本研究将结果也列为社交退缩相关概念的域，是指个体由于社交退缩而可能产生的一些结果，这属于社交退缩概念的外延内容。访谈结果发现，社交退缩可能导致的结果包括"社交退缩会让一个人有很强的攻击性"、"心理不健康"、"网络成瘾"、"社会功能差"、"限制了一个人的表现范围"，会导致社交紊乱，使自己缺乏了那种在自我圈里面建立的自信，会在一定程度上否定自己，会在心理上产生障碍，在精神上也会造成摧残，甚至有当事人认为"社交退缩如果特别严重的话就会导致自杀"、"讨厌或者厌倦这个世界"。

第四节 讨 论

Hinde（1987）将社交退缩理解为影响个体同伴交往状况的一种特质。在 Rubin 等人（2009）的社交退缩结构模型中，最上一层将社交退缩的来源分为外在（活跃退缩）和内在（安静退缩）两个方面。不少研究者倾向于将个体表现出的羞怯、抑制、孤独、社交谨慎、社交沉默、反应迟钝等状态与社交退缩联系起来。也有研究者指出社交退缩是童年期和青少年期一系列异常情感、思维和行为的表现，他们将其定义为个体在熟悉的同伴前表现出观望、羞怯、退缩、抑制等异常情感和行为（Gazelle & Rubin，2010；Rubin，Coplan，& Bowker，2009）。在以往关于儿童和青少年社交退缩的研究中，研究者将害羞、行为抑制、受孤立和拒绝、社交沉默、消极和同伴忽视等都归纳到社交退缩的结构中，不同的研究者从个体情绪体验的角度将社交退缩归纳为行为抑制、羞怯、社交沉默和焦虑 – 孤独四个类型。研究者们大多倾向于从退缩个体的行为和情绪两个方面对这一概念进行理解和分类，这种对社交退缩的界定方式尚不全面。并且，在以往研究中，社交退缩的大多以儿童青少年早期群体为研究对象，对其他年龄群体的交往状况考察较少。另外，对社交退缩概念的界定大多由西方学者提出，国内研究更多的是对其直接采纳和运用。因此，本研究首先采用研究者协同一致质性研究方法，以处于青年期的在校大学生为考察群体，提出了符合中国青年期群体特征的社交退缩含义，同时也从更广泛的方面和角度对社交退缩进行界定，从而深层次理解这一概念的内涵和外延。本研究采用质化研究的方法，通过对被试访谈和小组协商，对社交退缩的概念进行分析，分析认为社交退缩是一个综合性概念，既包括个体内在的羞怯情绪体验、孤独气质倾向、交往动机不足和消极社会认知，也包括外在的行为抑制和社会技能欠缺；既受主观和客观等环境因素的影响，也会由此产生心理障碍、社交紊乱等不良后果。同时，研究得到与社交退缩相关的五个域（特点、人格特征、环境、动机、结果）以及分别对应的核心观点。具体来说，特点的核心观点包括情绪、行为、情感、社会认知和社会技能，其中行为又包括行为模式和应激行为、情感包括情感连接和情感把握、社交技能包括陈述性社交技能和程序性社交技能，其中情绪和行为被纳为社交退缩的两个核心观点，这一结论与以往研究一致（Rubin, Coplan, & Bowker, 2009）。而情感、社会认知和社交技能是进一步归纳得出的；环境的核心观点包括客观环境、主观环境和先前经验、早期经验；动机的核心观点包括外在动机和内在动机。Rubin 也提到了与社交退缩相关的动机问题，他将退缩个体的社交动机归纳为外在的社交偏好和内在的孤独体验，本研究同样得到了相似的结论。本研究为社交退缩这一概念的深化和扩展提供了初步证据。结果表明社交退缩概念与以往研究得到的概念结论基本吻合，同时也发展出更为丰富的概念界定，既证明了前人的研究，也开创了本研究所独具的特色，为后续研究奠定了基础。社交退缩概念结构见图 4-1。

本研究在此基础上开发适用于中国文化背景下青年期被试群体的社交退缩量表，为社交退缩的相关研究提供有效的研究工具。经过探索性因素分析、验证性因素分析确定的社交退缩量表包括三个维度：回避陌生环境、离群和回避公共场合发言。信效度检验发现，该量表具有较高的分半信度和内部一致性信度，同时该量表还具有较好的结构效度和效标关联效度。本研

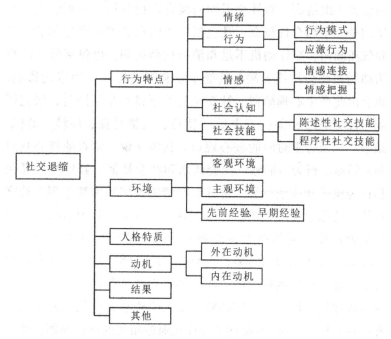

图4-1 社交退缩概念结构图

究结果还探讨了环境、人格特质,以及个体退缩可能导致的结果等与社交退缩紧密联系的一系列变量。研究者以前人研究为基础,同时跳出以往研究中习惯于通过对个体的退缩行为和情绪的概念理解模式,通过对当事人的深入访谈,在较大程度上丰富和扩展了社交退缩概念的内涵和外延。

从另一个方面来看,大多数研究者都是以童年期或青少年早期被试为研究对象(Erath, Flanagan, & Bierman, 2007; Gazelle, 2008; Rubin, Coplan, & Bowker, 2009)展开关于社交退缩的研究,对于处在对青年期的群体研究较少,因此,对社交退缩传统的理解和分类是否符合年龄较大的群体也是值得讨论的问题。

不少研究者认为社交退缩是在先天因素(气质)和后天因

素的（父母教养、同伴关系等）作用下，从影响社交退缩的潜在因素如警惕、害怕和焦虑中得到的固定原型行为（Fox，Henderson，Marshall，Nichols，& Ghera，2005；Henderson，Marshall，Fox，& Rubin，2004；McClure & Pine，2006；Parker，Rubin，Erath，Wojslawowicz，& Buskirk，2006；Vasa & Pine，2006）。另有研究者（Hart，Yang，Nelson，Robinson，Olsen，Nelson，Porter，Jin，Olsen，& Wu，2000）则认为社交退缩是儿童在熟悉环境下的一种行为模式，具有独处性、弥漫性，就是这种行为而使得儿童社交退缩，Hart 强调的是熟悉的环境。本研究的结果发现，青年期群体社交退缩的产生原因和影响因素来自于多个方面，相对来说，与儿童的社交退缩相比，大学生的社交退缩更少地归因于父母教养以及同伴关系等后天因素，更多的将其归因于先天因素或者是自身因素，如由于社交退缩者人格特质，或者所处环境等。但是，这并不说明社交退缩无法改变，我们可以通过分析社交退缩个体的具体原因采取有效干预策略和措施改善退缩者的不良人际交往状况。

　　本研究采用质化研究对社交退缩进行研究，虽然得到了一些非常具有研究意义的结果，但是也存在着一定的不足。首先，研究被试个案数量有限，并且所有当事人都来自于同一所大学，年级相同，使得样本过于同质，可能在一定程度上对研究结果产生阻滞影响；其次，本研究对结果的理解以前人对社交退缩的研究为理论基础，可能会由于已有的相关理论和结果的局限性导致局限本研究的结果解释。

　　另一方面，本研究采用的访谈技术虽然在社会科学的研究中广泛应用，但是访谈法作为在获取研究被试信息第一手资料的唯一方法仍然显得较为单一。随着互联网技术的发展，网络在为个体提供与他人进行突破地域限制的交往的同时，博客、

QQ 空间等媒介的开发，使得个体获取了一个展示自我的平台，且该平台可以长期保持，为他人了解个体提供了机会。对于博客、主页等的研究较多关注于其内容及方式与青少年自我同一性形成的关系。对于社交退缩者，其博客、主页等会呈现出何种风格的内容，表达出来的又是何种个人状态，类型社交退缩者与社交正常者是否会在博客、主页等的某些方面呈现出不同，有待深入细致的研究。在今后的研究中，研究者可以尝试结合访谈法、网络交往媒介的信息数据挖掘等多种研究方法更加深入地考察社交退缩个体的特征与状态。

综上所述，研究一为社交退缩这一概念的深化和扩展提供了初步证据。结果表明社交退缩概念与以往研究得到的概念结论基本吻合，同时也发展出更为丰富的概念界定，既证明了前人的研究，又开创了本研究所独具的特色，为后续研究奠定了基础。

第五节　结　论

采用质化研究的方法对社交退缩的概念及其结构进行分析，得到社交退缩概念的 5 个域，分别为：行为特点、人格特征、环境、动机、结果。每个域都有相对应的核心观点和亚类作为内容支撑，具体来说，特点的核心观点包括情绪、行为、情感、社会认知和社会技能，其中行为又包括行为模式和应激行为、情感包括情感连接和情感把握、社交技能包括陈述性社交技能和程序性社交技能；环境的核心观点包括客观环境、主观环境和先前经验、早期经验；人格特征的核心观点包括内向、抑郁和自卑；动机的核心观点包括外在动机和内在动机；结果的核心观点包括增强攻击性、网络成瘾、社交系统紊乱等。

第五章

大学生社交退缩测量工具

第一节　问题提出

　　研究一探索了社交退缩的概念及其内在结构，社交退缩是一个内涵丰富、多系统，并且在不断发展中的概念。正如第二章社交退缩的测量中所述，在已有研究中研究者也采用了不同类型的测量工具考察个体的社交退缩水平，主要的研究工具包括以下几种：

　　在对幼儿进行研究的时候常用教师评定量表和观察法。具体来说，测量工具有儿童行为量表（Child Behavior Scale, CBS）（Ladd & Profilet, 1996）和社会行为问卷（Social Behavior Questionnaire, SBQ）（Tremblay, Loeber, Gagnon, Charlebois, Larivee, & LeBlanc, 1991），这两个问卷要求由教师完成。另外还有研究者采用 Archenbach 和 Edelbrock（1983）编制的儿童行为量表—教师评定版（CBCL-TRF）观察幼儿在教室里和操场上社交退缩的行为。

　　目前广泛用于测量童年早期社交退缩的工具是班级戏剧问卷（Class Play）。广泛应用于小学生的社交退缩研究的测量工具有 RCP（Revised Class Play）（Masten, Morison, & Pellegrini, 1985）和 ECP（Extended Class Play）（Burgess, Wojslawowicz,

Rubin, Rose-Krasnor, & Booth, 2003)。有研究者使用儿童评定量表教师版（Teacher-Child Rating Scale, T-CRS）（Primary Mental Health Project, 1999），该量表包括焦虑（如退缩、害羞、担忧）和同伴社会化的负向评定（如被同伴不喜欢、缺乏社交技能等）两个分量表。也有研究者使用量表和访谈相结合的方法，例如，有研究者结合 Buss 和 Plomin（1984）编制的气质量表（Emotionality Activity sociability, EAS）和母亲或是教师对儿童的害羞进行评定最终确定儿童的社交退缩行为。另外，是 Rubin（1989）编制的游戏观察问卷（Play Observation Scale, POS）也可以用来对儿童初期的行为进行评估，包括孤独-被动退缩和沉默寡言两个维度。

国内研究者测量个体社会交往不利的研究工具通常包括：修订后的交往焦虑量表（Interaction Anxiousness Scale, IAS）、交往恐惧自陈量表（Personal Report of Communication Apprehension, PRCA-24）、社交回避及苦恼量表（Social Avoidance and Distress Scale, SAD）、社交焦虑量表（Social Anxiety Subscale of the Self-Consciousness Scale）、羞怯量表（Shyness Scale）等。

对社交退缩的研究工具进行回顾不难发现两个特点：一是研究工具主要适用于在幼儿、儿童和青少年早期，很少有适用于年龄更长的被试群体的测量工具；二是这些研究工具只是侧重于社交退缩的某方面，所使用的测量维度多倾向于考察个体的焦虑、羞怯等情绪特点。基于以上两点以及研究一中所得的研究结果，本研究尝试开发适用于中国文化背景下青年期被试群体的社交退缩量表，为社交退缩的相关研究提供有效的研究工具。

第二节　研究方法

一、被试

本研究中被试主要包含三大部分，即开放式问卷被试、预测被试和正式施测被试。

1. 开放式问卷调查的被试

开放式问卷的被试为某师范学校大学生 16 人，采用个别访谈法。被试同研究一。

2. 预测问卷的被试

预测被试为武汉市某高校在读学生。预测发放调查问卷 500 份，收回有效问卷 470 份，有效回收率 94%。其中男生 227 份（48.30%），女生 243 份（51.70%），被试平均年龄 21 岁。

3. 正式施测的被试

正式施测发放调查问卷 503 份，收回有效问卷 486 份，有效回收率 96.62%。其中男生 269 份（55.35%），女生 217 份（44.65%），被试平均年龄 21 岁。

二、研究工具

开放式调查问卷

开放式问卷见第 4 章，其中主要包括两个问题：

问题一：你认为社交退缩是什么意思？你觉得社交退缩的人有哪些特点或者表现吗？社交退缩还有哪些意思相近的表达方式吗（近义词、相关的概念）？

问题二：你认为人通常会在什么情境中或在哪些场合下社交退缩呢？

大学生社交退缩量表

自编量表。

大学生羞怯量表（王倩倩，王鹏，韩磊，宫瑞莹，高峰强，2009）

大学生羞怯量表由 Henderson 和 Zimbardo 编制，中文版由王倩倩等人（2009）翻译修订。已有研究表明，该量表拥有良好的信度。在本研究中，该量表的内部一致性系数为 0.89，且具有良好的结构效度，$\chi^2/df = 3.24$，RMSEA = 0.069，CFI = 0.90，NNFI = 0.88，IFI = 0.90。在本研究中羞怯作为效标变量。

大学生社会交往提名问卷

大学生社会交往提名问卷由 Yeh 和 Luo（2001）编制，分为两个部分。第一个部分用于调查自我中心社会网络，第二个部分用于调查整体社会网络，针对每一个问题，请被试写出班上相关同学的编码，提名数量不限。本研究采用问卷第二部分的提名数据，计算出每个被试的入度中心性为考察指标，作为效标变量。

第三节　研究结果

一、预测量表的编制

编写预测问卷的项目主要参考了心理卫生评定量表手册中修订的交往焦虑量表（Interaction Anxiousness Scale，IAS）、交往恐惧自陈量表（Personal Report of Communication Apprehension，PRCA-24）、社交回避及苦恼量表（Social Avoidance and Distress

Scale，SAD)、社交焦虑量表（Social Anxiety Subscale of the Self-Consciousness Scale）、羞怯量表（Shyness Scale）。同时，通过对16名在校大学生的访谈收集项目，编制大学生社交退缩量表。由发展与教育心理学专业的博士和硕士研究生30人对预测问卷的语言表述进行纠错修改，以免项目有歧义、难以理解或表述不够简练等，同时要求他们对问卷进行语义分析，根据语义对项目进行维度上的初步划分，以避免有项目语义不清或有多重语义。经过上述步骤，最终确定大学生社交退缩量表。问卷包含24个项目，每个项目从完全不符合到完全符合分为5个选项，采用5点计分。

二、预测量表的施测与正式量表的形成

对回收的数据进行项目分析（结果见表5-1）、探索性因素分析和信度分析，探索性因素分析使用主成分分析和极大似然正交旋转的方法，以高低分组 t 检验中不显著，共同度低于0.3，因素负荷低于0.4。存在双重负荷（双重负荷均在0.3以上且负荷之差小于0.3）为标准删除项目，并根据理论预期、解释率同时参照碎石图（见图5-1）提取因子，最终确定正式问卷。

1. 项目分析结果

表5-1 根据题总得分高低分组后 *t* 检验结果 （$N = 470$）

项目	t	项目	t	项目	t
t1	−13.44 ***	t9	−8.16 ***	t17	−10.85 ***
t2	−14.87 ***	t10	−7.36 ***	t18	−10.47 ***
t3	−10.68 ***	t11	−12.06 ***	t19	−11.00 ***
t4	−13.82 ***	t12	−12.09 ***	t20	−11.50 ***

续表

项目	t	项目	t	项目	t
t5	-14.26 ***	t13	-13.78 ***	t21	-11.11 ***
t6	-15.02 ***	t14	-10.82 ***	t22	-9.68 ***
t7	-8.28 ***	t15	-10.90 ***	t23	-9.82 ***
t8	-8.77 ***	t16	-12.65 ***	t24	-9.00 ***

* 表示 $p<0.05$，** 表示 $p<0.01$，*** 表示 $p<0.001$（下同）

从上表可知，根据题总得分以 27% 为标准进行高低分组后，对每个项目进行独立样本的 t 检验发现高低组在所有项目上均存在显著差异，说明所有项目都具有较好的区分度。

2. 探索性因素分析

项目分析之后，将 24 个项目进行探索性因素分析。在进行因素分析之前，首先需要对数据是否适合进行因素分析检验。本研究运用 KMO 测度（Kaiser-Meyer-Olkin Measure of Sampling Adequacy）和巴特利特球体检验（Bartlett test of sphericity）对该组数据的相关性进行检验。KMO 的值越大表明该组数据越适合进行因素分析，通常标准为，KMO 的值在 0.9 以上为"极好"，0.8 以上为"好"，0.7 以上为"一般"，0.6 以上为"差"，0.5 以上为"很差"，若 KMO 的值在 0.5 以下则为"不可接受"（郭志刚，1999）。本研究中，预测数据的 KMO 值为 0.93；此外，对预测数据进行巴特利特球体检验结果为卡方值为 5025.08，自由度为 276，$p<0.001$，这些结果表明该组数据适合做探索性因素分析。

本研究中，采用主成分分析法（principal factor analysis，简称 PFA）抽取公共因子，使用方差极大法（varimax）进行因素旋转确定因子负荷。根据 Kaiser-Guttman 准则，将特征值为 1

作为标准，特征值大于 1 的因子数为需要保留的因子数，据此标准，本数据的公因子数为 3，解释项目总变异的 51.69%。根据 Cattell 的碎石检验，碎石图显示特征值从第 4 个因子处出现拐点走势变缓，因此因子数应该确定为 3 个（郭志刚，1999）。同时，依据研究一的研究结果及前述理论假设，本研究认为社交退缩包括回避陌生环境、离群和回避公共场合发言三个维度。

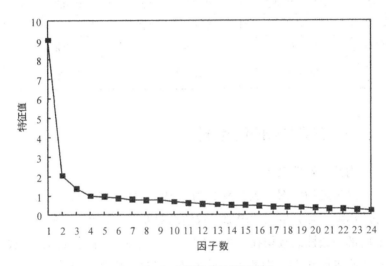

图 5-1　探索性因素分析碎石图

以共同度低于 0.3，因素负荷低于 0.4，存在双重负荷（双重负荷均在 0.3 以上且负荷之差小于 0.3）为标准，分别删除项目 2、13、24、37、30、31、33、43，结果发现，3 个因子解释项目总变异的 56.07%，最终获得 16 个项目的正式量表，该 16 个项目的因素分析结果如表 5-2 所示。

表 5-2 大学生社交退缩量表三因子结构

	因子一 回避陌生环境			因子二 离群			因子三 回避公共场合发言	
项目	因素负荷	共同度	项目	因素负荷	共同度	项目	因素负荷	共同度
t1	0.730	0.636	t9	0.491	0.432	t4	0.581	0.533
t3	0.714	0.547	t12	0.756	0.613	t20	0.554	0.453
t6	0.525	0.525	t14	0.696	0.561	t22	0.756	0.957
t7	0.652	0.461	t16	0.816	0.700	t23	0.837	0.723
t20	0.622	0.493	t17	0.780	0.652	t24	0.780	0.634
			t18	0.670	0.510			
特征值	5.898			1.843			1.230	
解释率 （%）	36.865			11.517			7.685	

三、正式量表的信度分析

内部一致性系数

总量表的内部一致性系数为 0.89，表明总体上量表具有良好的信度。各分量表的内部一致性系数如表 5-3 所示。各分量表的内部一致性系数均在 0.80 之上，超出了对团体进行测评所要求的临界值 0.70，因此各分量表具有良好的内部一致性。

表 5-3 大学生社交退缩各维度间相关及各自内部一致性系数表（$N=486$）

维度	1	2	3	4
1 回避陌生环境	(0.863)			
2 离群	0.564	(0.838)		
3 回避公共场合发言	0.528	0.437	(0.817)	
4 社交退缩总分	0.833	0.842	0.782	(0.889)

注：括号内为分量表的内部一致性系数；所有相关均显著。

四、正式量表的效度分析

本研究中，主要分析量表的结构效度和效标关联效度。

1. 结构效度分析

本量表的编制是以理论构建为基础的，研究者基于已有的社交退缩研究，结合访谈结果以及研究一中所得论述，提出了大学生社交退缩所包含的三个维度，在预测问卷的修改过程中，形成大学生社交退缩的结构，因此对正式量表进行结构效度的分析，来看正式量表的项目是否反映了已有的研究假设，即三维度的大学生社交退缩。

本研究中，使用 Lisrel8.7 进行验证性因素分析，比较三因素模型的拟合情况，来考察正式量表的结构是否符合理论构想。验证性因素分析的结果如表5-4 所示：

表5-4 验证性因素分析模型拟合指数

模型	χ^2	df	χ^2/df	RMSEA	CFI	NNFI	IFI
三因子模型	236.10	98	2.41	0.055	0.95	0.94	0.95

一些研究者（郭庆科，李芳，陈雪霞，王炜丽，孟庆茂，2008；温忠麟，侯杰泰，2004）曾分析已有的结构方程模型拟合指数，并推荐了几个较好的拟合指标和传统界值。根据已有的研究（侯杰泰，温忠麟，成子娟，2004），本研究中结构方程模型的拟合情况主要参考指数包括，当 χ^2/df 在 2.0 到 5.0 之间、RMSEA 低于 0.1 时，模型可以接受；CFI、NNFI、IFI 指数的临界值 0.9 以上表示模型拟合指数较好。

从表5-4 可知，所有样本群体的数据均能较好地与三因素模型相拟合，各 χ^2/df 均小于 5，RMSEA 均小于 0.1，CFI、NNFI 和 IFI 均大于 0.9。并且所有样本群体的数据与三因子模型的拟合度均好于其他模型的拟合度。因此，验证性因素分析结果支持三维度结构，标准化路径系数如图 5-2 所示。

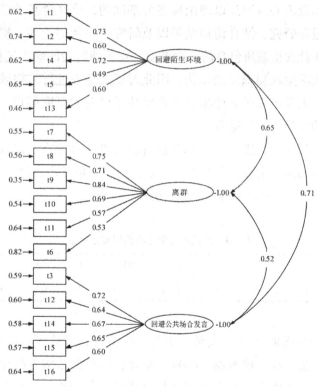

图5-2　三因子模型验证分析结构方程模型

　　根据以上所述各指标的含义及其数值要求，表明大学生社交退缩量表与理论构想相符合，量表具有良好的结构效度。

2. 效标关联效度分析一

有研究（Rubin & Coplan，2010）发现个体社交退缩与羞怯存在显著的正相关，且羞怯问卷是一个较为成熟的问卷（王倩倩，王鹏，韩磊，宫瑞莹，高峰强，2009），因此，在本研究中以大学生羞怯量表作为效标问卷，考察大学生社交退缩的效标关联效度。

表 5-5　大学生社交退缩各维度及总分与羞怯的相关表（$N = 486$）

	回避陌生环境	离群	回避公共场合发言	社交退缩总分
羞怯	0.551	0.490	0.458	0.607

注：所有相关均达到显著性水平

从表 5-5 中我们可以发现，社交退缩及其各维度均与羞怯存在显著的相关，因此，说明该问卷具有良好的效标关联效度。

3. 效标关联效度分析二

社会网络理论中提出联结强度的概念。具体来说，人际间的联结强度，是指个体间的交往在某一联结上所花的时间、情感投入程度、亲密程度（相互信任）以及互惠性服务等的综合状况（Granovetter，1973）。联结的强度可以由弱到强变化。在关于个体社交退缩的已有研究发现，社交退缩与人际强联结不存在显著相关，与人际弱联结存在显著负相关，这说明退缩个体更愿意拥有亲密友谊，而回避公共场合的一般性人际交往。大学生社会交往提名问卷中将"和同学聚餐"、"很同学一起活动"、"和同学一起谈八卦"作为人际交往弱联结指标，考察大学生社交退缩的效标关联效度。

表 5-6　大学生社交退缩各维度及总分与人际弱联结的相关表（$N = 486$）

	回避陌生环境	离群	回避公共场合发言	社交退缩总分
人际弱联结	-0.378	-0.433	-0.301	-0.547

注：所有相关均达到显著性水平

从表5-6中,我们可以发现,社交退缩及其各维度均与人际弱联结存在显著负相关,因此,说明该问卷具有良好的效标关联效度。

第四节 讨 论

前文综述对社交退缩的类别已做回顾。Rubin（1982）早期将个体的退缩分为了活跃 – 孤立和社交退缩两类。大多数后续研究者也倾向于按照行为抑制、羞怯、社交沉默和焦虑 – 孤独等情绪或者行为类型将社交退缩作为划分依据。因此,相应的测量工具的侧重点就集中于考察社会退缩个体的不同情绪状况。但是,在实际研究中发现,与社交退缩相关或者伴随社交退缩所产生的羞怯、恐惧、焦虑等一系列情绪反应本身就具有紧密的联系,彼此很难完全分离开来。因此,虽然已有研究编制出了一些单独考察羞怯、社交焦虑等社交情绪或行为问题的量表,但是仍旧难以确定到底哪一种情绪或行为才能更准确地界定个体的社交退缩水平。

根据研究一的质化研究结果和前人的研究发现,研究者认为,采用情绪或行为特征作为测量维度考察个体的社交退缩状况难以得到有效的区分,因此尝试根据个体可能产生社交退缩的环境作为理论维度,开发适合于中国青年期被试群体的社交退缩问卷,希望对社交退缩进行更多的跨越年龄阶段的深入研究。经过探索性因素分析、验证性因素分析确定大学生社交退缩量表包含三个维度:回避陌生环境、离群和回避公共场合发言。

通过结构方程模型的验证分析发现,大学生社交退缩的三因子结构简洁稳定，对项目变异具有较高的解释率，各项拟合指数均已达标；三因子结构符合理论假设，各项因子都合理且便于命名。对该问卷的信效度分析发现，该量表具有较好的效标关联效度，社交退缩总分及其各维度均与羞怯和人际弱联结存在中度以上的相关。以上结果说明该量表具有稳定的结构，能够有效地测量个体的社交退缩水平。该量表还具有较高的内部一致性信度和分半信度，说明该量表对大学生社交退缩的测量是有效且可信的。

第五节　结　论

1. 大学生社交退缩量表共有 16 个项目，其中包括三个维度，即回避陌生环境、离群和回避公共场合发言。

2. 大学生社交退缩量表具有较好的内部一致性信度，并且结构效度和效标关联效度也符合测量学的要求，表明该工具适合于测量大学生社交退缩水平。

第三篇
社交退缩与网络交往：社会网络分析

第六章
社会网络概述及分析技术

第一节　社会网络分析简介

一、社会科学研究中的数据类型

Berkowitz 和 Heil（1980）指出，社会科学研究获取的数据包括"属性数据"和"关系数据"。属性数据（attribute data）指涉及行动者（agents，可以是个体、组织、机构等）的态度、观点和行为方面的数据，该类数据可通过现有的统计程序进行量化分析，适用于分析属性数据的方法主要是"变量分析法"（variable analysis）。关系数据（relational data）则是关于接触、联络、关联、群体依赖和聚会等方面的数据，该类数据将一个行动者与另一个行为者联系在一起，因而不能还原为单个行动者本身的属性。这些关系把多对行动者联系成一个更大的关系系统。适用于分析关系数据的方法就是网络分析（network analysis）。在网络分析中，关系被认为是对行动者之间关联的表达。此外，社会科学研究还包括第三类数据：观念数据（ideational data），它描述的是意义、动机、定义以及类型化本身（Layder，1992）。尽管观念数据居于社会科学的核心地位，但是与分析前两类数据的方法相比，此类数据的分析技术还不太完善。Weber（1920，1921）提出的类型分析（typological analysis）法是对观念数据分析最富有成效的探讨。尽管数据类型各异（见图6-1），且每类数据均有其适用的分析方法，但其收集数据的方法并无独特之处。

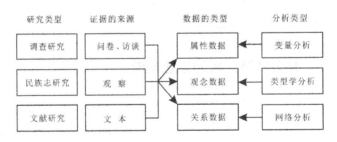

图6-1　三类数据及其分析（约翰·斯科特，2000/2007）

　　长期以来，属性数据在社会科学研究中占据主要地位，然而，属性数据对刻画社会生活的关系特征及情境影响却表现出无能为力。一项基于加利福尼亚州阿拉梅达县 6928 名居民的为期 9 年的随机抽样调查显示，"缺乏社会联系及社区联系的人，与那些有着广泛接触面的人相比，死亡率更高"。这项研究已经排除了其他各种可能的死亡原因的影响，如酗酒、吸烟、肥胖症、体育活动及对保健服务的利用等（Berkman ＆ Syme，

1979）。而对同一样本持续 17 年的后续研究，在证实上述结论的同时进一步发现，对于那些超过 60 岁的老人而言，与亲朋好友广泛接触（区别于与其配偶的接触），对降低死亡率有着特别重要的影响（Seeman & Syme，1987）。保有一个广泛的联系网，还会使患普通感冒的概率降低（Cohen，Doyle，Skoner，Rabin，& Gwaltney，1997）。通过各种关系（如亲戚、邻居、朋友、同事以及同为某社会群体成员等）与他人有广泛接触的人，往往比那些仅通过有限的几种关系模式而与他人接触的人有着更强的抗感染力。而与组织中不同群体的人保持网络联结，也被证明与获得高绩效评分（Mehra，Kilduff，& Brass，2001）以及更快的晋升显著相关（Burt，1995）。由此可见，个体所嵌入的网络及网络的类型会影响个体的各个方面，包括健康状况、职业生涯的成功、个人的特定身份等。

二、社会网络分析的思想来源

近年来，网络分析思想被不断应用于物理学、生物学、语言学、人类学、社会学以及精神疗法等不同的领域之中（马汀，2003/2007），随着研究的推动逐渐发展成为一种研究方法和研究取向。

社会网络分析（Social Network Analysis，SNA）是基于图论的思想从群体动力学角度来考察社会行动者（个体、社会组织等）间的关系连接及其结构特征的一种研究取向（Wasserman & Faust，1994；徐伟，陈光辉，曾玉，张文新，2011）。其思想有三个主要来源。

第一个来源是受物理学力场理论发展影响的德国研究者，如库尔特·卢因、弗里茨·海德和雅各布·莫雷诺（Jacob

Moreno）等，将网络概念应用于对社会互动的研究中。在 20 世纪二三十年代，这些科学家把他们创造的独特方法带到了美国。第二个来源是数学方法对社会互动研究的影响。在美国，最早采用数学方法研究社会互动的是一群以图论（graph theory）为工具开展研究的学者如卡特赖特和哈拉瑞（Cartwright & Harary，1956）。后来哈佛大学哈里森·怀特（Harrison White）率领的小组开始扩展对社会结构的数据基础研究。对数学的重视推动了社会网络研究从描述性研究转向分析性研究。而随着运算功能强大的电子计算机的问世，网络方法的优势开始凸显。第三个主要的思想源头则是来自倾向于以人类学方法研究组织问题的实际研究人员。在美国，哈佛商学院的一个研究小组从 1920 年代开始开启了一项为期 10 年的有关工厂生活的人类学系列研究，调查对象是芝加哥西方电气公司下属的霍桑工厂，此即为著名的"霍桑实验"（Hawthorne Studies）。它是首例运用社会网络图（sociogram）进行的研究（Warner，1942）。社会网络图描绘了个体自由选择的社会互动结构。与此同时，在英国，曼彻斯特大学以社会人类学系为中心的一批学者从社会网络视角进行的组织冲突研究，催生了许多创新性成果。其代表人物有巴恩斯（Barnes）、米切尔（Mithchell）、博特（Bott）和布鲁斯·科普菲尔（Bruce Kapferer）。巴恩斯在 1954 年将社会网络作为一个正式的定义引入社会学研究中。他在分析社会结构和文化体系如何决定人类行为的过程中，用网络一词指代社会群体之间、社会成员之间、社会群体与其成员之间复杂的网状联系。Kapferer（1972）将社会网络分析数据用于预测工人的罢工运动。Granovetter（1973）在其有关人际关系与职业流动相关性的研究中提出弱连带的力量，并指出网络分析的意义在于为微观行为与宏观行为之间建立一座桥（见图 6-2）。

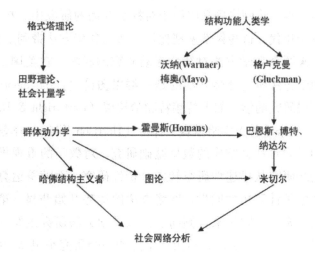

图 6-2　社会网络分析发展的系谱图（约翰·斯科特，2000/2007）

三、社会网络分析的相关概念

在社会网络分析中，社会网络是指社会行动者（actors, agents）及行动者之间关系的集合。即一个社会网络是由多个点（社会行动者）和各点之间的连线（行动者之间的关系）构成。用点和线表达网络，此为社会网络的形式化界定。

与社会科学中传统分析方法相比，社会网络分析具有下述明显特征：（1）网络研究的聚焦点是关系和关系模式，而不是行动者的属性；（2）网络研究中可以进行多层次的分析，从而可以在微观、宏观之间建立连接；（3）网络研究可以将定量资料、定性资料和图表数据整合起来，使分析更加透彻和深入。这些特征是社会科学领域的传统方法所不具备的（马汀，2003/2007）。

社会网络理论以不同的观点看待社会结构，将社会结构看作一张人际社会网，其中"节点"代表一个人或一群人组成的小团体，"线段"（line）代表人与人之间的关系，以社会网络分析方法分析其结构特征。

（1）社会网络分析的三个层次

对于一个既定的网络，其分析指标体系可以分为三个主要层次：

全局级（global）、局部级（local）和个体级（individual），从视角来看，分属于宏观、中观和微观。从计算方法上来看，个体级的指标可以继续分为局部个体指标（individual-in-local）和全局个体指标（individual-in-global）。前者是指在讨论某个节点过程中，需要对它的周边局部环境条件加以评价时，使用的刻画局部环境的指标。后者是指在全局环境下，寻找特殊子图时使用的局部级指标。结合本研究的目的，下文重点介绍个体级指标。

在个体级指标中，度、中心度和中心势是比较重要的概念。

度（degree）是图论中的基本概念，同时也是跨越图论和网络计量两个层次的一个指标。在网络计量领域它通常被称为度中心性。

中心性（centrality）是个体层面最重要的概念。在社会网络分析体系中，"中心性"是非常重要的一个概念，它反映了个人或组织在其社会网络中具有什么样的权力。权力的概念在社会学中存在多种界定，而多数界定都是结合具体社会网络给出的。例如根据 Knoke（1994）的观点，"任何对权力的界定，都由如下两方面构成：影响（influence）和支配（domination）"。中心性指标可以衡量一个人的控制范围大小（Wasserman & Faust, 1994）。根据算法的不同，中心性包括三类：度中心性、中介中心性和接近中心性。

度中心性（degree centrality）即图论中度的概念，它的含义是节点的一度邻居的数目，描述的是一个节点在它的局部环境中是如何被联络的。对于有向网络而言，度有出度和入度两种，分别代表该节点链出和链入的边数。无向图的度数一般被理解为一个节点在所处局部的活跃程度。有向图的入度通常被理解为一个节点的受欢迎程度（popularity），有向图的出度则被理解为一个节点的外向程度（gregariousness）。

如果把边看作节点间资源流动的途径，并且假定两个点中间的跳点越多，资源流动的成本也越高的话，一个节点的中介中心性（betweenness centrality）可以看作该节点控制资源的能力。

接近中心性（closeness centrality）衡量的是一个节点不依赖于其他节点的能力。如果一个节点需要经过很多次在其他节点的跳转才能够到达目的节点，那么在信息和资源的流动中，这个节点就会对其他节点有较强的依赖性。

一个网络中心性指数高的人，在网络中与最多行动者有关系，且拥有中心性的行动者，其在网络中拥有的非正式权力及影响力就越高（罗家德，2010）。

中心性是针对一个点在网络中联结的特征而言，密度和中心势这两个概念则是代表一个图的总体紧凑性（compactness）的不同方面。密度（density）指的是一个图的凝聚力的总体水平；中心势（centralization）描述的则是这种内聚性能够在多大程度上围绕某些特定点组织起来。根据中心性的算法，中心势相应地也存在三种算法，此处不再详述，参见相关书目。

（2）社会网络类型

社会网络分析是测量社会网络变量必需的工具。社会网络分析主要分析两个问题：第一是分析社会网络关系会产生什么影响（或什么因素影响关系），这是社会连带的问题；第二是社会网络结构问题。相应地，社会网络也存在两种类型：个人中心社会网络和整体社会网络。自我中心社会网络用于分析社会

连带（social tie），而不能用于分析网络结构，在自我中心社会
网络中，可以问受访者其朋友之间是否有相互连带，并据此绘
出其朋友的网络结构（见图6-3）。整体社会网络则相反，其分
析社会连带的能力较差，因为一般来讲，整体社会网络对社会
连带的定义、询问社会连带的设计都相对较为简单。其优势于
分析网络结构，如图6-4有两个社会网络，右图看起来和左图很
不一样，同样是六个人，同样是七条线，但是左图很明显有一
个中心人物，右图则好像有两个小圈子。这两群人同样的人数
与关系连带，也可能有相同的社会经济背景，但却有不一样的
集体行为，此时结构就是最好的解释因素，整体社会网络分析
正是提供解释的工具。

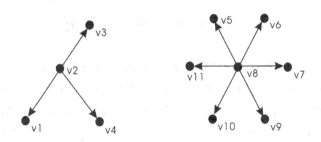

图6-3　两个行动者的个人中心网络图

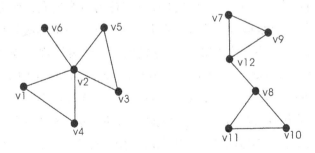

图6-4　两个社会关系网络图的比较

两类社会网络资料的收集也存在一个很大的差异，即抽样方式的差别。自我中心网络可以随机抽样，数量需要取多大，由抽样理论决定，要的精确度越高，误差值就愈小。整体社会网络需要封闭的群体，所以每做一个整体社会网络就必须找一个封闭的团体，这个封闭的团体只能当作一个个案，所以得到的资料是一个一个的个案。整体社会网络的实施需要依靠研究者的社会资本，交情非常好才有可能找到整群人一起配合参加研究。整体社会网络不是随机抽样，而是便利抽样，其推论能力就受到限制，只能说得到的个案对某类群体具有代表性。

第二节　青少年发展与行为问题中的社会网络分析研究

近 20 年来，基于人际交往背景的社会网络分析得到了广泛的研究。研究者将社会网络分析应用于青少年问题行为的研究中，发现了许多有趣且重要的结果。在青少年吸烟行为的研究中，有研究者以欧洲 6 个国家的青少年为研究对象，采用社会网络分析考察了青少年吸烟行为与其社会网络的关系。结果表明，每个国家的青少年均喜欢选择有吸烟行为者为朋友，研究还发现，6 国中有吸烟行为的青少年更倾向于选择有同样吸烟行为的个体做朋友，并且他们的行为方式比不吸烟者更容易受到朋友的影响（Mercken, Snijders, Steglich, & De Vries, 2009；Mercken, Snijders, Steglich, Vartiainen, & De Vries, 2010）。还有研究者采用社会网络分析与发展轨迹分析方法，根据 6 年的纵向研究也发现了类似的结果，鉴别出青少年吸烟行为的 6 类发展轨迹，即个体在朋友网络中逐渐与自己所属的发展轨迹群连接起来，拥有的吸烟朋友越多，青少年越可能成为属于更高的吸烟发展轨迹群体，该研究结果表明，个体的社会网络特征对其吸烟行为会有长期的影响（Pollard，Tucker，Green，Kennedy，& Go，2010）。有关青少年酗酒的研究也采用了社会网络分析的方法，Mundt（2011）考察了青少年的社交网络特征与酗酒倾向的关系发现，青少年的社交网络特征对其酗酒倾向有重要影响，酗酒倾向者有更多受欢迎的朋友及更多的朋友，并且有很多朋友酗酒。每增加一个受欢迎程度高的朋友，青少年发生酗酒的风险提高13%；间接结交的朋友每增加10个酗酒者，个体发生酗酒的风险提高34%。

个体的社会网络与其自身特点的关系也成为社会网络分析应用研究的主题。例如，有研究者考察了个体友谊建立与大五人格的关系。研究发现，在最初3个月里，新结识的个体间的朋友网络凝聚程度逐渐提高，之后处于稳定。外向性水平高的人倾向于选择更多的朋友，宜人性水平高的人多被别人提名为朋友。此外，个体倾向于选择与自己宜人性、外向性和开放性水平相当的人为朋友（Selfhout，Burk，Branje，Denissen，Aken，& Meeus，2010）。

互联网使用的普及程度以及网络社交网站流行程度越来越高，研究者逐渐将社会网络分析方法应用于网络交往研究，目前较多研究多关注于网络社交网站（online social network，OSN；online social network site）或网络社区（online community）的交往特征与组织规则。研究发现中国的在线社交网络中（新浪博客、校内网）也具有现实世界与虚拟网络中存在的小世界与无尺度特征（Fu，Liu，& Wang，2008）。Han 和 Kim（2008）通过韩国某在线社区中用户间的评论与送礼物行为，考察了两种行为网络的特征及购买与信息共享行为之间的相关。结果发现，两类行为网络具有不同的特征，评论网络内包含更多的双向连接，即用户间多倾向于相互评论，最高的评论记录为在连续 4 个月内一个用户对另一用户的评论可达日均 10 次，而赠送礼物网络中大多是单向的连接，双向连接较少。Wejnert（2010）通过研究大学生间的友谊网络考察制度层次的种族融合在个体层次上得到反应的程度，结果发现，就种族间互动的数量上，制度层级的种族多样性在个体行为层级得到了反应，且整体而言，种族互动模式仍受内群体偏好原则支配；一旦个体间的连接建立，异种族型连接与同种族连接在互动强度、频次上无差异。此外，网络分析也被应用于网络学习的研究中（Hamulic & Bi-jedic，2009；Askar，2011）。

Wellman（1990）认为网上人际关系是现实社会关系的延伸，人们在现实生活中的社会交往状况往往也以同样的方式表现在网络交往中，Yeh 和 Luo（2001）运用社交提名法考察了现实人际交往中的亲密程度和群体活动的参与度，提出社交过程中人际交往强连接和人际交往弱连接的观点，本研究认为，在网络交往中同样应该存在着交往的不同连接程度。运用社会网络分析技术考察人们在互联网中的交往状况是一个新的研究方向，进一步思考现实社交退缩群体在网络中又是怎样的交往状况更是一个值得探索的问题。

第三节　社会网络分析应用

社会网络分析引起了研究者的极大兴趣，目前其分析软件种类繁多，在 J. Scott 和 S. Wasserman 编著的 *Models and Methods in Social Network Analysis*（《社会网络分析的模式与方法》）一书

第三章中，Huisman 和 Van Duijn（2005）介绍了已被各界研究者所运用的 23 种 SNA 软件。王陆（2009）根据是否可视化和软件类型（商业软件、自由软件）两个维度将上述 23 个软件分为四类，根据分析结果，王陆推荐了适合于虚拟学习社区 SNA 的工具：NetMiner、Pajek 和 UCINET，并从界面友好性、易操作性、数据处理能力和可视化技术四个方面对三个软件的性能进行了比较（见图6-5）。Pajek 软件在数据处理能力和可视化技术上面具有较高的优势。结合目的，本研究将采用 Pajek 软件进行网络分析。

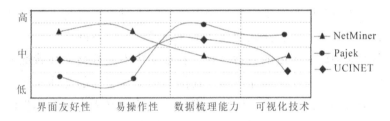

图6-5　NetMiner、Pajek 和 UCINET 三种软件功用的对比分析

第七章

不同水平社交退缩大学生的
网络交往特点：社会网络分析

第一节 问题提出

本研究认为青年期的社交退缩实际上可以理解为人际交往的不良状况，随着互联网技术的飞速发展，以及网络交往在人们生活中影响程度的日益增加，在现实中不同社会交往状况的个体，尤其是社交退缩群体，在网络中又是怎样的交往状况是一个值得探索的问题。以往较多研究关注网络成瘾对个体生活和交往的负性影响，研究者也倾向于认为网络关系是不真实的，网上关系与现实生活截然不同，使得个体回避现实生活中的痛苦而沉溺于网络中，网络世界的感官逐渐代替了他们现实生活中的存在感。有研究者提出了不同的观点，如今网络交往已成为大学生生活中不可或缺的部分，网络交往的增加给个体现实社会交往及其交往模式带来一定的影响。Wellman（1990）认为，网上人际关系实际上是现实社会关系的延伸，互联网背后是一张真实的社会网，因此，互联网中的人际交往不是现实社会交往的替代品，而是可以更贴切地理解为网络交往是现实人际交往的复制品。

Yeh 和 Luo（2001）针对不同网上的互动形态是否可由不同的网下社会网络解释进行了相关研究，他根据组织行为学者

Krackhardt（1992）将企业内的社会网络分为咨询网络、情报网络、情感网络，结合在校学生的具体情况，将学生的网下社会网络和网上社会网络分为课业咨询网络、情报网络、情感网络三个维度，课业咨询网络传递课业指导、笔记交换等属于知识的资源；情报网络传递团体人际互动的信息，用大学生的俗话就是所谓的"八卦消息"、"爆料"等；情感网络分为话题亲密性和行为亲密性。话题亲密性以情感支持话语作为衡量标准，代表亲密的强连接情感关系；行为亲密性以一起吃午饭的情感行为来测量，是一种弱的情感性关系，而在网络上不可能有吃午饭的行为，网上交往行为亲密性则以网上闲聊这样的行为衡量。Yeh 和 Luo 发现，强情感连接——网上谈心事只与网下相同的情感网络相关显著，网上课业咨询网络也只和网下的课业咨询有显著相关。该研究还发现，网络闲聊不与任何网下关系相关，即网上闲聊可能跟任何人闲聊；而网上传信息网络则与网下情感网络相关。由此本研究提出网上互动的内容基本上反映了网下互动内容的研究假设。

"社会支持"是以个人的人际联系为出发点，个体从人际关系中得到各种资源（物质、情感支持、信息等）。同样，计算机网络交往在突破地域限制的同时，降低了个体面对面交往可能产生的人际压力或焦虑，个体由此可以获得类似于社会支持的多种资源。大学生的网上网下交往会表现出何种关系？社交退缩青少年与非退缩青少年在互联网中的交往网络中有哪些表现与不同？本部分研究拟采用社会网络分析法探索社交退缩群体的网络交往特征（网上朋友数量等），并比较非社交退缩群体的特征差异。

同时，考虑到社交退缩主要涉及个体的人际交往，课业咨询是由解决问题驱动的交往，且 Yeh 和 Luo（2001）指出，网上课业咨询只与网下课业咨询网络有显著相关，课业咨询网络对主动性的人际交往反映程度有限，研究中将排除对课业咨询网络的考察，具体考察网上谈心事、网下情报、网下吃饭、网下谈心事、网上闲聊、网传信息网络，交往关系根据情感关系亲密程度可分为强连接和弱连接，亲密程度较高的关系属于强连接，比如家人、好朋友等，谈心事一般只会向关系比较亲密的朋友倾诉，所以网上谈心事、网下谈心事属于强连接。一般性的交往属于弱连接，比如熟人，由网下吃饭、网下情报、网上闲聊、网传信息反映的交往属于弱连接。强弱连接从不同侧面反映了个体的人际交往状况。本研究拟从网上、网下强弱连接四个交往关系网络考察青少年网上网下交往特性，以及不同退缩水平大学生不同网络交往动机水平下在四类社会网络中的状况。

综上所述，本研究提出假设：青少年网上的强、弱连接交往与网下的交往网络相关；社交退缩与网下强连接、网下弱连接、网上强连接和网上弱连接四交往网络中个体的连接强度存在相关；在与网上密友的交往中，社交退缩青少年发起的强弱连接交往的可能性存在差异，社交退缩青少年发起的高、中、低频交往的可能性也存在差异。

第二节 研究方法

一、被试

选取武汉地区某大学大一至大四4个年级9个班的全体学生为研究被试，发放调查问卷503份，收回有效问卷486份，有效回收率 96.62%。其中男生 269 份（55.35%），女生 217 份（44.65%），被试平均年龄21 岁。

二、研究工具

大学生社交退缩问卷，见第五章。

大学生社会交往提名问卷，由 Yeh 和 Luo（2001）编制，包括两个部分，第一个部分用于调查自我中心社会网络，收集每个行动者（被试）在网络上最常互动的前 6 个人，该部分可呈现较丰富的网上关系特质。问卷主要目的是搜集网上存在的关系，询问最近半年来最常跟哪些人通过网络互动，请被试按顺序列出网上互动最多的 6 位网友，问题包括：本人与网友之间的关系来源、互动内容、互动频率。

问卷的第二个部分用于调查整体社会网络，针对每一个问题，请被试写出班上相关同学的编码，提名数量不限。本研究中涉及网上网下四个社交网络，由七个题目测得。"你最常和班上哪些人一起吃饭或活动？"、"如果想知道班上的八卦，你会询问谁？"是对网下弱连接关系的测量；"如有心事曾向谁述说？"、"遇到不开心的事情你会跟谁吐苦水？"是对网下强连接关系的测量；"你经常跟班上哪些人通过网络传递信息？"、"你经常会跟班上哪些同学在网上聊天？"是对网上弱连接关系的测量；"你曾跟班上哪些人在网上说知心话或谈心事？"是对网上强连接关系的测量（见附录二）。

三、数据处理

1. 网上网下的社会网络的比较

由大学生社会交往提名问卷第二部分收集到的数据，可以得到网下强连接、网下弱连接、网上强连接、网上弱连接四个提名关系矩阵。将网下的两个矩阵分别与网上的两个矩阵进行比对，可以得到 4 张列联格，如表 7-1 举例所示。

表7-1　网上网下关系矩阵比对

		Y	
		0	1
X	0	0　0	0　1
	1	1　0	1　1

注：X 代表网下关系，Y 代表网上关系，0 代表无关联，1 代表有关联

每张表内 X 代表网下关系，Y 代表网上关系，列联表有四格，分别为 (0, 0)、(0, 1)、(1, 0)、(1, 1)；(0, 0) 代表某学生 A 网上网下都未选某学生 B；(0, 1) 代表 A 认为 B 是网上有关联者，而网下无关联；(1, 0) 代表 A 认为 B 是网下有关联者，网上无关联；(1, 1) 代表 A 认为与 B 网上网下都有关联。通过列联表可以统计出网上网下关系四种类型各有多少条关系。但是，罗家德（2010）指出，当需计算两个关系的相关系数时会发现 (0, 0) 关系非常多，也就是说，大部分数据显示被试网上网下均不互动，22 列联表相关的统计量都会因此而偏高，以致全部显著相关。为解决这一问题，罗家德等提出了一种新的计算方法——求相关系数法，具体来说，相关系数的算法为：以 X 为基础，算出选 X 为 1 的连接有多少百分比也选 Y 为 1，再以 Y 为基础，算出选 Y 为 1 的连接有多少百分比也选 X 为 1。两者加总平均即可知多少百分比是两者皆选。研究者关心的是网下发起关系者在网上是否也会发起关系，因此计算相关统计量时可以排除大量不相关连接，只考察相应的有关连接。

2. 四社交网中各点的中心性

在社会网络分析中，中心性是衡量个体在群体中结构位置的一个重要指标。评价一个人资源占有量、位置优越性、社会声望高低等都常用到中心性指标。文献综述部分已经介绍了三种中心性指标，本研究主要关注个体在各交往网络中他人与其建立连接的数量，采用度中心性的入度中心性较为适宜。入度中心性（indegree centrality）是指，其他节点承认与某一节点有关系的数量总和（罗家德，2010）。将该数量除以该网络中可以获得的最多关系数，即可得到标准化的入度中心性，便于进行网络间的比较。公式见下：

$$C_{DI}\ (n_i)\ = \frac{\sum X_{ji}}{g-1}$$

$C_{DI}\ (n_i)$ 代表某节点 i 的入度中心性，X_{ji} 是 0 或 1 的数值，代表行动者 j 是否承认与行动者 i 有关系，g 是该网络中的总人数。

下文中提到中心性概念均指入度中心性，不做赘述说明。根据该公式，利用社会网络分析软件可以统计四个交往网络中每个节点的入度中心性。并对社交退缩与该四个网络的点入度中心性进行相关性分析。

3. 不同水平社交退缩大学生的网上互动强度比较

大学生社会交往提名问卷第一部分关于自我中心网络的调查，是对第二部分整体社会网络数据的有益补充。通过被试报告与最常互动的 6 个人的交流情况，可以获取网络互动强度，分别以网上互动内容的亲密度与网上互动频率两个变量来衡量。网上互动内容包括四个选项：谈天、课业讨论、寻求情感支持、邀约见面或参加活动，可以复选，选择包含后两项者（寻求情感支持、邀约见面或参加活动）视为强连接的互动，无后两项者则视为弱连接互动。网上互动频率分为低频（1周不到1次）、中频（1周1-6次）和高频（1周6次以上）。以网上互动强度为因变量，社会退缩水平为自变量，进行 logistic 回归分析，比较不同水平社交退缩大学生的网上互动强度。

本研究所有数据和管理由 Microsoft Excel2007 和 SPSS17.0 完成，数据的社会网络分析由 Pajek1.0 完成，数据统计分析主要由 SPSS17.0 进行。

第三节　研究结果

一、网上网下社会网相关性分析

根据大学生社会交往班级内提名数据，形成网下强连接、网下弱连接、网上强连接和网上弱连接四个社会交往提名矩阵，将两个网下提名矩阵分别与两个网上提名矩阵进步比对，相关分析结果见表7-2。就整个群体的交往而言，无论连接强弱，网上交往与网下交往密切相连，相关系数值在0.5左右。网上弱连接与网下弱连接相关程度最高，即网下一起吃饭、八卦的同学更有可能也通过网络进行闲聊和八卦，网络在加强大学生之间的弱连接中有突出的优势。研究还发现，网下强连接不仅与网上强连接相关较高，与网上弱连接的相关更高，即现实生活中互相倾诉心事的好朋友，他们在网上也会分享心事和聊天说八卦。网上强连接与网下弱连接也有一定的相关。

表7-2　网上网下关系相关表

	网上强连接	网上弱连接
网下强连接	0.484	0.499
网下弱连接	0.477	0.537

二、四社交网中各点的中心性

采用大学生网下强连接中心性、网上强连接中心性、网下弱连接中心性、网上弱连接中心性，和社交退缩的总分进行相关分析。由表7-3可知，四个交往网络的中心性之间均呈显著相关。其中，个体的网上弱连接中心性与网下弱连接的中心性相关程度最高，与网下强连接中心性相关也较高，即在现实生活中倾诉心事的好友，他们也会一起吃饭、聊天，以及在网上互传消息。值得注意的是，社交退缩总分仅与网下弱连接的中心性存在显著的负相关，这说明，社交退缩个体通常不愿意参加群体活动，这与研究二中将网下弱连接的中心性作为社交退缩的第二个效标变量的结果一致。

表7-3　各交往网络的中心性与社交退缩的相关矩阵

	1	2	3	4	5
1. 网下强连接	1				
2. 网上强连接	0.34 **	1			
3. 网下弱连接	0.56 **	0.28 **	1		
4. 网上弱连接	0.51 **	0.44 **	0.57 **	1	
5. 社交退缩	0.05	−0.06	−0.45 **	−0.05	1

注：1代表"网下连接中心性"；2代表"网上强连接中心性"；3代表"网下弱连接中心性"；4代表"网上弱连接中心性"

考察各网络中每个节点之间是否存在连接，利用 Pajek 软件绘制出每个班级内部的各个交往网络的互动社群图，由社群图可以直观地观察到不同水平社交退缩大学生在四类交往网络中的交往状况。以下以某班级四个交往社群图为例。

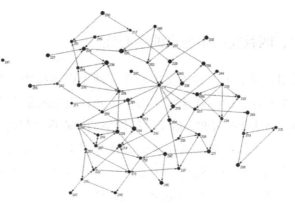

图7-1 网下强连接社群图

注：节点 241、247、249 为缺失被试，其退缩分数均取低退缩分数 35，下同

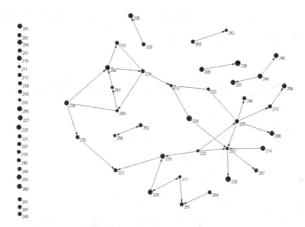

图7-2 网上强连接社群图

注：节点 241、247、249 为缺失被试，其退缩分数均取低退缩分数 35，下同

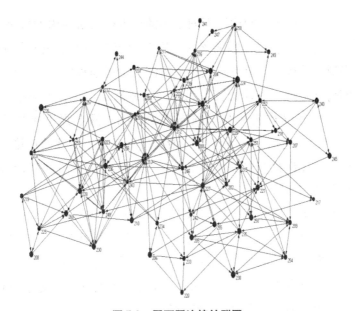

图7-3　网下弱连接社群图

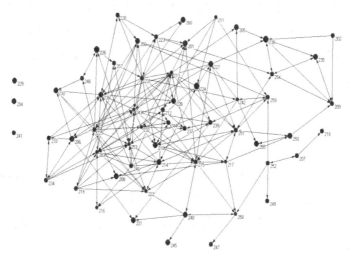

图7-4　网上弱连接社群图

以上四个社群图中用不同编码的节点代表班级内的每个人，带箭头的线代表个体间的连接，同时用节点的大小表明每个人社交退缩的程度，节点越大，个体的社交退缩程度越高，反之，退缩程度越低。整体而言，无论网上或网下交往，弱连接社群图的连接密度均明显高于强连接社群图。网上强连接社群图（图7-2）的连接（网聊心事）最少，且多是单向性的连接，由此可见，无论社交退缩水平高低，大学生较少通过网络谈心事或获取情感支持。

就单个个体而言，社交退缩水平高的个体在现实交往中不一定缺乏可以交流心事的密友。网下强连接社群图（图7-1）中，高退缩者节点224、226、238被3至4人选为倾吐心事的对象，而其自身均有两个倾吐对象；节点245则被他人视为倾吐心事的对象，但其自身没有倾吐对象。

由网下弱连接社群图（图7-3）可见，比较典型的低水平社交退缩者多是他人信息的提供者，同时也有较多的信息来源，比如节点203、213、246、242、231等；高社交退缩者节点224虽然被6个人提名为信息获取来源或一起吃饭的对象，但其本身承认的信息来源者仅有两个，节点228、230、238的情况亦是如此。高退缩者在现实的一般性交往中主动性较低。

图7-4展示了群体内个体间通过网络获取信息的状况。典型的低社交退缩者在网络交往中显得比较活跃，比如节点213、231、243等；节点221、246发出来了多条连接，主动获取各类信息，其社交退缩水平也较低；根据网上弱连接的状况，高社交退缩者在网上的一般性交往可以分为四类：（1）在一般性网络交往中则成了孤立者，例如节点204与229；（2）在网上交往主动性提高，例如节点224、228等；（3）在网络交往中仍被他

人提名为交往对象，但其自身却缺乏交往对象，主动性低，例如节点 221、260、255 等；（4）不进行网络交往，简单地保持网下的交往连接，例如节点 250。

三、不同水平社交退缩大学生的网上互动强度比较

网上网下社会网络相关性分析、4 社交网中的中心性分析及社群图均基于个体在封闭群体（班级）内的交往连接，不同水平社交退缩个体面对开放的网上交往对象是否仍具有上述交往特点，值得思考。鉴于此，本研究尝试分析个体报告的与最常互动的不同关系来源的前 6 个人的交流情况，获取网络互动强度（两个指标：互动内容、互动频次），并由个体的社交退缩状况预测其网络互动强度。

要求 394 名被试列举 1~6 个经常在网上互动的网友，并报告关系来源，共收集到 2707 条网上关系作为该部分分析的基础。根据网络互动内容反映的亲密程度，将每条关系分为强连接互动、弱连接互动。其中强连接互动的数量为 2351 条，弱联结的数量为 356 条。根据互动频率将 2707 条网上关系分为三类频次：低频、中频、高频。其中低频连接 603 条、中频 1593 条、高频 511 条，分别占互动总条数的 22.3%、58.8%、18.9%。

以被试社交退缩水平得分为自变量，网上互动内容的亲密度（强、弱连接）为因变量，进行 logistic 回归分析。分析结果见表 7-4，社交退缩变量的预测作用不显著，具体来说，社交退缩水平提高，成为弱连接的几率除以成为强连接的几率没有增加，不同水平社交退缩的个体在网上发动强弱连接关系的状况无显著差异。

表7-4 互动内容 logistic 分析

因变量：Log{Pr（弱连接互动）/Pr（强连接互动）}	
自变量	模型
截距	1.766 **
社交退缩	0.003

注：强连接互动是指在网上寻求情感支持或发展面对面的关系，弱连接互动是指网上互动内容只有聊天或讨论功课

随后，以社交退缩水平得分为自变量，以网上互动频率为因变量，进行 logistic 回归分析。由表 7-5 可见，相对于高频互动，社交退缩水平愈高的人愈倾向于在网上发展低频互动，而在网上发起中频与高频互动的可能性则没有差异，高社交退缩者在网络上的活跃程度是较低的，与其现实中一般性交往的对象范围相一致。

表7-5 互动频率 logistic 分析

Response function：模型 1 Log{Pr（低频）/Pr（高频）} 模型 2 Log{Pr（中频）/Pr（高频）}		
自变量	模型 1	模型 2
截距	-0.914 **	0.765 **
社交退缩	0.025 **	0.009

注：低频互动为 1 周不到 1 次，中频互动为 1 周 1~6 次，高频互动为 1 周 6 次以上

第四节 讨 论

在 1960 年代晚期，Mark Granovetter 通过寻访麻省牛顿镇的居民如何找工作来探索社会网络，他非常惊讶地发现那些紧密

的朋友反倒没有那些弱连接的关系更能够发挥作用。Granovetter
于 1974 年提出了弱连接理论，指出：在传统社会，每个人接触
最频繁的是自己的亲人、同学、朋友、同事……这是一种十分
稳定的但传播范围有限的社会认知，这是一种"强连接"
（Strong Ties）现象；同时，还存在另外一类相对于前一种社会
关系更为广泛的，然而却是肤浅的社会认知，比如熟人等，格
兰诺维特把后者称为"弱连接"（Weak Ties）。弱连接在我们与
外界交流获得新的信息时发挥了重要作用。组织行为学家 Krack-
hardt（1992）、罗家德（2010）将团体（组织或学校）内的情
感网络视为强连接，咨询网络或消息网络视为弱连接，并对两
类连接网络进行比较。本研究以大学生为被试，考察了群体内
（班级）大学生之间的网上网下强弱连接交往网络之间的关系，
基于群体网上网下交往矩阵及各交往网络中个体的中心性的分
析均表明，大学生网上的弱连接交往与网下弱连接交往相关性
最高，与网下强连接交往的相关次之，由此说明，网下互传信
息的同学之间也容易通过网络互传信息，网下情感亲密的同学
之间其在网上的互传信息的行为也会增多，该结果与罗家德
（2010）提出的网上会互传信息者是那些网下在情感上是好朋
友的人结论一致；当然也存在不同，罗家德（2010）指出在网
下会互传消息的人不一定在网上保持互传消息，而本研究中网
上网下弱连接之间的相关最高，这可能是由于现在网络在大学
生的生活已经相当普通，许多情况下，消息多是通过网络
传递。

　　以网上网下强弱连接四个交往网络中个体的中心性与社交
退缩的相关分析发现，在大学生交流心事的方式中，面对面的
交流仍占主要方面，通过网络交流心事较少。此外，还发现社
交退缩总分只与网下弱连接交往网络中的个体中心性存在显著

相关，这说明，大学生的社交退缩可能主要表现在现实中一般性交往的缺乏，社交退缩个体也会拥有较亲密的友谊，并且愿意和好朋友倾诉心事，他们的退缩主要表现在避免参与公共场合的活动，不愿意在群体中发生交往活动，也就是说，社交退缩实际上是一种弱连接的退缩，这与以往的研究也有一致之处（Rubin，Bowker，& Gazelle，2010）。

对比四个交往网络的社群图，可以清晰地观察到不同水平社交退缩者在各交往网络中的连接状况。弱连接的交往网络密度相对较高。对比网下弱连接社群图，网上弱连接社群图中，分析高社交退缩者在网上交往的表现，发现存在四类交往模式：（1）孤立（退缩）；（2）主动；（3）他人信息源；（4）网下关系保持。这一结果也与以往研究中关于社交退缩的分类结果一致，具体来说，第一类型被试在网上和网下都是高度退缩，也就是传统社交退缩研究中所指的单纯社交退缩者；第二类被试在现实生活中社交退缩水平得分较高，但是他们在网上交往主动性较高，可能是因为这类被试在现实生活中回避与他人交往，在网络交往中得到一定程度上的积极强化，增强网络交往动机，导致他们在网络中交往的主动性提高；第三类被试与安静退缩个体的特征相似，在同伴提名中虽然被他人提名为网络交往对象，但是就他们自身而言网络交往主动性不高，更喜欢单独进行安静的网络活动（孙铃，陈会昌，郑淑杰，单玲，陈欣银，2006）；第四类被试只是简单地进行网下活动，并不参与网上交往，这与第一类被试类似，属于单纯的主动退缩，只是现实活动中仍然存在一些简单的交往活动。

以网上互动强度对社交退缩的 logistic 回归分析发现，网上交往连接的强弱与个体的社交退缩水平没有关系，出现这一结果，可能的原因之一是，此部分分析基于与个体网上交往最多的前 6 个人，与这些网友的连接可能多属于强连接，使得不同水平社交退缩的个体间无差异。回归分析还发现，社交退缩水平愈高的个体愈倾向于低频互动，发起中频与高频无差异，由此可知，整体而言，社交退缩者在网上的活跃程度还是较低的。

第五节　结　论

1. 基于被试群体现实交往和网络交往的提名矩阵及各交往网络中个体的中心性的相关性分析均表明，大学生现实交往与网络交往状况具有较高的一致性。具体来说，就整个交往网络而言，对比网上强连接、网上弱连接、网下强连接、网下弱连接四个连接矩阵，发现现实交往与网络交往的连接存在较高相关；就被试的中心性而言，网上连接数量较多的个体，其网下连接数量也较多。

2. 依据社会网络社区图发现，社交退缩水平较高个体同样存在网上交往强连接，也就是说，社交退缩者同样也拥有亲密友谊，并且也会在网上进行交流；探索个体社交退缩得分水平与网下弱连接中心性的相关发现，两者存在显著负相关，这一结果说明，社交退缩者较少参与群体交往与活动。另外，研究结果也发现，一部分在现实交往中退缩水平较高的个人在网上交往中没有退缩的表现，甚至比较活跃。

3. 要求被试开放性选择最常与自己在网上交往的对象，结果发现，个体社交退缩水平不能有效预测其网络交往的亲密度，具体来说，社交退缩水平提高，成为弱连接的几率除以成为强连接的几率没有增加，不同水平社交退缩的个体在网上发动强弱连接关系的状况无显著差异；在网络交往频率变量上，社交退缩存在显著的预测作用，具体来说，社交退缩水平愈高的人愈倾向于在网上发展低频互动，而在网上发起中频与高频互动的可能性则没有差异，高社交退缩者在网络上的活跃程度较低，与其现实中一般性交往的对象范围相一致。

第四篇

青少年社交退缩与网络交往：相关变量及中介机制

第八章

社交退缩青少年网络交往研究概述

社交退缩与网络交往之间可能存在两种关系，一种是社交退缩是网络交往的动机，例如现实人际交往不顺的个体可能会转向网络寻求慰藉或帮助。另一种关系是社交退缩是网络交往的后果，例如个体可能会因为过多的投入网络交往而导致与世隔绝（社会隔离），恶化了人际交往。但是，社交退缩青少年与网络交往不应该是简单的线性关系，其中可能可能涉及个体的因素（比如动机、社交技能、人格、情绪调节等）、环境的因素（比如家庭教养、亲子关系）、网络本身的因素（比如网络的匿名性、平等性等）以及个体与环境（包括网络环境）的交互（现实与网络交往的差异）等。第四篇则着重从网络交往动机、网络交往卷入度、情绪调节、网络关系成瘾等方面探讨社交退缩青少年网络交往的相关变量及中介机制。

第一节 现实人际交往与网络交往

网络交往容易导致人际关系的缺失，弱化人际沟通能力。网络交往占用了部分的现实交往时间，如果在网络交往中投入大量的时间和精力，就会减少与现实生活中同学、朋友的面对面的人际交流，使得现实的人际交往得不到保障，导致个人现实世界的人与人关系的疏远（范昱娟、费洁，2009）。另外，如果对网络交往形成依赖心理，就会大大减少直接面对面的人际活动，就有可能丧失现实社会交往的技能，甚至有意识地逃避现实社会的交往，造成与现实世界的隔离（李薇菡，刘继红，2003）。

另外，那些缺乏自制力的人、性格内向和孤僻者、抑郁症患者等更容易沉溺于网络交往，这可能是由于网络能提供给他们现实世界所不能给予的，或者是现实世界无法满足的东西（赵德华，王晓霞，2005）。Amichai - Hamburger 等人（2002）的研究发现，内向的和神经质的个体在网络上展示真实的自我，而外向的和非神经质的个体则在传统的面对面的社会交往中展示真实的自我。

第二节 社交退缩与网络交往

上部分讨论了现实人际交往与网络交往的一般关系，此部分则阐述现实人际交往中社交退缩与网络交往关系的相关研究。

关于网络交往与现实社交的理论颇为丰富，如社会代替观认为网络交往占用了大量的时间，取代了与家人和朋友的日常社会交往，从而对网络使用者产生了负面的影响，而社会补偿观则认为网络为内倾者和缺乏社会支持的个体提供了好处和便利。那么我们就不禁提出了疑问，对于青少年来说网络交往究竟是一种逃避机制还是维系关系的工具呢？

Saito（2003）认为尽管社交网站等网络交往方式能够给孩子们提供一个专属空间，使他们能够获得一种群体的归属感并获得乐趣，但值得注意的是，这些网络社交活动也可能使孩子们投入大量的时间和精力，最终导致社交退缩、社交排斥等不良后果。在对网络成瘾与非成瘾的大学生进行调查时发现，网络成瘾者在很大程度上与社交行为失败密切相关，其中网络成瘾倾向者的社交退缩得分显著高于网络正常使用者（李毕琴，徐展，许海燕，2008）。研究者们在考察青少年网络使用与现实社交状况时，发现网络使用与社交退缩等人际问题之间存在着显著正相关（Cooper，2006；Hegerl，Pfeiffer-Gerschel，Seidscheck，& Niedermeier，2005）。例如，青少年社交退缩得分与其使用电子邮件的时间呈显著正相关，而与使用即时信息的时间呈显著负相关（Heitner，2002）。

与此同时，另一些研究对社交退缩与网络交往的关系则持不同的观点。有研究便发现，越是那些经常参加现实社交活动的青少年，越是拥有更多的网络社交行为（Rosengren，Windahl，Johnsson-Smaragdi，Sonesson，Flodin，Hedinsson，Höjerback，Jarlbro，& Jönsson，1989）；此外，网络为内向、害羞者创造了更多适合于他们的交流方式（Rubin & Coplan，2010）。国内有研究者则发现网络成瘾青少年与非成瘾青少年在社会交往方面，如社会退缩等方面并没有显著差异（崔丽娟，赵鑫，吴明证，徐爱红，2006）。这可能是由于虽然网络是一个封闭的系统，但同时也是一个提供交流的平台，青少年身处其中便与整个世界联系起来了。

第三节　社会技能与网络

社会技能是个体在社会生活环境中有效而恰当地与他人进行交往的活动方式（周宗奎，2002）。个体的社会技能对其人际关系和心理健康产生深远的影响，良好的人际关系又能反过来调节社会技能与心理健康（Segrin & Taylor，2007）。

社会技能的发展程度与网络交往的使用是否有关呢？众多学者对此有着不同的解答，但多数研究者认为，社会技能的发展不足，如社交技巧缺乏、社交焦虑、社交恐惧等，会导致更多的网络交往行为。例如，高社交焦虑的人较容易网络成瘾（Loytsker & Aiello，1997）。Morahan 和 Schumacher（2000）则认为个体焦虑时更多进行网络交往。针对青少年的研究结果表明，在具有网络成瘾表现的青少年会更多地表现出社交恐惧的症状（Yen，Ko，Yen，Wu，& Yang，2007）。

而对此现象进行动机探索，Armstrong 等认为，网络成瘾者可能是由于社交技能差、自信心低落，从而将网络作为一种逃避手段（Yen，Ko，Yen，Wu，& Yang，2007）。崔丽娟和王小晔（2003）推测若是个体在现实生活中体验到的幸福感水平较低，则很有可能沉迷于网络交往。而有研究者则认为，具有社交焦虑的个体之所以会倾向于在具有匿名性的网上环境中进行互动，是因为在此类个体眼中参与到面对面的直接互动中自己的一举一动会为外人所观察到，他们会害怕由此而来的针对自己的负性评价，这证明了根据自我调节模型所建立的假设，即具有社交焦虑的个体会通过使用网络来应对自己对社交的担忧焦虑（Shepherd & Edelmann, 2005）。

反之，网络交往又会对个体的社会技能有什么样的影响呢？周涛发现网络行为特别是交往行为的特殊性会对上网者的个性发展产生消极的影响（周涛，2003）。Turkle（1996）的研究则发现，网络交往导致社会孤立和社交焦虑。陈赟文（2000）发现，网络成瘾使个体更加孤僻和喜欢独处。而进一步的研究证明根据网络使用目的的不同，其影响是不一样的。他在对荷兰青少年进行研究时发现，对友谊质量较低的青少年群体而言，以交流与沟通为目的的网络活动（即网络交往）能预测抑郁水平的降低，而不以交流为目的的网络活动却能预测更高的焦虑水平及社交焦虑（Selfhout, Branje, Delsing, Bogt, & Meeus, 2009）。

第四节　害羞与网络交往

Rubin（1993）等认为害羞也是社交退缩的一种表现形式，是由于对社会评价的关注所导致的。害羞与抑郁症、社交恐惧症、一般性焦虑障碍和回避性人格障碍高度相关（Henderson & Zimbardo, 1998），害羞和网络使用的关系国内文献几乎没有涉及，大多数的研究结果来自国外，很多研究表明害羞和内向对问题性网络使用具有预测作用（Davis, Flett, & Besser, 2002; Pratarelli, Browne, & Johnson, 1999）。McKenna 和 Bargh（2000）认为网络交往可以补偿面对面交往中的不足，对于害羞者来说，在网络环境中进行交往似乎更加顺利，有调查发现害羞和社交焦虑的人在网络环境中维持社交关系比在面对面中感到舒服自然（Ebeling – Witte, Frank, & Lester, 2007），由于害羞者过分注重外界对之的评价，而网络交往是基于文字的交往方式，这种方式可能会减少在别人面前表现自我的压力，Stritzke，Nguyen 和 Durkin（2004）发现网络交往中视觉线索和听觉线索的缺失能够减少害羞者从他人那里感觉到的负面的或抑制性的信息，从而可以促进人际交往，但这同时也会增加对网络交往的依赖性。Ross 等人（2009）的研究发现害羞的人在使用 fackbook 上比不害羞的人花更多的时间，Yang 和 Tung（2007）的研究发现虽然网络成瘾者和非网络成瘾者都认为网络交往具有增进友谊的作用，但是害羞的人更加倾向于网络成瘾。

有研究发现，害羞的个体在网络交往比在现实交往感到更少的阻碍（Roberts，Smith，& Pollock，2000），感知到网络交往的这种优势，那些在现实交往中受到阻碍的个体（比如社交焦虑或害羞）更加倾向于使用网络来满足自己的社会交往和亲密的需要（Sheeks & Birchmeier，2007），Papacharissi 和 Rubin（2000）发现那些在面对面交流中感到不满意的人将网络作为人际交流的另一种手段，他们使用网络交往的频率比一般人更高，网络交往成为现实交往不足的一种补偿。Ward 和 Tracey（2004）的研究显示与现实交往相比，害羞的人更喜欢在网络上建立人际关系，但虽然如此，害羞者在网络上建立关系时并不会比非害羞者顺利，害羞者表现出更多的困难。

与此同时也有研究结果与上述结论不同，Madell 和 Munce（2006）以 362 个英国的青少年和成人为被试，研究了害羞和网络交往工具使用的关系，发现害羞与电子邮件的使用呈负相关，与聊天室或即时信息的使用不存在相关关系，这些研究认为害羞并不会促使人们更多的使用网络交往。当然，人们在网络上除了交往还可以进行很多活动，比如搜索信息，浏览新闻，下载歌曲等，有研究者发现害羞者最多的网络活动是进行娱乐消遣或休闲方面的搜寻，也就是说他们在网络上还是倾向于选择那些不需要社会交往或社交技能的信息搜索（Scealy，Phillips，& Stevenson，2002）。

有研究者用同伴提名法提名了那些"经常独处、害羞、安静、顺从、更喜欢独处和不敢加入群体"的同学，结果发现社交退缩与同伴接受性和社交自我知觉呈显著负相关（Chang，Li，Lei，Liu，Guo，Wang，& Fung，2005）。社交退缩的儿童同伴接受性低且自我知觉到的社交能力很差。在一项以中国五年级的学生为被试的研究中，社交退缩的儿童对自己的生理机能、外貌、学业表现和同伴关系都存在消极的感知（Xiao & Matsuda，1998），而交往困扰能显著地预测网络成瘾倾向（张海涛，苏苓，王美芳，2010）。

另外，从自我表露的角度也可以对害羞者网络使用进行解释，自我表露是个体的内在动机，与人际关系有显著相关，建立很多研究表明社交退缩与低质量的同伴关系有关，孙晓军和周宗奎（2007）的研究表面儿童同伴关系（同伴接纳、友谊质量和社交自我知觉）能显著预测个体孤独感体验，对于社会退缩儿童，尤其活跃退缩类型的儿童来说，他们大多数是由于不当的社交行为导致同伴对他们的拒绝，从而破坏友谊关系，这种类型儿童的孤独感体验更高（周宗奎，朱婷婷，孙晓军，刘久军，2006），Jone 等人认为孤独感导致自我表露，退缩儿童对在现实生活中却缺少可以对之表露的对象，网络的发展恰恰填补了这个空缺，网络给人们提供了更多的表露机会（Jones，Rhodewalt，Berglas，& Skelton，1981）。Chung 和 Donghan（2003）发现现实生活中越孤独的人，在网络中可能倾向于更多的自我表露，在网络情境中孤独水平高的人交流方式更特别，害羞或孤独的人可能会通过写个人博客作为一个表达的途径。

第五节　情绪调节

由第四章可知，社交退缩与个体的情绪和情感关系密切。1884 年，William James 提出"什么是情绪"的问题，但到目前为止，还没有令人满意的答案，这是因为情绪不同于外显的行为，它是一种复杂的心理活动，是人对待认知内容的特殊态度。每一种情绪的产生都是为了应对不同程度的适应问题。典型的情绪有兴趣、生气、厌恶、恐惧、悲伤等。情绪由独特的主观体验、表情行为和生理唤醒等成分组成（lzard，1991），后来的研究者又增加了情绪的行为成分。Gross（1993，1997）将情绪界定为个体对重要的机遇或挑战做出适应性的反应倾向。Ekman（1972）和 Plutchik（1990）都提出过情绪模型（如图 8-1），根据情绪模型可以看出，当面临的情境被个人认知成重要的机会或挑战时，情绪会被唤起。此时生物基础的情绪程序会被触发，一旦情绪程序触发，我们的行为、意识和心理会发生改变，目的是为个体对他们知觉到的情境做出适应性的反应。这些设计好的反应倾向会帮助我们快速和适应性地做出反应，但是却不会表现出特定的行为方式，这是因为情绪被表达成为可观察的行为、情绪自我报告和心理改变时，情绪反应倾向可能已经被调整了（如夸大、减少甚至完全隐藏）。尽管情绪是基于生理的，但心理和环境的因素可能干预并塑造着最后的情绪反应。目前人们已经清楚地认识到，情绪不仅仅是个体的心理现象，同时也是社会现象，情绪有其社会接受方式、社会沟通方式和社会支持方式，因此情绪需要调节。

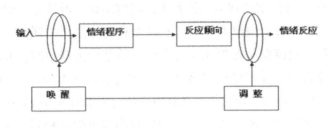

图 8-1　情绪模型

一、情绪调节的概念与理论

目前情绪调节（emotion regulation）的定义还没有统一。Thompson（1991）将情绪调节界定为个体为了完成目标而进行的监控、评估与修正情绪反应的内在和外在的过程。Gross（1998）则认为情绪调节是个体对自身具有什么样的情绪，情绪什么时候产生，如何体验与情绪表达施加影响的过程，简单地说，情绪调节就是个体所拥有的情绪及怎样去体验和表达情绪施加影响的过程。国内研究者马英等人（2011）将情绪调节定义为个体对情绪、与情绪相关的行为及情绪诱发情境所进行的评估、监控、修正等调节过程，目的是适应外界环境和人际关系。在情绪调节领域近 20 年的研究中，Gross 等人做过许多开创性的研究，提出了情绪调节的过程理论，以该理论为指导，Gross 等人做了大量的实证性研究，得出了很多有价值的结论。当前很多情绪调节的研究把他的观点作为研究的理论基础，因此本研究采用 Gross 对情绪和情绪调节的概念界定。

侯瑞鹤等（2009）纵观以往的研究对情绪调节的理论做了综合的分析与论述，他们把情绪调节理论归类为三种主要的观点：（1）情绪调节的情景观，把情绪调节看成是应对情境时的反应。分为情绪调节的应对模型和功能主义的观点。情绪调节的应对模型是在以往压力和应对的基础上提出的，关注的是情绪调节所面临的情境变量，比较著名的有 Lazarus 和 Folkman 的应对模型。而功能主义的观点认为情绪的调节能够影响个体与内部和外部环境的关系。（2）情绪调节的过程观，认为情绪调节是在情绪产生的过程中进行的。最主要的观点是 Gross（1998）提出的情绪调节两阶段过程模型，他将情绪调节分为两个阶段，划分的标准是判断情绪调节是发生在情绪反应之前还是情绪反应之后。（3）情绪调节的结构观，关注的是情绪调节的组成部分。代表观点如 Kim（2004）的多维度情绪调节结构，他把情绪调节分成四种结构，Gohm（2003）的元情绪结构模型，提出元情绪的三个维度。由于 Gross 的过程观得到较多的认可，也是之前很多研究的基础，所以下面重点阐述情绪调节的过程观。

Gross（1998）的理论认为情绪调节是发生在情绪产生的过程中，不同的情绪调节出现在情绪产生的不同阶段，由此他提出了情绪调节两阶段过程模型。他依据情绪调节发生在情绪反应产生之前还是之后，将情绪调节分成了两个阶段：先行关注情绪调节（antecedent-focused emotion regulation）和反应关注情绪调节（response-focused emotion regulation）。也就是说，先行关注情绪调节在情绪反应激活之前就产生了，主要包括四种情绪调节策略即情景选择、情景调整、注意分配和认知改变，而反应关注情绪调节是发生在情绪反应激活之后，包括一种情绪调节策略即反应调整。情绪调节过程如图 8-2 所示：

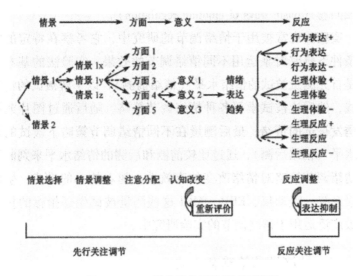

图 8-2　Gross 情绪调节两阶段过程模型

二、情绪调节的研究方法

目前对情绪调节的研究主要有以下方法：观察法、自我报告法、问卷法、实验法，其中问卷法和实验法是最常用的两种定量研究方法。

问卷法是研究情绪调节最常用的方法，近年来不少研究者开发出信效度都较高的问卷。国外研究者如 Gross（2003）编制的情绪调节问卷（emotion regulation questionnaire）被广泛使用，Garnifski（2001）从纯认知角度来考察认知情绪调节策略的个体差异，编制了认知情绪调节问卷（cognitive emotion regulation questionnaire）。自国内开始情绪调节的研究后，不少研究者编制了本土化的问卷，如王力（2006）编制的情绪调节量表（emotion regulation scale），黄敏儿和郭德俊（2001）编制的情绪调节方式问卷（basic ways of emotion regulation）。

实验法也常被用于情绪调节的研究中，它考察在特定的实验条件下研究对象运用不同情绪调节的效果。实验法的基本程序是首先测量被试的情绪水平（情绪前测），以了解被试的情绪基线，然后让被试学习各种情绪调节策略，随后通过图片或影片诱发被试的情绪，最后测量在不同情绪调节策略下被试的情绪水平（情绪后测），通过比较前测和后测的情绪水平来判断不同情绪调节策略对情绪改变的有效性。随着技术的进步，生理记录系统、眼动仪、ERP、fMRI 这些测量被试生理指标的仪器也被广泛运用于情绪调节的实验研究中。

三、情绪调节策略和方式

1. 认知重评与表达抑制

Gross 从进化的视角提出以下五种情绪调节策略：情景选择、情景调整、注意分配、认知重评和表达抑制。情景选择（situation selection）是指接近或回避特定的人、地方或物体以便调节情绪。情景调整（situation modification）是指采取积极的努力来直接调节情景，以此来改变对情绪的影响。注意分配（attentional deployment）是个体情绪调节过程的第一步，改变注意焦点的策略可以分为：分心、专心和沉思。分心是指个体努力地将注意力从负性情绪状态转移到中性行动上的反应，沉思是指重复地关注苦闷状态，而不积极地解决问题的倾向（Papageorgiou & Wells，2004）。认知改变（cognitive change）也称认知重评，是指重新思考诱发情绪事件的意义，其试图以一种更加积极的方式来理解引发负性情绪的事件，或将情绪事件进行合理化。经典的心理防御机制如否认、隔离、把事情朝积极方面解释的倾向等都属于认知重评。认知重评是较常见的情绪调节策略，包括评价忽视和评价重视（Gross，1998，1999）。相对于认知重评，表达抑制（response suppression）是指抑制将要发生或正在发生的情绪表达行为和身体反应，它对情绪体验的影响很小或没有影响，甚至会增加生理的反应。在这五种策略中，情境选择、情景调整、注意分配、认知改变是在情绪反应发生之前进行的，因此属于先行关注情绪调节，表达抑制则是在情绪反应发生之后进行的，因此属于反应关注情绪调节。

从 Gross 的观点来看，认知重评和表达抑制是情绪产生后最主要的两种情绪调节策略。这两种策略对情绪的调节产生的结果不同，认知重评与更好的人际交往、积极情绪体验和表达及幸福感有关。但表达抑制却降低了积极的情绪体验行为，增加了负性情绪体验（Gross & John，2003）。研究表明经过负性情绪诱发，采用认知重评策略的个体比采用表达抑制策略的个体报告了更少的负性情绪（Bebko，Franconeri，Ochsner，& Chiao，2011）。因此认知重评被研究者认定是积极健康的情绪调节策略，而表达抑制被当作是消极不健康的情绪调节策略。

2. 原因调节与反应调节

基于 Gross 的理论，国内学者黄敏儿和郭德俊（2001）编制了情绪调节方式问卷，将情绪调节方式分为原因调节和反应调节两大类。其中原因调节又分为评价忽视和评价重视两种方式，评价忽视调节是指个体忽视、回避和减弱情境中可能会引发情绪的刺激，尽可能不去感受由情境所引发的情绪。而评价重视调节是指当个体增强对引发情绪的情境的评价或者增强个人与情境间的关联性。反应调节又分为表情抑制和表情宣泄两种方式，表情抑制是指在表情行为上对情绪的抑制，而表情宣泄则是对所感受的情绪尽可能多的表达。根据这四种方式对情绪体验所起的作用不同，他们将评价忽视和表情抑制归为减弱型调节，将评价重视和表情宣泄归为增强型调节。研究表明减弱型调节中的评价忽视能有效地减少负性情绪，而表情抑制则不能减弱负性的情绪体验。在增强型调节中，评价重视能够增强主观情绪感受，表情宣泄也能增强主观感受，并相对减弱生理激活水平（黄敏儿，郭德俊，2002）。他们还研究了四个年龄阶段（初中、高中、大学、成人）的情绪调节方式的使用频率及其发展趋势。结果发现，积极情绪的调节以增强型调节即重视和宣泄为主，消极情绪的调节以减弱型调节即忽视和抑制为主，并且原因调节的使用多于反应调节。同时情绪调节具有性别差异，男大学生对积极情绪更多地使用忽视调节和抑制调节，女生则更多地使用重视调节和宣泄调节，对消极情绪女生则更多使用宣泄调节（黄敏儿，郭德俊，2001）。

第六节　网络关系成瘾

　　网络关系成瘾是网络成瘾的一个重要方面。Wildermuth（2001）认为网络关系是指那些始于网络并通过网络来维持的关系，包括网上的友情和爱情。对于网络关系成瘾的概念，Young（1996）将其界定为过度卷入在线人际关系，Armstrong（2001）认为网络关系成瘾是指沉溺于通过网上聊天或色情网站结识朋友。这些定义都是将网络关系成瘾放在网络成瘾类型中界定的。国内钱铭怡等人（2006）以北京市大学生为研究对象，单独考察了网络关系成瘾的特点，将网络关系成瘾界定为过度使用聊天室、网络论坛等网络的交际功能，沉迷于在网上建立、发展和维持亲密关系，而忽略了现实中的人际关系的发展和维持，导致个体心理和社会功能的损害。

Young（1999）提出 ACE 理论模型：A 指匿名性（anonymity），在网络中人们可以隐藏自己的真实身份和信息，甚至使用虚假的身份，做现实中不能或不敢做的事，说现实中不能或不敢说的话，并且不用担心他人会给自己带来伤害；C 指便利性（convenience），有了网络以后，人们足不出户就可以做自己想做的事，比如玩网络游戏、网络购物、交友等，十分便利，人们在网上也很容易与自己年龄相仿、兴趣相近的人建立关系；E 指逃避现实（escape），当人们碰到倒霉或者痛苦的事情，就可以上网发泄情绪并寻找别人的安慰。此外，网络关系与现实关系的相似性也影响了个体的网络关系成瘾倾向。QQ、MSN 等即时聊天工具的效果就如同面对面的交流，但又比面对面的交流更便捷、更容易，因此若过度使用网络交往，就会影响现实的人际交往。

Katelyn（1997）的研究结果表明成人由于找不到志趣相投的现实生活中的同伴，没有时间参加社交活动，缺乏归属感而感到孤独，此时就会转向网络交往。Kandell（1998）认为造成大学生过度使用互联网的原因中有一个原因就是部分大学生在现实生活中与他人建立社交关系很困难，他们就转而在网络上寻找友谊。也有研究者得出同样的结论，造成大学生网络成瘾倾向的最大因素是现实生活中人际关系的不协调及不适应，大学生利用网络能成功逃避这一困境（朱美慧，2000）。

第九章

虚拟关系动机问卷的修订

第一节 研究目的

依据中国大陆学生的网络交往动机状况，对由 Wang 和 Chang 编制的用于测量台湾在校大学生网络交往需求和动机的虚拟关系动机问卷（Cyber-Relationship Motives Scale）进行初步修订，假设大学生的网络交往动机分为寻求友谊、寻求浪漫关系、社会补偿、逃避现实四个维度。修订后的虚拟关系动机问卷用于考察大学生网络交往动机特征，为深入探讨大学生社交退缩与网络交往的关系研究提供研究工具。

第二节 研究方法

一、被试

本研究中被试主要包含两大部分，即预测被试和正式施测被试。

预测问卷的被试

预测被试为武汉市某高校在读学生。预测发放调查问卷 500 份，收回有效问卷 470 份，有效回收率 94%。其中男生 227 份（48.30%），女生 243 份（51.70%），被试平均年龄 21 岁。

正式施测的被试

正式施测发放调查问卷 503 份，收回有效问卷 486 份，有效回收率 96.62%。其中男生 269 份（55.35%），女生 217 份（44.65%），被试平均年龄 21 岁。

二、研究工具

虚拟关系动机问卷（Wang & Chang，2010）

虚拟关系动机问卷（Cyber-Relationship Motives Scale）由 Wang 和 Chang 编制，用于测量台湾在校大学生网络交往的需求和动机，问卷共 27 个项目，3 个二阶因素，分别是：和网络中朋友一起寻求刺激（Adventure with virtual friends）、逃向虚拟世界（Escape to virtual word）、寻求恋爱伴侣和友谊（Find love and companionship）。9 个一阶因素，分别是：匿名性（Anonymity）、认识新朋友的机会（Opportunity to meet new people）、便于沟通（Easy of communication）、好奇心（Curiosity）、情感支持（Emotional support）、社会补偿（Social compensation）、逃离真实世界（Away from the real world）、爱（Love）、浪漫关系（Sexual partners）。每个维度 3 个项目。项目采用 Likert5 点计分，1 代表"完全不符合"，5 代表"完全符合"。

第三节 研究结果

一、预测问卷的确定

由三位心理学专业研究生将原虚拟关系动机问卷的 27 个题目翻译成中文，综合比较这三份译稿，形成初始的中文译本。

再由两名英语专业的研究生将中文回译成英文,多次修正后形成中文初测版本。然后征求两位心理学专家对问卷各个项目的意见。再根据预测分析结果及被试反馈对个别项目进行修改,确定正式施测版本。

对 50 名在校大学生进行了量表试测,并由 5 名心理学专业博士研究生和硕士研究生对参加试测的大学生进行分组访谈,了解该量表对中国大学生的适用性。

二、正式问卷的确定

对回收的数据进行项目分析(结果见表 9-1)、探索性因素分析和信度分析,探索性因素分析使用主成分分析和极大似然正交旋转的方法,以高低分组 t 检验中不显著,共同度低于 0.3,因素负荷低于 0.4,存在双重负荷(双重负荷均在 0.3 以上且负荷之差小于 0.3)为标准删除项目,并根据理论预期、解释率同时参照碎石图(见图 9-1)提取因子,最终确定正式问卷。

表 9-1　根据题总得分高低分组后 t 检验结果 ($N = 470$)

项目	t	项目	t	项目	t
t1	− 11.70 ***	t10	− 7.34 ***	t19	− 12.75 ***
t2	− 10.41 ***	t11	− 10.59 ***	t20	− 11.13 ***
t3	− 16.07 ***	t12	− 13.68 ***	t21	− 6.95 ***
t4	− 9.26 ***	t13	− 7.17 ***	t22	− 12.12 ***
t5	− 15.17 ***	t14	− 12.01 ***	t23	− 10.65 ***
t6	− 11.18 ***	t15	− 3.07 ***	t24	− 13.26 ***
t7	− 13.30 ***	t16	− 6.72 ***	t25	− 11.94 ***
t8	− 16.26 ***	t17	− 14.30 ***	t26	− 12.54 ***
t9	− 7.01 ***	t18	− 12.10 ***	t27	− 11.28 ***

注:* 表示 $p < 0.05$, ** 表示 $p < 0.01$, *** 表示 $p < 0.001$(下同)

从上表可知，根据题总得分以 27% 为标准进行高低分组后，对每个项目进行独立样本的 *t* 检验发现高低组在所有项目上均存在显著差异，说明所有项目都具有较好的区分度。

探索性因素分析

项目分析之后，将 24 个项目进行探索性因素分析。在进行因素分析之前，首先需要对数据是否适合进行因素分析进行检验。本研究运用 KMO 测度（Kaiser-Meyer-Olkin Measure of Sampling Adequacy）和巴特利特球体检验（Bartlett test of sphericity）对该组数据的相关性进行检验。KMO 的值越大表明该组数据越适合进行因素分析，通常标准为，KMO 的值在 0.9 以上为"极好"，0.8 以上为"好"，0.7 以上为"一般"，0.6 以上为"差"，0.5 以上为"很差"，若 KMO 的值在 0.5 以下则为"不可接受"（郭志刚，1999）。本研究中，预测数据的 KMO 值为 0.91；此外，对预测数据进行巴特利特球体检验结果为卡方值为 4522.50，自由度为 351，$p < 0.001$，这些结果表明该组数据适合做探索性因素分析。

本研究中，采用主成分分析法（principal factor analysis，简称 PFA）抽取公共因子，使用方差极大法（varimax）进行因素旋转确定因子负荷。根据 Kaiser-Guttman 准则，将特征值为 1 作为标准，特征值大于 1 的因子数为需要保留的因子数，据此标准，本数据的公因子数为 5，解释项目总变异的 53.08%。

从碎石图上可以发现，特征值从第 5 个因子处出现拐点走势变缓，根据碎石图同时结合本研究的理论构想，提取 4 个因子再次进行探索性因素分析。

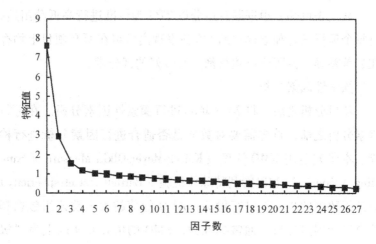

图 9-1 探索性因素分析碎石图

以共同度低于 0.3，因素负荷低于 0.4，存在双重负荷（双重负荷均在 0.3 以上且负荷之差小于 0.3）为标准，分别删除项目 1、3、4、6、8、10、12、14、17、20、21、26，结果发现，4 个因子解释项目总变异的 58.47%，结果如表 9-2 所示。

表 9-2 虚拟关系动机量表四因子结构

因子一 寻求友谊			因子二 寻求浪漫关系			因子三 社会补偿			因子四 逃离现实		
项目	因素负荷	共同度	项目	因素负荷	共同度	项目	因素负荷	共同度	项目	因素负荷	共同度
t2	0.617	0.401	t9	0.702	0.596	t11	0.742	0.675	t18	0.786	0.711
t5	0.740	0.559	t15	0.603	0.478	t13	0.625	0.557	t19	0.806	0.682
t7	0.602	0.487	t23	0.817	0.766	t16	0.692	0.581	t25	0.775	0.683
t22	0.601	0.395	t27	0.743	0.709						
t24	0.624	0.491									
特征值	4.477			2.022			1.271			1.146	
解释率（%）	29.850			13.483			8.474			6.661	

作为对比，提取 5 因子进行探索性因素分析，考察 4 因子结构与 5 因子结构的优劣。

以共同度低于 0.3，因素负荷低于 0.4，存在双重负荷（双重负荷均在 0.3 以上且负荷之差小于 0.3）为标准，分别删除项目，结果发现，5 个因子解释项目总变异的 53.61%，低于四因子结构对项目变异的解释率。结果如表 9-3 所示。

表 9-3　虚拟关系动机量表五因子结构

	因子一			因子二			因子三			因子四			因子五	
项目	因素负荷	共同度	项目	因素负荷	共同度	项目	因素负荷	共同度	项目	因素负荷	共同度	项目	因素负荷	共同度
t1	0.490	0.423	t18	0.778	0.709	t11	0.556	0.486	t20	0.627	0.586	t10	0.760	0.607
t2	0.450	0.335	t19	0.774	0.635	t13	0.685	0.532	t23	0.742	0.747	t14	0.506	0.568
t3	0.748	0.616	t25	0.746	0.641	t15	0.533	0.388	t27	0.773	0.763	t22	0.557	0.392
t4	0.491	0.388	t26	0.533	0.568	t16	0.794	0.644						
t5	0.745	0.586				t21	0.672	0.563						
t6	0.586	0.443												
t7	0.563	0.440												
t8	0.697	0.559												
特征值	7.086			2.611			1.522			1.156			1.035	
解释率	28.343			10.446			6.089			4.623			4.140	

从该结构中我们可以看出，因子一和因子二对应着四因子结构中的寻求友谊和逃离现实，说明这两个因子结构十分稳定。但因子三中的项目 11 "在现实生活中我很少与他人交往" 与项目 15 "我正在寻求一段一夜情" 很明显不属于一个维度，根据语义分析，项目 11 属于社会补偿，项目 15 则属于寻求浪漫关系，因此难以对该因子进行命名。因子四与因子五中的项目同

样存在类似问题，不属于同一维度，难以命名。综上所述，后续研究不再考虑五因子的结构模型。最终确定得 15 个项目四个因子的正式量表。

三、正式问卷的信度分析

内部一致性系数

总问卷的内部一致性系数为 0.81，表明总体上量表具有良好的信度。各分问卷的内部一致性系数如表 9-4 所示。由表 9-4 可知，各分量表具有良好的内部一致性。

表 9-4　虚拟关系动机各维度间相关及各自内部一致性系数表（$N=486$）

维度	1	2	3	4	5
1 寻求友谊	(0.767)				
2 寻求浪漫关系	0.257	(0.769)			
3 社会补偿	0.230	0.531	(0.765)		
4 逃离现实	0.399	0.306	0.340	(0.778)	
5 虚拟关系动机总分	0.799	0.606	0.554	0.683	(0.806)

注：括号内为分量表的内部一致性系数；所有相关均显著

四、正式问卷的效度分析

本研究中，主要分析问卷的结构效度。本问卷的修订是以理论构建为基础的，研究者基于已有研究，结合量表理论构想以及访谈结果，提出了大学生网络交往动机所包含的四个维度，在预测问卷的修改过程中，形成大学生网络交往动机的结构，因此对正式问卷进行结构效度的分析来看问卷的项目是否反映了已有的研究假设，即四维度的大学生网络交往动机。

采用 Lisrel8.7 进行验证性因素分析，比较四因素模型的拟合情况，来考察正式问卷的结构是否符合理论构想。验证性因素分析的结果如表9-5所示。

表9-5 验证性因素分析模型拟合指数

模型	χ^2	df	χ^2/df	RMSEA	CFI	NNFI	IFI
四因子模型	248.55	84	2.96	0.065	0.92	0.91	0.92

从表9-5可知，所有样本群体的数据均能较好地与三因素模型相拟合，各 χ^2/df 均小于5，RMSEA 均小于0.1，CFI、NNFI 和 IFI 均大于0.9。并且所有样本群体的数据与三因子模型的拟合度均好于其他模型的拟合度。因此，验证性因素分析结果支持三维度结构，标准化路径系数如图9-2所示。

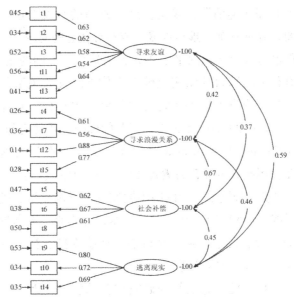

图9-2 四因子模型验证分析结构方程模型

根据以上所述各指标的含义及其数值要求，表明大学生虚拟关系动机问卷与理论构想相符合，问卷具有良好的结构效度。

第四节 讨 论

在个体使用互联网的过程中，结识朋友是其主要的活动之一（Katz & Rice, 2009）。前人研究发现，个体的网络交际存在着多种动机（Mesch & Talmud, 2006; Peter, Valkenburg, & Schouten, 2005）。Peter 曾提出驱动个体进行网络交际的五种动机：娱乐，社会融入感，维持现有关系，形成新关系，及社交补偿。而一些研究者（Peris, Gimeno, Pinazo, Ortet, Carrero, Sanchiz, & Ibanez, 2002）则认为人们使用网络聊天是为了讨论工作、爱好等兴趣话题，或是尝试一种新的交流渠道，满足社交的需要，寻求友谊、虚拟性爱，或是寻找恋爱对象。

虽然已有人提出在网络中建立关系是个体上网的主要活动，但很少有相关的综合性量表能够对个体网络交往关系的动机进行测量，缺乏测量虚拟关系动机的量表会阻碍相关研究的进一步发展。Wang 和 Chang（2010）编制的虚拟关系动机问卷（Cyber-Relationship Motives Scale, CRM）无论是在相关理论的探索还是在应用研究方面都有着重要的意义。该问卷共 27 个项目，3 个二阶因素，分别是：和网络中朋友一起寻求刺激、逃向虚拟世界和寻找爱情和友谊。9 个一阶因素，分别是：匿名性、认识新朋友的机会、便于沟通、好奇心、情感支持、社会补偿、逃离真实世界、爱、浪漫关系。

虚拟关系动机问卷的编制研究在台湾实施，因而文化背景在个体虚拟关系动机，尤其是与爱情或性相关的动机中与内地大学生有一定区别。本研究者尝试修订该问卷使其适用于对内地大学生网络交往动机的测量。经过对内地大学生的初步访谈、探索性因素分析，以及验证性因素分析，删除和合并原有问卷若干项目和纬度，确定符合内地大学生的虚拟关系动机问卷修订版包含四个纬度：寻求友谊、寻求浪漫关系、社会补偿和逃离现实。

通过结构方程模型的验证分析发现，大学生网络交往动机的四因子结构简洁稳定，对项目变异具有较高的解释率，各项拟合指数均已达标；四因子结构符合理论假设，各项因子都合理且便于命名。该量表还具有较高的内部一致性信度和分半信度，说明该量表对内地大学生网络交往动机的测量是有效且可信的。

第五节　结　论

1. 大学生虚拟关系动机问卷共有 15 个项目，其中包括四个维度，即寻求友谊、寻求浪漫关系、社会补偿和逃避现实。

2. 大学生虚拟关系动机问卷具有较好的内部一致性信度，并且结构效度也符合测量学的要求，表明该工具适合于测量中国大陆大学生网络交往动机水平。

第十章

社交退缩与网络交往依赖：
网络交往动机和网络交往卷入度的中介作用

第一节 研究目的

　　基于大学生虚拟关系动机问卷的修订，进一步探讨大学生社交退缩与网络交往的关系，考察网络交往动机、网络交往卷入度在大学生社交退缩与网络交往依赖关系中的中介作用。结合研究三的结论，假设大学生社交退缩不能直接预测网络交往依赖，社交退缩通过网络交往动机、网络交往卷入度的多重中介作用对网络交往依赖产生影响。

第二节 研究方法

一、被试

　　选取三所大学（分别是师范类院校、理工科院校、高职高专类院校）在读学生，共发放问卷 1000 份，回收有效问卷 965 份，有效率为 96.50%。被试年龄从 17 到 25 岁，平均年龄为 20.3 岁，被试基本情况见表 10-1。

表 10-1　被试基本情况表

属性	类别	总计	比例
性别	男生	429	44.5%
	女生	536	55.5%
生源地	城市	277	28.7%
	乡镇	201	20.8%
	农村	477	49.4%
	缺失值	10	1.0%
专业	文科	385	39.9%
	理工科	357	37.0%
	工科	198	24.0%
	缺失值	25	2.6%
年级	大一	273	28.3%
	大二	225	23.4%
	大三	333	34.6%
	大四	132	13.7%
	缺失值	2	0.2%
是否独生子女	是	307	31.8%
	否	643	66.6%
	缺失值	15	1.6%

二、研究工具

大学生社交退缩量表

大学生社交退缩量表为自编量表（见第 5 章），包含 16 个项目、3 个维度，分别为回避陌生环境、离群和回避公共场合发言，量表采用5点计分方式。

大学生虚拟关系动机问卷

大学生虚拟关系动机问卷由 Wang 和 Chang（2010）编制的虚拟关系动机问卷（Cyber-Relationship Motives Scale）修订而成（见第9章），包含15个项目，4个维度，分别为寻求友谊、寻求浪漫关系、社会补偿和逃离现实，量表采用5点计分方式。

网络交往卷入度问卷

网络交往卷入度问卷为自编问卷（见附录三），依据 Ellison 等（2007）测量美国大学生使用 face book 强度的问卷，研究者改编为包含5个项目、单一维度的问卷，用来测量大学生对登录 QQ 空间、微博等网络交往行为的卷入程度，即网络交往行为的频率，例如请被试根据自身情况回答"登录 QQ 空间或微博是我每天必做的"等题目，问卷采用5点计分，得分越高表示被试网络交往卷入程度越高。在本研究中，该问卷的内部一致性系数为0.85；验证性因素分析得到，RMSEA 等于0.073，CFI 值为0.994、NNFI 值为0.972、IFI 值为0.994，该问卷具有良好的信度和效度水平。

网络交往问卷（平凡，周宗奎，潘清泉，2011）

网络交往问卷采用5点计分，包含26个项目，本研究主要考察网络交往依赖维度的得分水平。在本研究中，该量表的内部一致性系数为0.83，具有良好的信度水平。

三、数据处理

本研究所有数据和管理由 SPSS17.0 完成，数据统计和分析主要由 SPSS17.0 和 AMOS17.0 进行。

第三节 研究结果

一、社交退缩、网络交往动机、网络交往卷入度和网络交往依赖的相关分析

使用大学生社交退缩、网络交往动机、网络交往卷入度与网络交往依赖的总分进行相关分析。由表10-2可知，所有变量之间均呈显著相关。社交退缩、网络交往动机、网络交往卷入度与网络交往依赖均呈显著正相关。

表10-2 变量间的相关矩阵

	1	2	3	4
1 社交退缩	1			
2 网络交往动机	0.23 **	1		
3 网络交往卷入度	0.28 **	0.21 **	1	
4 网络交往依赖	0.24 **	0.51 **	0.37 **	1

注：* $p<0.05$，** $p<0.01$，下同

二、社交退缩、网络交往动机、网络交往卷入度和网络交往依赖的 SEM 分析

相关分析的结果表明本研究涉及的所有变量间均存在显著的相关，这就满足了中介效应检验的前提条件。依据文献综述及相关理论，构建了如图10-1的完全中介模型。

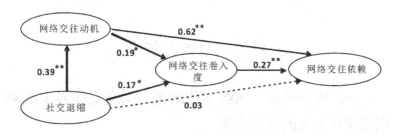

图10-1 完全中介模型结果

　　一般认为，χ^2/df 值小于 5，NFI、TLI 和 CFI 等指数均在 0.90以上，RMSEA 小于 0.08，表明模型拟合良好（侯杰泰，温忠麟，成子娟，2004）。本研究模型如表10-3 所示，拟合指数为 $\chi^2/df = 4.911$、CFI $= 0.916$、NNFI $= 0.901$、IFI $= 0.917$、RMSEA $= 0.064$，表明模型能较好地拟合数据。

表10-3 完全中介模型拟合指数

模型	χ^2	df	χ^2/df	RMSEA	CFI	NNFI	IFI
完全中介模型	633.529	129	4.911	0.064	0.916	0.901	0.917

　　从模型路径来看，个体的社交退缩不能直接预测网络交往依赖，而是通过网络交往动机预测网络交往依赖（标准化回归系数 $= 0.39 \times 0.62 = 0.24$）；同样，社交退缩通过网络交往卷入度预测网络交往动机（标准化回归系数 $= 0.17 \times 0.27 = 0.05$）；进一步分析得到，个体的社交退缩通过网络交往动机和网络交往卷入度预测网络交往依赖，具体来说就是，社交退缩水平通过个体网络交往动机的改变影响其网络交往卷入度并进一步影响网络交往依赖程度。

第四节　讨　论

一、社交退缩与网络交往依赖

本研究发现，大学生社交退缩与网络交往依赖呈显著正相关，但是社交退缩并不能预测个体的网络依赖状况。以往很少有研究直接探讨两者的关系，但我们的结果与其他一些探讨人际交往与网络成瘾的研究的结果是一致的。以往研究发现，那些具有人际关系适应问题的个体更容易网络成瘾。首先，亲子关系与网络成瘾有紧密联系。李涛和张兰君（2004）的研究发现，网络成瘾倾向者与非网络成瘾倾向者父母教养方式差异较为显著，表现在过分干涉、惩罚严厉、拒绝、否定等方面。Lei和Wu（2007）的研究发现，青少年与父母的疏离程度可以直接预测网络成瘾。随着个体年龄的增长，同伴关系在青少年日常生活中的作用越来越明显，同伴关系也会影响个体网络成瘾。雷雳和伍亚娜（2009）探讨了青少年同伴依恋与网络使用的关系，结果发现同伴依恋中的同伴疏离与网络成瘾呈显著正相关。张国华等人（2009）的研究也发现同伴疏离可以直接预测网络成瘾，徐夫真和张文新（2011）的研究也发现疏离感较高的青少年病理性互联网使用水平也较高。互联网可以提供一个相对安全的人际交往环境，可以帮助建立人际关系，获得人际支持。虽然绝大部分青少年都会通过互联网来进行人际交往，但那些在现实生活中人际关系适应不良的个体（如社交退缩），由于缺乏其他的交往途径，就更有可能过度依恋这种网络交往。

除了探讨社交退缩与网络交往依赖的关系，本研究的另外一个重点是考察社交退缩时如何影响网络交往依赖的，即社交退缩与网络交往依赖之间的中介变量。本研究发现，社交退缩通过网络交往动机、网络交往卷入度的多重中介作用对网络交往依赖产生影响，接下来将讨论这一影响过程。

二、网络交往动机和网络交往卷入度的中介作用

本研究通过结构方程模型的方法考察了社交退缩对网络成瘾的影响机制，结果发现社交退缩通过网络交往动机、网络交往卷入度的多重中介作用对网络交往依赖产生影响。高文斌和陈祖妍（2006）所提出的网络成瘾的"失补偿"假说也可以用来解释本研究的结果。"失补偿"假说是基于个体心理发展过程而提出的理论解释。如果个体发展的顺利状态为常态发展，而在环境和个体特征的作用下发展受到影响则称为发展受阻状态。当个体处于发展受阻状态，会通过各种方式修复。如果应对得当，修复方式合理，则恢复常态发展；如果采用病理性补偿，则可能会导致情况恶化，最终发展终止。根据该理论，社交退缩是一种人际发展受阻的状况，个体通过互联网可以获得一定的帮助，如果适度使用互联网，可以培养社交技能、建立社会关系和缓解孤独感，最后实现常态发展，但是如果使用不当，则不仅无法解决个体社交退缩问题，还会导致个体现实交往的进一步匮乏，出现更严重的问题。

以往的研究发现，个体特征、网络使用动机、网络使用行为都会对网络成瘾产生影响（Chou & Ting, 2003；罗喆慧，万晶晶，刘勤学，方晓义，2010；平凡，周宗奎，潘清泉，2011；魏华，范翠英，平凡，郑璐璐，2011），但并未将这些影响整合起来，而本研究建构并验证了"个体特征—网络使用动机—网

络使用行为—网络成瘾"这一模型。这一模型的建立一方面可以为未来网络成瘾的相关研究提供思路，另外一方面也有助于网络成瘾干预和矫治工作的进行。

1. 社交退缩对网络交往动机的影响

本研究发现，社交退缩与网络交往动机呈显著正相关，即社交退缩程度越高的大学生，进行网络交往的动机越强烈。虽然以往没有研究直接探讨社交退缩与网络使用动机的关系，但是其他一些相关研究发现了类似的结果。Gross（2004）的研究发现，那些在学校孤独的和社交焦虑的青少年在网上与陌生人交往得更多。Parks 和 Floyd（1996）的研究也发现，对于那些害羞、鼓励和某些方面有障碍的个体，当他们没有其他方法来进行人际交往时，他们会更倾向于借助互联网来实现这一点。因为网络交往具有满足个体需要的功能，而那些社交退缩的个体无法在现实生活中获得那些需要的满足，所以他们通过网络交往来满足需要的动机会更强烈。

以往的研究表明，社交退缩会给个体的人际关系和情绪带来一系列的负面影响。周宗奎等人（2006）的研究发现社交退缩儿童和非社交退缩儿童在友谊数量、友谊质量和孤独感上存在显著差异。整体而言，社交退缩的儿童拥有更少的朋友、友谊质量更低，体验到的孤独感也越高。其他一些研究也发现，社交退缩的个体社交自我知觉更低，也更容易被同伴拒绝（孙铃，陈会昌，单玲，2004）。

由于互联网可以提供一个积极的、匿名的表露空间，有助于个体展示真实的内在自我（true inner selves）（Seepersad，2004），因此互联网可以满足个体社交的需要和缓解孤独等负面情绪。以往部分研究表明，互联网使用行为确实可以帮助个体建构人际关系和降低孤独感。Parks 和 Floyd（1996）的研究发现人们在虚拟世界中能够获得和现实社会中一样多的社会支持。Moody（2001）的研究则发现，网络使用行为（包括网络交往卷入度）可以降低个体的社会性孤独感（social loneliness）。马丽燕和雷雳（2008）的研究也发现初中生即时通讯服务偏好与孤独感呈显著负相关。社会性孤独感是由于缺乏有意义的友谊和归属感而产生的一种无聊（boredom）和边缘（marginality）的感觉。有研究（Steinfield，Ellison，& Lampe，2008）也发现社交网站（face book）的使用可以帮助个体建构社会资本（social capital）；而且对于低自尊的个体来说，社交网站对社会资本的影响更大。

根据上述研究，我们认为社交退缩的大学生也可能有更多的人际关系和情绪的问题，而网络交往能够提供人际关系的补偿和帮助他们缓解负面情绪，因此社交退缩倾向越高的个体，网络交往动机更强烈。

2. 网络交往动机对网络交往卷入度的影响

本研究发现，网络使用动机越强烈，个体网络交往行为越频繁。一般而言，持续的行为表现需要由个体内部需要去推动。互联网可以满足个体的多种需要，因此个体就会有持续的网络使用行为。以往的研究发现，网络使用动机对个体网络行为及其网络成瘾有重要影响（魏华，范翠英，平凡，郑璐璐，2011）。张锋等人（2006）的研究发现，网络使用动机中的人际情感动机可以正向预测网络成瘾。网络游戏领域的研究也发现，网络游戏中体验到的沉醉体验也是影响网络游戏成瘾的动机之一（Chou & Ting，2003）。以往的研究虽然探讨了网络使用动机、网络使用行为和网络成瘾两两之间的关系，但很少探讨动机通过行为影响成瘾的这一过程。国内研究者张锋等人（2006）认为，在网络使用动机和网络使用后果之间存在行为过程这一中介变量。离开行为过程，网络使用动机和结果直接不存在必然联系，本研究的数据也支持这一说法。

3. 网络交往卷入度对网络交往依赖的影响

本研究发现，个体网络交往卷入度可以正向预测网络交往依赖；即网络交往卷行为越多，网络交往依赖倾向越明显。本研究和以往同类研究的结果是一致的。罗喆慧等人（2010）的研究发现，网络成瘾个体和非成瘾个体在网络使用行为上存在显著差异，表现在上网年限，每周上网天数和每周上网小时数等方面。他们还发现，不同的网络行为偏好对网络成瘾有不同的影响；回归分析的结果表明网络游戏、网络社交和网上交易可以显著预测网络成瘾，但是信息收集和在线娱乐对网络成瘾没有预测作用。与现实交往相比，网络交往中的潜在机会更多，也更加安全和便利，因此大学生很可能利用互联网来发展其亲密关系。网络交往卷入度会满足个体的需要，带来虚拟的人际关系，这些都会强化个体网络行为；而学习理论认为通过操作性条件反射的强化过程，个体会对某种行为成瘾（Marlatt, Baer, Donovan, & Kivlahan, 1988）。另外一方面，由于网络交往需要投入一定的时间和精力，网络交往和现实交往也可能存在一定的冲突。网络交往和现实交往在形式和内容上有很大的差异，当个体习惯了网络交往，可能会逐渐减少现实交往行为。因此，当网络交往逐渐替代了日常交往，就会逐渐损害了个体正常的社会功能，从而导致网络成瘾。

第五节 结 论

1. 大学生社交退缩不能直接预测网络交往依赖，而是分别通过网络交往动机和网络交往卷入度预测网络交往依赖。网络交往动机和网络交往卷入度在社交退缩对网络交往依赖的影响中起着完全中介作用。

2. 社交退缩通过网络交往动机、网络交往卷入度的多重中介作用对网络交往依赖产生影响。社交退缩水平通过个体网络交往动机的改变影响其网络交往卷入度并进一步影响网络交往依赖程度。

第十一章

社交退缩、情绪调节与网络关系成瘾

第一节 研究目的

采用问卷调查法探究青少年社交退缩、情绪调节方式与网络关系成瘾的特点以及三者之间的关系。

第二节 被试及施测

以班级为单位，在武汉市一所职业高级中学高一年级和高二年级中随机抽取 13 个班的学生共计 430 名进行施测，问卷施测后回收有效问卷 403 份，回收有效率为 93.72%。其中高一年级 203 人，高二年级 200 人，男生 253 人，女生 150 人，年龄为 17.08 ± 0.90 岁。被试的分布情况见表 11-1。

表 11-1 被试构成

	高一	高二	合计
男生	148	105	253
女生	55	95	150
合计	203	200	403

问卷施测的主试为经过培训的心理学专业研究生，根据班级人数每班分配1~2名主试，在问卷施测前宣读指导语，施测时发现被试填写错误及时纠正，施测后检查问卷是否有漏答或错答并请被试修正。问卷在学生读报时间统一发放填写，所有问卷当场回收。

第三节 研究工具

1. 班级戏剧问卷

采用 Masten 等人（1985）编制的班级戏剧问卷中的"消极-孤立"和"被排斥"两个维度的七个项目来测量青少年的社交退缩。消极-孤立维度测量的是安静退缩行为，被排斥维度测量的是活跃退缩行为。该问卷信效度良好，是测量社交退缩使用最多的工具。问卷在施测时同时发给被试一份班级名单，让他们根据题目要求在名单中选出一名或多名适合扮演该角色的同学，最后根据被试被提名的次数在班级内标准化后的 Z 分数来判定社交退缩的类型。安静退缩得分 $Z \geqslant 0.5$ 且活跃退缩得分 $Z < 0.5$，社交退缩类型是安静退缩型。活跃退缩得分 $Z \geqslant 0.5$ 且安静退缩得分 $Z < 0.5$ 是活跃退缩型。安静退缩和活跃退缩的 Z 分数均 $\geqslant 0.5$ 则属于双重退缩型，安静退缩和活跃退缩的 Z 分数均 < 0.5 则属于非社交退缩。

2. 情绪调节方式问卷

采用黄敏儿和郭德俊（2001）编制的情绪调节方式问卷来测量青少年的情绪调节方式。该问卷将情绪调节方式分为原因调节和反应调节，其中原因调节又分为评价忽视调节和评价重视调节，反应调节又分为表情抑制调节和表情宣泄调节。量表总共有24个条目，测量的是人们对日常生活中六种基本情绪（兴趣、快乐、悲伤、恐惧、厌恶、愤怒）的调节。分为4个等级来反映调节频率的差异（1＝无或偶尔，2＝有时，3＝经常，4＝总是）。成年人、大学本科、高中和初中四个年龄段的总量表 α 系数为0.76，忽视量表、抑制量表、重视量表、宣泄量表的 α 系数分别为0.54、0.73、0.46和0.58。情绪调节方式问卷在国内的运用比较成熟，且运用的年龄范围较广，因此本研究采用该问卷来进行青少年情绪调节方式的测量。

3. 网络成瘾类型问卷

采用周治金和杨文娇（2006）编制的大学生网络成瘾类型问卷来测量青少年的网络关系成瘾。此问卷将网络成瘾划分为三种类型即网络游戏成瘾、网络关系成瘾及网络信息成瘾。其中测量网络关系成瘾有6个项目，主要包括沉溺于网络上的人际互动及有关问题，得分越高表示成瘾倾向越明显。总问卷和分问卷的 α 系数均在0.80以上，网络关系成瘾的 α 系数为0.87，重测信度为0.88，信效度较好。由于此问卷是测量大学生的网络成瘾类型，本研究要将其运用于高中生，因此考察了大学生网络成瘾类型问卷在青少年中的适用性。结果发现量表的克伦巴赫 α 系数为0.92，表示量表的信度很好。网络游戏成瘾因子的克伦巴赫 α 系数为0.86，网络关系成瘾因子克伦巴赫 α 系数为0.86，网络信息成瘾因子克伦巴赫 α 系数为0.82，表示量表的信度可以接受，项目不需要修订。总量表的分半信度为0.89，三个分量表的分半信度分别为0.86、0.81和0.78。两周后从403名学生中随机抽取35名进行重测，重测信度为0.90，网络游戏成瘾因子的重测信度为0.90，网络关系成瘾因子的重测信

度为 0.79，网络信息成瘾因子的重测信度为 0.83。总分与网络
游戏成瘾因子的相关系数为 0.88，与网络关系成瘾因子的相关
系数为 0.87，与网络信息成瘾因子的相关系数为 0.80。使用
LISREL8.70 统计软件进行验证性因素分析，考察网络成瘾类型
问卷的结构效度，结果发现 NFI = 0.95，NNFI = 0.96，IFI =
0.97，CFI = 0.97，均大于 0.90，RMSEA = 0.076，小于 0.080，
符合 Chou 和 Bentler（1995）以及 Byrne（1987）提出的优良模
型拟合的判断标准。根据适用性分析的结果可以发现，大学生
网络成瘾类型问卷在青少年群体的应用中具有较高的信效度，
因此可以用来测试青少年的网络关系成瘾。

第四节 方法与统计

本研究的研究方法为问卷法，使用 SPSS17.0 进行数据的统
计分析，使用 LISREL8.70 进行问卷的验证性因素分析。

第五节 结果与分析

一、青少年社交退缩

1. 青少年社交退缩类型分布

使用班级戏剧问卷测量青少年的社交退缩类型，首先计算
被试在每个项目上被提名的次数，然后计算安静退缩维度和活
跃退缩维度的平均分，最后将两个维度的平均分在班级内标准
化，计算出安静退缩维度和活跃退缩维度的标准 Z 分数，以此

来判定社交退缩类型。安静退缩得分 $Z \geqslant 0.5$ 且活跃退缩得分 $Z < 0.5$，社交退缩类型是安静退缩型。活跃退缩得分 $Z \geqslant 0.5$ 且安静退缩得分 $Z < 0.5$ 是活跃退缩型。安静退缩和活跃退缩的 Z 分数均 $\geqslant 0.5$ 则属于双重退缩型，安静退缩和活跃退缩的 Z 分数均 < 0.5 则属于非社交退缩。青少年社交退缩类型的分布情况见表 11-2，三种社交退缩类型青少年占总人数的 22.59%。

表 11-2　青少年社交退缩类型分布情况

类型	数量（N）	百分比（%）
安静退缩型	49	12.16%
活跃退缩型	18	4.47%
双重退缩型	24	5.96%
非社交退缩	312	77.41%
总计	403	100%

2. 青少年社交退缩类型的性别和年级差异

分析在不同性别、不同年级上社交退缩类型的差异发现，青少年社交退缩类型在性别、年级上的主效应不显著，性别和年级的交互效应也不显著，说明男女生的社交退缩类型以及高一高二学生的社交退缩类型没有明显差别，结果见表 11-3。

表 11-3　青少年社交退缩类型的性别和年级差异

变异来源	SS	df	MS	F	p
性别	1.98	1	1.98	2.90	0.089
年级	0.00	1	0.00	0.00	0.996
性别 * 年级	0.61	1	0.61	0.89	0.346

二、青少年情绪调节方式

1. 青少年情绪调节方式的基本情况

情绪调节方式问卷将情绪调节方式分为原因调节和反应调节，其中原因调节又分为忽视、重视两种方式，反应调节又分为抑制、宣泄两种方式。青少年在情绪调节方式的得分上，忽视调节与重视调节得分较高，抑制调节与宣泄调节得分较低，结果见表11-4，说明青少年的情绪调节方式以原因调节为主。

表11-4　青少年情绪调节方式的基本情况

调节方式		M	SD
原因调节	忽视调节	12.38	2.85
	重视调节	12.74	2.89
反应调节	抑制调节	11.56	3.12
	宣泄调节	11.77	2.79

2. 青少年情绪调节方式的性别和年级差异

分析结果发现，在忽视、重视、抑制和宣泄调节上性别差异显著，而年级在四种情绪调节方式上差异不显著，性别和年级的交互作用也不显著。结果见表11-5。进一步比较男生和女生在情绪调节方式上的差异，发现男生更多地使用忽视调节（12.70±2.91）、重视调节（12.97±3.03）和抑制调节（11.92±3.15），较少地使用宣泄调节（11.36±2.70）。女生则较少地使用忽视调节（11.84±2.67）、重视调节（12.37±2.60）、抑制调节（10.95±2.97），更多地使用宣泄调节（12.46±2.82）。男生和女生在宣泄调节上的差别最为显著，达到0.000水平。

表 11-5　不同性别、年级的青少年情绪调节方式的多因素方差分析（F）

变异来源	忽视调节	重视调节	抑制调节	宣泄调节
性别	8.22 **	2.79 *	9.27 **	15.95 ***
年级	0.05	1.34	0.48	1.02
性别 * 年级	2.13	0.23	1.85	0.18

注：$*p<0.05$，$**p<0.01$，$***p<0.001$，下同

3. 青少年在正性负性情绪调节方式上的差异

情绪调节方式问卷测量了人们六种基本情绪（兴趣、快乐、悲伤、恐惧、厌恶、愤怒）的调节，其中兴趣、快乐属于正性情绪，悲伤、恐惧、厌恶、愤怒属于负性情绪。比较青少年在正性情绪和负性情绪上情绪调节方式的差异，结果见表11-6，发现青少年对于正性情绪更多地采用重视调节和宣泄调节，而对于负性情绪更多地采用忽视调节和抑制调节。

表 11-6　青少年在正性负性情绪调节方式上的差异

	M	*SD*
正性情绪-忽视调节	3.50	1.31
正性情绪-重视调节	5.61	1.63
正性情绪-抑制调节	3.13	1.19
正性情绪-宣泄调节	5.16	1.58
负性情绪-忽视调节	8.88	2.25
负性情绪-重视调节	7.14	2.24
负性情绪-抑制调节	8.43	2.46
负性情绪-宣泄调节	6.60	1.99

三、青少年网络关系成瘾

1. 网龄、每周上网次数、每天上网时间与青少年网络关系成瘾的关系

本研究也调查了青少年的网龄（①1年以下；②1~2年；③2~4年；④4年以上），每周上网次数（①不足1次；②1~2次；③3~4次；④5~6次；⑤7次及以上）以及每天上网时间（①0.5小时以内；②0.5~1小时；③1~2小时；④2~3小时；⑤大于3小时）与网络关系成瘾的关系，结果见表11-7。研究发现网龄、每周上网次数及每天上网时间与网络关系成瘾都呈显著正相关，说明网龄越长，上网次数越多，上网时间越长，青少年的网络关系成瘾程度就越高。

表11-7 网龄、每周上网次数、每天上网时间与网络关系成瘾的相关

	网络关系成瘾	
	r	p
网龄	0.13**	0.010
每周上网次数	0.23***	0.000
每天上网时间	0.25***	0.000

2. 青少年网络关系成瘾的性别和年级差异

分析网络关系成瘾上的性别和年级差异发现，性别的主效应显著，年级的主效应不显著，性别和年级的交互效应也不显著。结果见表11-8。进一步比较网络关系成瘾的性别差异发现，男生的网络关系成瘾得分显著高于女生，说明男生的网络关系成瘾程度更高。在年级上网络关系成瘾未表现出显著的差异，

但高二年级学生得分的平均数大于高一年级，一定程度上网络关系成瘾随年级升高倾向性增加了。

表 11-8　青少年网络关系成瘾的性别和年级差异

		M	SD	F	p
性别	男	12.86	5.41	15.97 ***	0.000
	女	10.91	4.77		
年级	高一	11.88	5.11	3.71	0.055
	高二	12.40	5.41		
性别*年级				0.42	0.515

四、青少年社交退缩与情绪调节方式的关系

以社交退缩类型为自变量，以四种情绪调节方式为因变量进行多因素方差分析，结果见表 11-9，发现社交退缩类型在在忽视调节、重视调节和宣泄调节上社交退缩的主效应不显著，但在抑制调节上主效应显著，说明不同的社交退缩类型的抑制调节是有显著差异的。安静退缩型的青少年使用抑制调节最多，其次是双重退缩型青少年，而活跃退缩型青少年最少地使用抑制调节。

表 11-9　社交退缩类型与情绪调节方式的关系（F）

	忽视调节		重视调节		抑制调节		宣泄调节	
	M	SD	M	SD	M	SD	M	SD
非退缩	12.29	2.84	12.63	2.83	11.41	2.99	11.66	2.78
安静退缩型	12.08	2.51	12.86	2.50	12.12	3.31	12.14	2.73
活跃退缩型	13.11	3.01	12.89	3.43	10.56	1.91	11.78	2.92

续表

	忽视调节		重视调节		抑制调节		宣泄调节	
	M	SD	M	SD	M	SD	M	SD
双重退缩型	13.58	3.34	12.88	3.87	12.08	4.34	12.33	3.03
F	2.11		1.42		3.35*		0.77	

五、青少年社交退缩与网络关系成瘾的关系

社交退缩类型是以安静退缩维度和活跃退缩维度的标准 Z 分数来进行划分的，得分越高，说明退缩程度越高。通过分析安静退缩维度得分和活跃退缩维度得分与网络关系成瘾间的相关发现，两者都与网络关系成瘾呈显著正相关，说明在安静退缩和活跃退缩程度越高，网络关系成瘾程度越高。

表 11-10　社交退缩与网络关系成瘾的相关

	网络关系成瘾	
	r	p
安静退缩	0.30***	0.000
活跃退缩	0.20***	0.000

以网络关系成瘾的得分为因变量，以社交退缩类型为自变量进行方差分析，结果发现，社交退缩类型的主效应显著，说明社交退缩类型对网络关系成瘾有显著影响，双重退缩型的青少年网络关系成瘾得分最高，其次是活跃退缩型，再次是安静退缩型。社交退缩青少年的网络关系成瘾得分显著地高于非社交退缩青少年。

表 11-11 社交退缩类型与网络关系成瘾的关系

	网络关系成瘾			
	M	*SD*	*F*	*p*
非社交退缩	11.12	4.83		
安静退缩型	14.90	5.12	20.30 ***	0.000
活跃退缩型	16.00	4.70		
双重退缩型	16.75	5.72		

六、青少年情绪调节方式与网络关系成瘾的关系

分析正性情绪和负性情绪的调节方式与网络关系成瘾间的相关发现，在正性情绪的调节方式中，与网络关系成瘾的相关程度最高的是抑制调节，也就是说对正性情绪的抑制越多，网络关系成瘾的程度越高。而正性情绪的重视调节与网络关系成瘾有负相关，说明越重视正性情绪，网络关系成瘾的程度越低。负性情绪的四种调节方式与网络关系成瘾都呈显著正相关，其中相关程度最高的是重视调节，说明对负性情绪越重视，网络关系成瘾程度越高。结果见表 11-12。

表 11-12 情绪调节方式与网络关系成瘾的关系

	网络关系成瘾	
	r	*p*
正性情绪-忽视调节	0.211 ***	0.000
正性情绪-重视调节	−0.035	0.482
正性情绪-抑制调节	0.218 ***	0.000
正性情绪-宣泄调节	0.058	0.246

续表

	网络关系成瘾	
	r	*p*
负性情绪-忽视调节	0.140 **	0.005
负性情绪-重视调节	0.321 ***	0.000
负性情绪-抑制调节	0.127 *	0.011
负性情绪-宣泄调节	0.227 ***	0.000

七、情绪调节方式在青少年社交退缩与网络关系成瘾间的中介效应检验

本研究假设情绪调节方式是社交退缩与网络关系成瘾间的中介变量，青少年的社交退缩会影响情绪调节方式，进而影响网络关系成瘾。根据中介变量的检验方法（温忠麟等，2005），以安静退缩维度的得分为自变量，正性情绪的四种调节方式和负性情绪的四种调节方式为中介变量，以网络关系成瘾的得分为因变量进行分析，中介效应显著的结果见表11-13。

表11-13 正性情绪-忽视调节在安静退缩与网络关系成瘾间的中介作用检验

	标准化回归方程	回归系数检验	
第一步	$y = 1.736x$	$SE = 0.272$	$t = 6.387$ ***
第二步	$u = 0.157x$	$SE = 0.071$	$t = 2.222$ *
第三步	$y = 0.719u +$	$SE = 0.189$	$t = 3.806$ ***
	$1.623x$	$SE = 0.269$	$t = 6.034$ ***

注：y 代表因变量，x 代表自变量，u 代表中介变量，SE 表示标准误，下同

由表11-13可知，正性情绪-忽视调节在安静退缩与网络关系成瘾间有显著的中介效应，说明安静退缩能通过对正性情绪的忽视调节来影响网络关系成瘾。第四个 t 检验是显著的，说明中介效应为部分中介，中介效应量占总效应的比例为 0.157 × 0.719/1.736 = 6.50%。

表11-14　正性情绪-抑制调节在安静退缩与网络关系成瘾间的中介作用检验

	标准化回归方程	回归系数检验	
第一步	$y = 1.736x$	$SE = 0.272$	$t = 6.387***$
第二步	$u = 0.228x$	$SE = 0.063$	$t = 3.600***$
第三步	$y = 0.753u +$	$SE = 0.211$	$t = 3.564***$
	$1.564x$	$SE = 0.272$	$t = 5.747***$

由表11-14可知，正性情绪-抑制调节在安静退缩与网络关系成瘾间有显著的中介效应，说明安静退缩也能通过对正性情绪的抑制调节来影响网络关系成瘾。正性情绪-抑制调节的中介效应也是部分中介，中介效应量占总效应的比例为 0.228 × 0.753/1.736 = 9.89%。

表11-15　负性情绪-重视调节安静退缩与网络关系成瘾间的中介作用检验

	标准化回归方程	回归系数检验	
第一步	$y = 1.736x$	$SE = 0.272$	$t = 6.387***$
第二步	$u = 0.349x$	$SE = 0.120$	$t = 2.900**$
第三步	$y = 0.664u +$	$SE = 0.108$	$t = 6.154***$
	$1.504x$	$SE = 0.263$	$t = 5.723***$

由表 11-15 可知，负性情绪-重视调节在安静退缩与网络关系成瘾间有显著的部分中介效应，说明安静退缩能通过对负性情绪的重视调节来影响网络关系成瘾。负性情绪-重视调节的中介效应为部分中介，中介效应量占总效应的比例为 0.349 × 0.664/1.736 = 13.35%。

表11-16 负性情绪-抑制调节安静退缩与网络关系成瘾间的中介作用检验

	标准化回归方程	回归系数检验	
第一步	$y = 1.736x$	$SE = 0.272$	$t = 6.387***$
第二步	$u = 0.264x$	$SE = 0.133$	$t = 1.987*$
第三步	$y = 0.209u +$	$SE = 0.102$	$t = 2.052*$
	$1.680x$	$SE = 0.272$	$t = 6.178***$

由表 11-16 可知，负性情绪-抑制调节在安静退缩与网络关系成瘾间有显著的部分中介效应，中介效应量占总效应的比例为 0.264 × 0.209/1.736 = 3.18%。

以活跃退缩维度的得分为自变量，正性情绪的四种调节方式和负性情绪的四种调节方式为中介变量，网络关系成瘾的得分为因变量进行分析，中介效应显著的结果见表 11-17。

表11-17 正性情绪-忽视调节在活跃退缩与网络关系成瘾间的中介作用检验

	标准化回归方程	回归系数检验	
第一步	$y = 1.207x$	$SE = 0.292$	$t = 4.139***$
第二步	$u = 0.170x$	$SE = 0.074$	$t = 2.304*$
第三步	$y = 0.762u +$	$SE = 0.194$	$t = 3.926***$
	$1.077x$	$SE = 0.288$	$t = 3.737***$

　　由表11-17可知，正性情绪-忽视调节在活跃退缩与网络关系成瘾间有显著的部分中介效应，说明活跃退缩能通过对正性情绪的忽视调节来影响网络关系成瘾。中介效应量占总效应的比例为 $0.170 \times 0.762/1.207 = 10.73\%$ 。

表11-18　正性情绪-抑制调节在活跃退缩与网络关系成瘾间的中介作用检验

	标准化回归方程	回归系数检验	
第一步	$y = 1.207x$	$SE = 0.292$	$t = 4.139$ ***
第二步	$u = 0.171x$	$SE = 0.067$	$t = 2.565$ *
第三步	$y = 0.868u +$	$SE = 0.215$	$t = 4.045$ ***
	$1.059x$	$SE = 0.288$	$t = 3.670$ ***

　　由表11-18可知，正性情绪-抑制调节在活跃退缩与网络关系成瘾间有显著的部分中介效应，说明一定程度上活跃退缩能通过对正性情绪的抑制调节来影响网络关系成瘾。中介效应量占总效应的比例为 $0.171 \times 0.868/1.207 = 12.30\%$ 。

第六节　讨　论

一、性别和年级差异

1. 青少年社交退缩的性别和年级差异

　　研究结果显示青少年社交退缩类型的性别差异不显著，在安静退缩、活跃退缩和双重退缩类型上男女生没有表现出明显的区别，这与以往很多研究的结论是一致的。对于男生和女生而言，社交退缩与适应的联系不同，社交退缩的男生会比社交退缩的女生从童年早期到成人期面临更多的适应困难，但两者在社交退缩类型上没有显著差异。同时本研究选取的是职业高中班级的学生作为被试，由于专业的差别，导致很多班级几乎是男生或几乎是女生，这也有可能造成以同伴提名方法划分的社交退缩类型没有出现性别的差异。

本研究的被试选取了高一和高二的学生，分析结果发现青少年社交退缩类型的年级差异也不显著。以往对于儿童社交退缩的研究发现随着年龄的增长，儿童的社交退缩会出现降低的趋势（陈会昌等，2005）。但也有研究得出不同的结论，社交退缩从儿童中期到青少年早期的发展出现了三种变化趋势，即稳定、上升和降低（Wonjung，Rubin，et al.，2008），社交退缩稳定组人数最多。本研究中青少年的社交退缩并没有随年级的升高出现上升或降低，而是保持一个稳定水平，说明这是符合青少年社交退缩的发展轨迹的，一定程度上说明社交退缩在青少年期的发展相对稳定。

2. 青少年情绪调节方式的性别和年级差异

在青少年情绪调节方式上，男生和女生表现出了显著的性别差异，发现男生更多地使用忽视调节、重视调节和抑制调节，女生更多地使用宣泄调节，在宣泄调节上男女生的差异最显著。这与黄敏儿和郭德俊（2001）的研究结果大致是相同的，他们发现高中男生更多地使用忽视和抑制调节，女生更多地使用重视和宣泄调节。在中国文化背景下分析，造成这个结果的原因可能是中国文化要求男性更坚强和克制，对于情绪的表达要稳重和含蓄，所以男生更多地使用忽视和抑制调节，比女生更少地使用宣泄调节。

研究结果发现年级在情绪调节方式上差异不显著，高一和高二学生在忽视调节、重视调节、抑制调节和宣泄调节的使用上没有明显区别。而黄敏儿、郭德俊（2001）的研究则发现情绪调节方式存在一定的年龄差异，随着年龄的升高，忽视调节和抑制调节有上升发展的趋势，这也是与中国的文化背景分不开的，中国人认为成熟的个体面对情绪事件时应该保持克制、冷静。本研究的结果中也发现高二学生的忽视和抑制调节得分比高一学生高，但没有显著差异，可能是因为高一和高二学生的年龄相差不大，这种发展的上升趋势不明显。

3. 青少年网络关系成瘾的性别和年级差异

研究结果表明，青少年网络关系成瘾有显著的性别差异，男生的网络关系成瘾得分显著高于女生，说明男生更依赖于网络中的人际关系。这与以往的研究结果是一致的（平凡，周宗奎等，2011；钱铭怡，章晓云等，2006）。出现这个结果的原因可能有两点，一是男性比女性有更高的感觉寻求倾向，网络关系作为一种新型的人际关系能够提供给男性更多新奇的体验，对男性更有吸引力，使他们更容易沉迷其中；二是男性的情绪调节方式多采用抑制调节，在现实生活中面临情绪事件时会抑制自己的表情和情绪，而网络则成为他们宣泄和缓解情绪的途径，所以他们网络关系成瘾程度更高。

青少年网络关系成瘾得分上，高二年级高于高一年级，但两者差异没有达到显著水平。可能是由于高一和高二学生在网龄、每周上网次数和每天上网时间上没有显著差异造成的。虽然处于不同年级，但他们对于网络的使用时间、频率是大体相同的，所以在网络关系成瘾的程度上才没有表现出显著的差异。高一和高二学生的年龄差异较小，但得分上高二年级还是比高一年级得分高，所以可以从一定程度上说明网络关系成瘾是随年级的升高成瘾程度增加的。

二、青少年在正性负性情绪调节方式上的差异

本研究比较了青少年在正性情绪和负性情绪上四种情绪调节方式的差异，结果发现青少年对于正性情绪更多地采用重视调节和宣泄调节即增强型调节，而对于负性情绪更多地采用忽视调节和抑制调节即减弱型调节。这与以往的研究结果（黄敏儿，郭德俊，2002；焦金梅，2010）是一致的，也是符合研究预期的。人们在感受正性情绪时，会采用增强型调节来强化情绪感受，而在面临负性情绪时，会使用减弱型调节来减少负性情绪感受。

在面对负性情绪时，个体采用忽视调节方式可以有效地减少负性情绪感受。使用该情绪调节方式需要个体对情绪信息进行淡漠和回避，能使个体的心理免于不良情绪的破坏，能维护个体的心理环境。而使用抑制调节虽不能减少负性情绪感受，但能减少外在的行为表现，在某种程度上是个体对社会的适应性表现，可以减少负性情绪表情对人际关系的破坏。但如果个体长期过分地使用抑制调节方式，对产生的负性情绪不能进行合理的认知和宣泄，则容易引发生理疾病和心理问题。因此对负性情绪的调节，应当学习有益及有效的调节方式，才能既不破坏人际关系又能够促进个体的心理健康。

三、青少年社交退缩与情绪调节方式的关系

分析社交退缩与情绪调节方式的关系结果发现非社交退缩、安静退缩型、活跃退缩型和双重退缩型青少年在忽视调节、重视调节和宣泄调节的使用上不存在显著差异，但在抑制调节的

使用上差异显著。对于社交退缩青少年来说，安静退缩型的青少年使用抑制调节最多，其次是双重退缩型青少年，而活跃退缩型青少年最少地使用抑制调节。由前人的研究可知，安静退缩是个体由于害羞、焦虑或过度社交敏感而退出同伴群体，是主动的过程，活跃退缩则是被动地受到群体的拒绝和排斥而孤立在群体之外。安静退缩型的青少年由于自身气质等原因会抑制自己的表情，较少表露出自己的情绪，而活跃退缩型青少年则很少抑制自己的情绪或表情，也许正因为如此，在面对负性情绪时，他们对同伴表现出较多的负性情绪和表情，影响了同伴关系和人际关系，从而受到群体的排斥，成为活跃退缩型个体。这可能是不同社交退缩类型个体在抑制调节上表现出差异的原因。

四、青少年社交退缩与网络关系成瘾的关系

研究结果发现安静退缩维度和活跃退缩维度的得分与网络关系成瘾呈现显著的正相关，社交退缩类型对网络关系成瘾的主效应显著，双重退缩型的青少年网络关系成瘾得分最高，其次是活跃退缩型，再次是安静退缩型，这与研究假设是一致的，结果说明社交退缩越严重的个体越容易沉溺于网络人际关系。社交退缩个体的现实人际关系受挫后，会转向网络来建立、发展和维持关系。网络虚拟的社交情境能够避免安静退缩青少年在现实社交情境中体验的焦虑、恐惧和抑郁的情绪，同时网络关系也不会出现活跃退缩青少年在现实生活中面临的群体拒斥的情况。网络关系的便捷性、虚拟性、匿名性为社交退缩个体提供了一个安全可靠的人际关系发展平台，能够来弥补现实人际关系的缺陷。社交退缩越严重的个体现实人际关系越糟糕，

他们就越容易通过网络关系来逃避现实生活，寻求亲密关系和社会支持，这就导致对网络关系的依赖性越高，网络关系成瘾的程度更高。

五、青少年情绪调节方式与网络关系成瘾的关系

分析青少年情绪调节方式与网络关系成瘾间的相关发现，正性情绪的调节和负性情绪的调节与网络关系成瘾的相关是有区别的。对于正性情绪的调节方式而言，抑制调节和忽视调节与网络关系成瘾呈显著正相关，重视调节与网络关系呈负相关，这与研究预期是一致的。当个体在体验正性情绪时，采取抑制和忽视两种减弱型调节方式会减少个体对于正性情绪的感受，因此抑制和忽视使用得越多，积极心理感受就越低，个体可能会通过网络关系来增进积极情绪，从而导致对网络关系的依赖性增强。对于负性情绪的调节方式而言，四种情绪调节方式与网络关系成瘾都呈显著正相关，重视调节的相关程度最高，宣泄调节的相关程度次之。当个体面对负性情绪时，如果采用增强型的调节方式即重视和宣泄调节，那么对负性情绪的感受会增加，个体有可能会通过网络关系来排解负性情绪，寻求社会支持，进而导致网络关系成瘾程度升高。

六、情绪调节方式在青少年社交退缩与网络关系成瘾间的中介效应

研究结果发现在安静退缩与网络关系成瘾间起中介效应的情绪调节方式有：正性情绪-忽视调节，正性情绪-抑制调节，负性情绪-重视调节，负性情绪-抑制调节，安静退缩通过影响情绪调节方式进而影响网络关系成瘾。安静退缩是个体在"消极-孤

立"维度上的得分，反映的是主动性的社交退缩。个体的安静退缩维度得分越高，说明在面对社交情境时产生的负性情绪越多，自我孤立的程度越高，他们对自身的正性情绪可能会采取减弱型调节即忽视调节和抑制调节，对负性情绪则采取重视这种增强型调节，同时在社交情境中抑制自己的负性情绪和表情。面对现实交往情境中的正性情绪减弱和负性情绪增强这种消极的心理感受，他们会转而利用 QQ、BBS 等网络关系来寻求帮助，减少消极感受，获得情感支持，一旦网络关系的利用过度，网络关系成瘾的倾向性就会增加。

在活跃退缩与网络关系成瘾间起中介效应的情绪调节方式有两种即正性情绪-忽视调节和正性情绪-抑制调节。活跃退缩是个体在"被排斥"维度上的得分，是被动的社交退缩，反映了个体被群体拒绝的程度。受到群体拒绝和排斥后，如果采用正性情绪的减弱型调节，个体的积极心理感受会降低。他们在现实中受到拒斥后，为寻求情感的安慰和支持，可能会从网络关系中体验积极的情绪，进而发展成为网络关系成瘾。但负性情绪的调节方式在活跃退缩和网络关系成瘾间没有显著的中介效应，说明活跃退缩不通过影响负性情绪的调节进而影响网络关系成瘾，而是直接影响网络关系成瘾。

第十二章

情绪调节对青少年社交退缩与网络关系成瘾的影响

第一节　研究目的

用实验法探明情绪调节方式在青少年社交退缩与网络关系成瘾间所起的作用及影响，目的是为今后社交退缩和网络关系成瘾的干预研究提供依据。实验由两部分构成，实验一运用情绪调节实验的基本程序，探讨在不同的情绪调节方式下，社交退缩和非社交退缩青少年情绪改变量的差异。实验二采用修正的 Stroop 范式探讨在不同的情绪调节方式下，社交退缩青少年和非社交退缩青少年网络关系成瘾的差异。

第二节　被试及施测

从研究一筛选出的 91 名社交退缩青少年中随机抽取 20 人，从 312 名非社交退缩青少年中随机抽取 20 人，共计 40 人参加本次实验，其中男生 20 人，女生 20 人。实验由一名主试进行一对一实验，被试单个进入实验室参加实验。

第三节　研究方法

实验设计为 22 混合设计，组间变量为社交退缩组和非社交退缩组，组内变量为忽视调节和抑制调节两种情绪调节方式。

社交退缩不是单纯的行为障碍，它还伴随出现多种负性情绪。社交退缩青少年容易出现较多的恐惧、焦虑、抑郁等负性情绪（Kingery，Eerdley，Marshall，et al.，2010）。因此本研究关注的情绪调节主要是对负性情绪的调节。研究一的结果表明青少年对负性情绪的调节主要采用忽视调节和抑制调节，因此本研究主要考察这两种情绪调节方式在社交退缩和网络关系成瘾间的作用。实验一运用情绪调节实验的基本程序，让被试在忽视和抑制两种调节方式下观看诱发负性情绪的影片，通过比较情绪诱发前后的正性和负性情绪的改变量来判断哪种情绪调节方式更有效。

在实验二中，对网络关系成瘾的测量是通过被试对网络关系关联词语和中性词语的颜色判断的反应时来进行的。实验范式采用修正的 Stroop 范式，将颜色词改为网络关系关联词语和中性词语。对于传统的 Stroop 范式而言，其基本假设是：对矛盾的颜色命名时间的延长是由于内在的认知干扰造成的，对于这个假设人们基本是认同的。修正的 Stroop 范式基本上分为两类，其中一类是问题关联词语范式，主要用于研究人们对于这些问题的内隐态度和认识特点（如对攻击行为的态度、对身体疾病的态度等），而且发现人们对问题关联词语的反应时间有延长的倾向，还将这种延长解释为认知干扰（郑希付，2008）。实验刺激以 E-prime 软件呈现，让被试作词语颜色（红色或蓝色）

判断的按键反应。通过比较被试对词汇的反应时，判断在不同情绪调节方式下，社交退缩和非社交退缩青少年的网络关系成瘾是否会出现差异，使用哪种情绪调节方式更可能导致网络关系成瘾。

实验流程图见图 12-1。

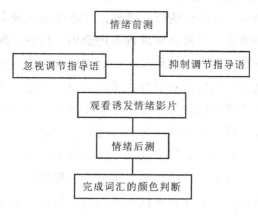

图 12-1 实验流程图

第四节 研究工具

1. 情绪报告表

采用以往研究（黄敏儿，郭德俊，2002）较常用的情绪报告表来测量被试当前 12 种具体情绪的主观感受。12 种情绪为快乐、愤怒、厌恶、兴趣、悲伤、惊奇、恐惧、蔑视、尴尬、满意、痛苦和紧张。每种情绪感受划分为六个等级，0 表示对该情绪一点感受也没有，5 表示感受过的该情绪的最大量。

2. 情绪调节方式指导语

在被试接触情绪诱发材料之前，给他们呈现情绪调节指导语，以指导他们使用相应的情绪调节方式。忽视调节的指导语为"接下来会放映一段影片，请你留心观看，并保持客观、超然和无情绪的态度，想着这段影片都是为了戏剧效果人为拍摄出来的，并不是真实的，请尽量不去感受任何情绪。如果你准备好了，就请告诉研究者开始实验"。抑制调节的指导语为"接下来会放映一段影片，请你留心观看。为了确保实验的顺利进行，在感受情绪的同时，不要将你的感受表露出来，尽量地掩盖你的表情，不要让别人看出你的情绪感受。如果你准备好了，就请告诉研究者开始实验"。

3. 负性情绪诱发材料

在情绪调节的研究中，选取有效的情绪诱发材料是至关重要的。情绪诱发材料多种多样，但诱发的效果不同。其中电影和录像是动态的刺激材料，并综合了听觉、视觉刺激的优点，所以比回忆、想象、图片等能更有效地诱发情绪（蒋军，陈雪飞，陈安涛，2011）。本研究所使用的负性情绪诱发材料根据李建平等人（2005）有关情绪的自主神经反应的实验研究而来，选自电视剧"不要和陌生人说话"，视频播放时间为 1 分 43 秒，谢莉（2009）对此视频进行了评估，结果显示此片段能够诱发较多的负性情绪，如愤怒、厌恶、悲伤、恐惧等。

4. E-prime 软件

对网络关系成瘾的测量通过 E-prime 软件进行。实验材料由10 个网络关系关联词语，10 个中性词语组成。网络关系关联词语是通过研究一收集而来，在问卷发放过程中让每名被试填写"提到网络关系或网络交往，你能想到的词汇有"。经频数分析，选取填写次数最多的 10 个词汇，包括：论坛、贴吧、QQ、飞信、歪歪、微博、邮箱、MSN、人人网、漂流瓶。中性词语包括：书桌、课本、铅笔、纸巾、台灯、水杯、眼镜、运动鞋、矿泉水、橡皮擦。每个词汇都以红色和蓝色呈现 1 次，共计 40 个刺激。刺激呈现顺序与时间为：指导语——注视点 " + "（500ms）——颜色词语（2000ms）——注视点 " + "（500ms）——颜色词语（2000ms）。实验的指导语为 "欢迎你来参加实验"。首先电脑屏幕上会出现一个黑色的 " + " 符号注视点，提醒你实验开始，此时请你集中注意力注视电脑屏幕中央。接着呈现一个词语，请你判断这个词汇的颜色是红色还是蓝色，如果是红色请你按键盘上的 "F" 键，如果是蓝色请你按键盘上的 "J" 键。由于词汇呈现的时间很短，需要你集中注意力，尽量又快又准地做出判断。记录被试的反应时，最后进行分析。

第五节　研究结果

一、不同情绪调节方式下被试情绪改变量的差异

1. 社交退缩和非社交退缩青少年情绪改变量的差异

比较社交退缩和非社交退缩青少年的情绪改变量，结果见表 12-1。社交退缩组青少年与非社交退缩组青少年正性情绪和负性情绪改变量上均差异显著，社交退缩青少年正性情绪减少的更多，负性情绪增加的更多，说明社交退缩青少年使用情绪调节方式的能力较差。

表 12-1 社交退缩和非社交退缩青少年情绪改变量的差异

	正性情绪减少量				负性情绪增加量			
	M	SD	t	p	M	SD	t	p
非社交退缩	1.63	1.04	2.22*	0.033	1.01	1.09	-3.58**	0.001
社交退缩	2.41	1.19			1.96	0.47		

2. 不同情绪调节方式下被试情绪改变量的差异

2*2 的混合设计将被试分为四个组，即社交退缩-忽视调节组，社交退缩-抑制调节组，非社交退缩-忽视调节组和非社交退缩-抑制调节组。分析四组在不同情绪调节方式下观看情绪诱发影片的情绪改变量，结果见表 12-2。研究发现四组被试正性情绪减少量差异不显著，负性情绪增加量差异显著。负性情绪的增加量是社交退缩-抑制调节组＞社交退缩-忽视调节组＞非社交退缩-抑制调节组＞非社交退缩-忽视调节组，说明忽视调节比抑制调节对负性情绪的调节效果更好。

表 12-2 不同组别被试情绪改变量的差异

组别	正性情绪减少量				负性情绪增加量			
	M	SD	F	p	M	SD	F	p
退缩-忽视	2.30	1.25	1.64	0.198	1.65	0.42	5.26**	0.004
退缩-抑制	2.53	1.17			2.26	0.28		
非退缩-忽视	1.60	1.13			0.99	1.14		
非退缩-抑制	1.67	1.01			1.48	0.96		

二、不同情绪调节方式下网络关系成瘾的差异

1. 被试对网络关系关联词语和中性词语的反应时差异

40名被试对网络关系关联词语的平均反应时间为474.01ms，对中性词语的反应时间为477.22ms，两者的反应时差异不显著（$t = -0.388$，$p > 0.05$），说明被试对网络关系关联词语和中性词语同样关注和敏感，没有出现对网络关系关联词语更多的认知干扰。

2. 社交退缩和非社交退缩青少年对网络关系关联词语反应时的差异

比较社交退缩青少年和非社交退缩青少年对网络关系关联词语的反应时，发现两者差异显著，社交退缩青少年的反应时显著长于非社交退缩青少年，说明社交退缩青少年对网络关系关联词语出现了更多的深加工倾向。结果见表12-3。

表12-3　社交退缩和非社交退缩青少年对网络关系关联词语反应时的差异

	网络关系关联词语反应时			
	M	*SD*	*t*	*p*
非社交退缩	449.86	131.34	-4.70 ***	0.000
社交退缩	499.44	8.43		

3. 不同情绪调节方式下网络关系关联词语反应时的差异

以被试的分组为自变量，以网络关系关联词语的反应时为因变量进行方差分析，结果发现四组被试的反应时差异显著，结果见表12-4。按照对网络关系关联词语的反应时的平均数排序，结果是社交退缩-抑制调节组 > 社交退缩-忽视调节组 > 非社

交退缩-忽视调节组＞非社交退缩-抑制调节组。对社交退缩青少年而言，在忽视调节方式下对网络关系关联词语的反应时短于抑制调节方式下的反应时，说明忽视调节比抑制调节更能减少社交退缩青少年对网络关系关联词语出现的认知干扰。

表12-4　四组被试对网络关系关联词语反应时的差异

组别	网络关系关联词语反应时			
	M	*SD*	*F*	*p*
退缩-忽视	459.20	136.26		
退缩-抑制	539.20	186.05	18.32 ***	0.000
非退缩-忽视	462.75	136.94		
非退缩-抑制	438.32	125.32		

第六节　讨　论

一、不同情绪调节方式下被试情绪改变量的差异

研究二的结果发现无论是在何种情绪调节方式下，社交退缩青少年比非社交退缩青少年负性情绪增加的更多，体验到了更多的负性情绪，这与以往的研究结果是一致的（Gazelle, Workman, & Allan, 2010; Kingery, Eerdley, Marshall, et al., 2010）。社交退缩青少年在面对负性情绪刺激时，不能很好地调节自身的情绪，即使与非社交退缩青少年使用相同的情绪调节方式，他们情绪的改变量也更大，说明社交退缩个体对自身情绪调节的能力较差。

进一步比较在忽视和抑制调节下社交退缩和非社交退缩青少年情绪改变量的差异，结果发现，无论是社交退缩还是非社交退缩青少年，在忽视调节下比在抑制调节下负性情绪的增加量少，这与以往研究（黄敏儿，郭德俊，2002）结果是一致的，也是符合研究假设的，说明在负性情绪的调节上忽视调节比抑制调节更有效。这对社交退缩的干预研究有重要意义，社交退缩个体在面临社交情境时会产生较多的负性情绪，如果能够让他们学会有效的负性情绪调节方式，就能减少负性情绪带来的不良影响。本研究的结果表明负性情绪的忽视调节能够有效减少负性情绪，所以让社交退缩儿童或青少年正确运用忽视调节能够改善社交退缩的状况，促进心理健康。

二、不同情绪调节方式下网络关系成瘾的差异

比较被试对网络关系关联词语和中性词语的反应时差异发现，两者的差异不显著，没有出现对网络关系关联词语的反应时延迟现象，这与以往的研究结果（郑希，2008；Betsy，Jenny，& Daniel，2011）不一致。根据 Stroop 范式的假设，个体会出现对网络关系关联词语的认知干扰，反应时会比中性词语的反应时要长。但研究结果却没有出现这一差异，原因可能有两个：一是由于词语选取的偏颇。选取的网络关系关联词语是通过让被试填写问卷收集而来的，是被试填写频数最多的 10 个词。对于这些词语，被试常接触并很熟悉，因此在实验中看到这些词时不需要耗费较多的认知资源，能够较快速地做出颜色判断。而中性词语是由研究者选取的，虽然尽量选取被试熟悉的词语，但不可避免会出现有的被试对部分词汇较陌生。并且中性词语中有些词如"运动鞋"、"橡皮擦"笔画较多，会产生较大的认

知干扰，反应时较长。二是被试人数只有 40 名，被试数量太少也可能造成对网络关系关联词语和中性词语的反应时差异不显著。

分析网络关系关联词语反应时在社交退缩和非社交退缩被试上的差异，发现社交退缩青少年的反应时显著长于非社交退缩青少年，这与研究假设是一致的。说明社交退缩青少年在现实社交情境中受挫后，看到网络关系的词语如"QQ""MSN"等词会出现深加工倾向，他们可能会想到通过网络关系关联词语能够进行网络交往，以此来弥补现实交往的缺憾，所以反应时比非社交退缩青少年长。这个结果从内隐的角度反映出社交退缩的个体更可能发生网络关系成瘾。

在对诱发的负性情绪进行抑制调节和忽视调节后，进行网络关系关联词语的颜色判断，发现网络关系关联词语的反应时有显著差异。对于社交退缩青少年而言，抑制调节组的反应时长于忽视调节组，这与研究假设是一致的。在进行抑制调节后，被试虽在表情上进行了抑制，但负性情绪感受并没有降低，观看影片后负性情绪的增加量也显著高于忽视调节组。当他们在进行词语的颜色判断时，看到网络关系关联词语进而想到网络关系可以成为情绪疏解的途径，出现了更多的认知干扰，所以反应时比忽视调节组长。这启发我们，在对社交退缩个体的网络关系成瘾进行干预时，可以通过学习忽视调节方式减少个体的负性情绪，进而减少使用网络关系来排解负性情绪的行为，从而改善网络关系成瘾的状况和程度。对于非社交退缩青少年来说，忽视调节组的反应时长于抑制调节组，但差异没有达到显著水平，这与抑制调节组的反应时长于忽视调节组的研究假设不符。原因可能有两点：一是非社交退缩青少年情绪调节能力较强，在完成实验—学习调节指导语并诱发情绪后，自身对情绪进行了进一步的调节；二是非社交退缩青少年没有将网络关系作为负性情绪疏解的途径，他们可以通过现实的人际关系和自身的调节来减少负性情绪，所以在两种情绪调节方式下没有表现出对网络关系关联词语的反应时的显著差异。

第五篇

青少年社交退缩与网络交往：
行为与脑电特征

第十三章

不同水平社交退缩、网络交往动机
大学生的网络交往：行为实验

回顾近年来关于社交退缩及其相关概念的实验研究，可以发现研究者分别采用了多种不同的研究方法，主要集中于行为实验研究方法和认知实验研究方法。

在已有的行为实验研究方法方面，有研究者采用实验室观察法测量学龄前儿童（一般为 2 ~ 7 岁）的社交退缩行为。例如将幼儿带入实验室，让幼儿自由游戏、完成合作任务，或者给他们提供一系列陌生情境，针对幼儿的行为反应进行录像观察记录（Bar-Haim, Marshall, Fox, Schorr, & Gordon-Salant, 2003；孙铃，陈会昌，彭晓明，陈欣银，2005；郑淑杰，陈会昌，陈欣银，2005）。有研究者让 4 ~ 7 岁儿童完成贴标签（根据故事主人公的行为判断其是否害羞、有多害羞、情绪特征，并进行效价评定）和行为预测（根据给定特质预测故事主人公的行为、情绪，并进行效价评定）两类特质推理任务，考察儿童对羞怯的理解和推理能力（张琴，张婷，李红，王耘，2011）。Brunet 和 Schmidt（2007）利用网络载体考察自我报告的害羞与情境的交互作用。研究者让 60 位相互不熟悉的大学生随机两两配对，在网络上进行 10 分钟的自由聊天，控制聊天环境为有网络摄像头的视频聊天（无音频）和无摄像头的纯文字聊天两种情境。实验结束后研究者对 60 位被试的聊天记录进行分析和编码发现，个体害羞具有显著的情境依赖性。也有研究者在探索幼儿社交退缩的干预或矫正方法时采用 ABAB 个案矫正实验（叶平枝，2004）。张文海（2005）采用团体心理辅导对羞怯个体进行了有效的干预。

在已有的认知实验研究方法方面，一些研究者会让不同羞怯水平的被试观看模拟犯罪视频、阅读含有误导信息的犯罪调查报告，并且完成回忆任务，考察羞怯与误导信息效应的关系（Pozzulo，Crescini，Lemieux，& Tawfik，2007）。内隐联想测验范式（IAT）也经常被用于探索被试的社会交往不利行为（Schnabel，Asendorpf，& Greenwald，2008）。对社交焦虑的研究中，研究者较多倾向于考察个体的注意偏差，主要实验范式包括点探测任务、情绪 Stroop 任务、视觉搜索任务等（Becker，Roth，Andrich，& Margraf，1999；黎琳，徐光兴，迟毓凯，王庭照，2007；刘洋，张大均，2010；钱铭怡，王慈欣，刘兴华，2007；肖崇好，黄希庭，2011；杨小冬，罗跃嘉，2005）。

情绪在人类生活中有着非常重要的作用，个体对于情绪相关刺激（如情绪面孔、文字等）的加工也具有一定的优先性，即表现出一定的情绪信息注意偏向（antinational bias）（郑希付，沈家宏，2009）。在探索情绪信息加工的机制时，研究者常常使用情绪 Stroop 范式。情绪 Stroop 范式是在传统 Stroop 范式的变式。其基本方法就是让被试对情绪相关信息和非情绪相关信息进行颜色命名任务，如果对于情绪相关信息的颜色命名任务花费了比非情绪相关信息的颜色命名任务更多的时间，那么就认为情绪刺激比中性刺激对于颜色命名任务的干扰更大，即存在情绪信息注意偏向。除了考察意识水平情绪信息的加工，研究者还考察了阈下情绪刺激的加工，也发现了情绪刺激加工的注意偏向。国内研究者也通过情绪Stroop范式考察了大学生情绪刺激加工的特点，结果发现大学生在完成积极词和消极词的颜色命名任务时比完成中性词的颜色命名任务花费更多的时间，而积极词和消极词的颜色命名任务所花费的时间没有显著差异，也证明了情绪刺激加工注意偏向的存在。

情绪刺激的相关实验研究不仅可以反映普遍的人类信息加工的特征，也有助于了解特殊群体的心理病理机制。研究通过情绪Stroop范式比较了焦虑个体和一般个体情绪刺激加工的特点，结果发现焦虑个体在对有威胁性含义的词进行命名时，会花费更多的时间。基于这一结果，研究者认为焦虑个体比正常个体更容易注意消极情绪信息，存在负性情绪信息的注意偏向。另外，国内研究者也针对网络成瘾这一问题进行了情绪Stroop研究，结果发现在对积极情绪词和消极情绪词进行命名时，成瘾个体比一般个体要花费更多的时间（郑希付，沈家宏，2009）。研究者认为虽然情绪注意偏向是普遍存在的人类心理特征，但是网络成瘾个体的这种效应更加明显，因此认为他们存在明显的情绪干扰。他们还发现随着成瘾程度的增加，情绪Stroop效应愈加明显。

在社会交往的过程中，对交往对象情绪的加工将会对交往心理和行为产生重要的影响。因此，了解个体情绪加工的基本特征，有助于了解社会交往心理和行为早期的认知加工机制。

比较社交退缩个体和非社交退缩个体情绪加工的差异，对于深入了解社交退缩的本质也有着重要的意义。因此本研究将采用颜色命名任务来考察社交退缩个体情绪刺激加工的特征。社交退缩个体的行为表现可能部分是由于他们情绪信息加工特征造成的。既然焦虑个体具有负性情绪加工注意偏向，那么有理由推论社交退缩的个体也有加工负性社交信息的偏向，同时还可能会耗费更多的时间加工积极社交信息。如果个体在社交情境中知觉到更多的社交消极情绪和更少的社交积极情绪，那么个体更有可能对交往产生恐惧和回避。因此我们假设社交退缩的个体在加工消极社交情绪的反应时更短，加工社交积极情绪的反应时更长。

以往的研究发现，网络使用心理和行为与网络相关刺激的加工存在一定的关联（郑希付，沈家宏，2009）。研究者采用Stroop范式考察了网络成瘾和非成瘾大学生对网络相关刺激的加工特征。让被试对于网络相关刺激和中性刺激进行颜色命名任务，然后通过反应时的差异来反映两者信息加工的差异。结果发现，非网络成瘾组对网络关联词语的平均反应时要显著低于网络成瘾组。这个研究说明网络成瘾个体具有网络相关刺激加工的自动化水平更高，具有网络相关刺激的注意偏向，或者对于网络相关刺激的抑制不足。两者对于中性刺激的反应时没有显著差异，说明网络信息加工反应时的差异不是由于简单反应时的差异造成的。另有研究者（梁宁建，吴明证，邱扶东，曹小燕，2004）还通过内隐联想测验的范式考察了网络成瘾个体和非网络成瘾个体对于网络相关刺激的内隐态度。结果发现，网络成瘾者和非网络成瘾者的 IAT 效应非常显著，网络成瘾的个体对于网络相关刺激持有更为积极的态度。

既然网络使用心理和行为与网络相关刺激加工有关，而社交退缩和网络交往动机有正向关联，那么社交退缩个体对于网络相关刺激的加工和一般个体有什么样的差异呢？这是本研究要考察的一个问题。基于前人研究结果，我们认为社交退缩的个体可能对于网络相关刺激的加工存在注意偏向，因此我们假设高社交退缩个体比低社交退缩个体在加工网络相关刺激时要花费更少的时间。由于网络成瘾者也具有网络信息加工优先的特点，因此社交退缩这种网络相关刺激加工的注意偏向也可能是导致网络成瘾的重要原因。

根据最新《中国即时通讯用户行为报告（2010—2011）》（艾瑞咨询，2011）数据表明，2010年度，腾迅QQ的有效运营时间占全国即时通讯总有效运营时间的87.6%，排名第二的阿里旺旺仅占4.4%。2010年，年龄在18～30岁中的QQ用户占52.1%，由此可知QQ用户以青少年为主。2012年1月统计数据得到，QQ日均覆盖人数1.6亿人，网民到达率达71.6%，QQ有效使用时间达29亿小时，占总有效使用时间的88.2%。以上数据表明，腾讯QQ在中国网民，尤其是青少年网民的网络交往中处于近乎垄断性地位，因此，研究者采用QQ表情，和以QQ对话框为背景的图片作为实验材料，通个两个实验，考察不同社交退缩被试的网络交往特征。

实验一　不同水平社交退缩个体对情绪图片的知觉差异

一、实验目的

本研究尝试探索不同水平社交退缩的个体对积极情绪图片

和消极情绪图片的知觉差异。假设社交退缩水平高的个体对消极情绪图片反应更敏感，社交退缩水平低的个体对积极情绪图片反应更敏感。

二、研究方法

1. 被试

采用整群抽样的方法选取武汉某大学大二年级学生 169 名。根据他们在大学生社交退缩量表上的得分，从社交退缩总分在前 27% 的被试中随机选取 30 名作为高社交退缩被试组，从社交退缩总分在后 27% 的被试中随机选取 30 名作为低社交退缩被试组。高社交退缩组中男生 14 人，女生 16 人。平均年龄 20.1 岁（$SD = 0.72$），在社交退缩上平均得分 58.43（$SD = 3.89$）；低社交退缩组中男生 13 人，女生 17 人，平均年龄为 19.9 岁（$SD = 0.72$），在社交退缩上平均得分 29.80（$SD = 6.16$）。两组被试在社交退缩维度上得分差异显著，独立样本 t 检验显示，$t = -21.52$，$p < 0.001$。

2. 实验材料

实验材料包含三张 QQ 表情图片（积极图片、中性图片、消极图片各 1 张），见图 13-1，QQ 表情图片采用白底黄色面孔，所有图片大小一致（132×120 像素），分辨率 72 像素。请 30 名在读本科生分别对图片做内容情景评定，评分者一致性系数为 1.00。所有实验材料均在计算机屏幕中央呈现，显示器为联想 17 英寸纯平显示器，刷新频率 60 赫兹，分辨率为 1024×768。

3. 实验设计

采用 23 的混合实验设计，组间变量是高低水平社交退缩组被试，组内变量为偏差刺激类型，分别为积极 QQ 表情图片、中

图 13-1　实验一材料

性 QQ 表情图片和消极 QQ 表情图片。随机呈现三类表情图片，要求被试对图片表情尽快做出判断，判断为积极表情按"F"键、判断为消极表情按"J"键。每类图片各呈现 180 次，共呈现 540 次。正式实验前随机呈现三类图片各 3 次作为预备训练，让被试熟悉实验程序。完整实验分为 3 个阶段，1 次呈现 180 张图片，每个阶段结束后被试休息 2 分钟，正式记录时间大约 15 分钟。

三、实验结果

采用重复测量方差分析考察高低社交退缩个体在情绪判断问题中的对消极情绪和积极情绪知觉的差异。

1. 高低社交退缩个体在情绪判断正确率上的差异分析

结果发现，社交退缩水平与情绪判断（积极表情、中性表情和消极表情）正确率之间的交互作用不显著，$F(1, 39) = 1.24$，$p = 0.27$，社交退缩被试的组间差异也不显著，$F(1, 39) = 1.28$，$p = 0.19$（低社交退缩被试在情绪评定正确率的平均得分为 0.95，高社交退缩被试为 0.93）；情绪图片类型上差异也不显著，$F(1, 39) = 2.60$，$p = 0.12$（积极表情图片判断的正确率平均得分为 0.95，中性表情图片为 0.93，消极表情图片为 0.94）。见表 13-2。

表 13-2　不同社交退缩个体在情绪判断正确率上的描述统计

	情绪分类	平均数（M）	标准差（SD）
低退缩	积极表情	0.96	0.05
	中性表情	0.93	0.08
	消极表情	0.97	0.03
高退缩	积极表情	0.94	0.06
	中性表情	0.93	0.05
	消极表情	0.92	0.14

2. 高低社交退缩个体在情绪判断反应时上的差异分析

结果发现，社交退缩水平与判断图片情绪类型（积极情绪、中性情绪和消极情绪）之间的交互作用显著，$F(1, 39) = 112.09$，$p < 0.001$，简单效应分析发现，在判断积极表情图片时高社交退缩高网络交往动机组被试的反应时（782.12）显著高于低社交退缩中度网络交往动机组（443.57），$F(1, 39) = 289.81$，$p < 0.001$，见表 13-3；在判断中性表情图片时两组无显著差异，$F(1, 39) = 1.96$，$p = 0.17$；在判断消极表情图片时低退缩中度动机组被试的反应时（789.32）显著高于高退缩高动机组（485.02），$F(1, 39) = 225.13$，$p < 0.001$，见图 13-2。

表 13-3　不同社交退缩个体在情绪判断反应时上的描述统计

	情绪分类	平均数（M）	标准差（SD）
低退缩	积极表情	443.57	74.49
	中性表情	449.78	79.71
	消极表情	789.32	56.25

续表

	情绪分类	平均数（*M*）	标准差（*SD*）
高退缩	积极表情	782.12	51.27
	中性表情	486.71	88.55
	消极表情	485.02	72.18

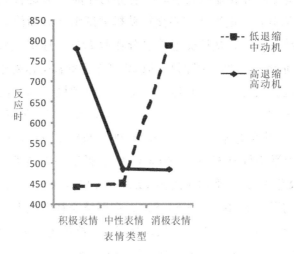

图 13-2　社交退缩与表情类型判断的交互作用图

实验二　不同水平社交退缩和网络交往动机 个体对交往情景的知觉差异

一、实验目的

探索不同水平社交退缩和网络交往动机的个体对现实交往情景图片和网络交往情景图片的知觉差异。

二、研究方法

1. 被试

采用整群抽样的方法选取武汉某大学大二年级学生169名。根据他们在大学生社交退缩量表及虚拟关系动机问卷上的得分，从社交退缩总分和虚拟关系动机总分均在前27%的被试中选取21名作为高社交退缩高网络交往动机被试组（后面简称为"高退缩高动机组"），从社交退缩总分在后27%、虚拟关系动机总分在中间46%的被试中随机选取20名作为低社交退缩中度网络交往动机被试组（后面简称为"低退缩中动机组"）。高退缩高动机组中男生10人，女生11人。平均年龄19.9岁（$SD = 0.54$），在社交退缩上平均得分56.90（$SD = 3.90$），在网络交往动机上平均得分39.81（$SD = 3.59$）；低退缩中动机组中男生9人，女生12人，平均年龄为20.2岁（$SD = 0.67$），在社交退缩上平均得分28.67（$SD = 4.82$），在网络交往动机上平均得分31.11（$SD = 1.76$）。两组被试在社交退缩维度上得分差异显著，独立样本t检验显示，$t = -16.91$，$p < 0.001$。两组被试在网络交往动机维度上得分也差异显著，$t = -6.87$，$p < 0.001$。

2. 实验材料

从网络中选取能够反映现实交往的图片（如，握手、干杯、聊天、打架等）和反映网络交往的图片（网络聊天中经常使用的qq表情人际交往图片），所有图片大小一致（263×253像素），见图13-3。请30名在读本科生分别对图片做内容情景评定，评分者一致性系数为1.00。所有实验材料均在计算机屏幕中央呈现，显示器为联想17英寸纯平显示器，刷新频率60赫兹，分辨率为1024×768。

3. 实验设计

采用 22 的混合实验设计，组间变量是高退缩高动机被试和低退缩中动机被试，组内变量是现实交往图片和网络交往图片，随机呈现两类图片，要求被试对图片内容的交往情景尽快做出判断，判断为现实交往图片按"F"键、判断为网络交往图片按"J"键。每类图片各呈现 180 次。共呈现 540 次。正式实验前随机呈现两类图片各 3 次作为预备训练，让被试熟悉实验程序。完整实验分为 2 个阶段，1 次呈现 180 张图片，每个阶段结束后被试休息 2 分钟，正式记录时间大约 10 分钟。

图 13-3　实验二材料

三、实验结果

1. 不同社交退缩和网络交往动机个体在交往情景判断正确率上的差异分析

结果发现，社交退缩、网络交往动机与不同交往情景（现实交往情景和网络交往情景）判断之间的交互作用不显著，$F(1, 39) = 0.12$，$p = 0.91$；不同社交退缩和网络交往动机被试的组间差异也不显著，$F(1, 39) = 2.09$，$p = 0.16$（低社交退缩中网络交往动机被试判断情景图片的正确率平均得分为0.95，高退缩低动机组被试为0.93）；交往情景类型上差异也不显著，$F(1, 39) = 1.87$，$p = 0.18$（所有被试判断现实交往情景图片正确率的平均得分为0.95，网络交往情景图片为0.94），见表13-4。

表13-4 不同社交退缩和网络交往动机个体在情景判断正确率上的描述统计

	情景分类	平均数（M）	标准差（SD）
低退缩中动机	现实交往情景	0.96	0.05
	网络交往情景	0.95	0.05
高退缩高动机	现实交往情景	0.94	0.06
	网络交往情景	0.93	0.08

2. 不同社交退缩和网络交往动机个体在交往情景判断反应时上的差异分析

结果发现，社交退缩及网络交往动机水平与图片情景类型（现实交往情景和网络交往情景）之间的交互作用显著，$F(1, 39) = 263.25$，$p < 0.001$，简单效应分析发现，在判断现实交往情景图片中，高退缩高动机组被试的反应时（774.68）显著高于低退缩中度动机组被试（546.77），$F(1, 39) = 34.89$，$p < 0.001$，见表13-5；在判断网络交往情景图片中，低退缩中度动机组被试的反应时（745.39）显著高于高退缩高动机组（576.70），$F(1, 39) = 26.16$，$p < 0.001$，见图13-4。

表13-5 不同社交退缩和网络交往动机个体在情景判断反应时上的描述统计

	情景分类	平均数（*M*）	标准差（*SD*）
低退缩中动机	现实交往情景	546.77	118.01
	网络交往情景	745.39	109.05
高退缩高动机	现实交往情景	774.68	128.49
	网络交往情景	576.70	102.14

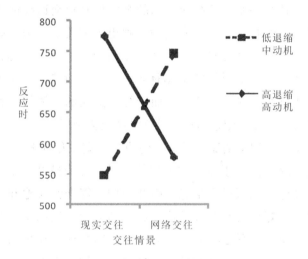

图13-4 社交退缩、网络交往动机与交往情景图片判断的交互作用

四、讨论

1. 社交退缩与情绪刺激认知加工

本研究发现，高社交退缩的个体和低社交退缩的个体在情绪判断任务的正确率上没有显著差异，且所有分组正确率均在0.9以上。本研究所采用的范式是直接让个体判断情绪类型，任务比较简单，因此正确率都较高。本研究还发现，社交退缩水平与判断图片情绪类型（积极情绪、中性情绪和消极情绪）之间的交互作用显著。简单效应分析表明，在判断积极表情图片时高社交退缩被试的反应时显著高于低社交退缩中度网络交往动机组，在判断中性表情图片时两组无显著差异；在判断消极表情图片时低退缩中度动机组被试的反应时显著高于高退缩高动机组。本研究的结果验证了前文的假设，即社交退缩的个体在社交情绪刺激的加工上与低社交退缩的个体存在显著差异。对于积极社交刺激，低社交退缩的个体比高社交退缩的个体加工得更快；而对于消极社交刺激，则出现相反的趋势，高社交退缩的个体比低社交退缩的个体加工得更快。另一方面，研究数据也表明高社交退缩的个体具有消极社交情绪加工偏差，他们对消极社交情绪更为敏感；而低社交退缩的个体具有积极社交情绪加工偏差，他们对积极社交情绪更为敏感。

社交情绪的早期加工对于后期的社会交往有着重要的影响。高社交退缩个体由于经常注意到他人反馈的消极社交信息，而较少注意他人积极社交信息，因此他们可能会错误地知觉他人对自己的喜好程度和交往意愿，这些都会导致他们交往过程中的不安和退缩。反之，低社交退缩的个体则加工较多的积极社交信息和较少的消极社交信息，这会使他们认为他人是喜欢自己的，愿意和自己交往的，从而可以促进交往过程。

以往情绪刺激加工的相关研究也表明，情绪刺激加工表现出显著的个体特征差异。焦虑的个体具有消极情绪加工偏向；网络成瘾的个体与非成瘾个体相比在情绪 Stroop 的颜色命名任务受到情绪词的干扰更大，情绪 Stroop 效应更大，表现出明显的情绪干扰。结合本研究的结果，我们认为情绪刺激的加工是个体高级心理和行为过程的基础，会影响到更为复杂的心理和行为表现。为了更好地反映社交退缩的实质，我们只选择了社会性情绪刺激（面孔）作为实验材料。因此，我们尚不清楚社交退缩的个体仅仅在社会性情绪刺激加工方面具有消极加工偏向，还是在具有普遍的消极信息加工偏向。另外一方面，在情绪刺激的选择上，有的研究者选择文字，有的研究者选择图片，而本研究选择的是图片。使用文字作为刺激，是否会得到一致的结果呢？未来的研究可以设置不同的刺激类型，进一步探讨这些问题（郑希付，沈家宏，2009）。

2. 社交退缩与交往情境刺激信息加工

本研究发现，高社交退缩的个体和低社交退缩的个体在情绪判断任务的正确率上没有显著差异。社交退缩与图片情景类型（现实交往情景和网络交往情景）之间的交互作用显著。简单效应分析发现，在判断现实交往情景图片中，高退缩组被试的反应时显著高于低退缩组被试；在判断网络交往情景图片中，低退缩组被试的反应时显著高于高退缩。本研究结果表明，高社交退缩个体具有网络相关刺激加工偏向，而低社交退缩个体具有现实相关刺激加工偏向。前面的研究表明，与低社交退缩的个体相比，高社交退缩个体更加偏向网络交往而疏离现实交往。本研究表明，高社交退缩个体和低社交退缩个体的这种差异还体现在早期的信息加工阶段。

以往的研究也发现，与非网络成瘾个体相比，网络成瘾个体具有网络相关刺激加工的注意偏向，而且他们对网络的内隐态度更好（梁宁建，吴明证，邱扶东，曹小燕，2004；郑希付，沈家宏，2009）。那些有社交问题的个体由于在现实生活中得不到满足，倾向于通过网络交往来获得满足，同时逐渐脱离现实交往。可能是这一过程导致他们对网络相关刺激加工的敏感和对现实相关刺激加工的迟钝。但是，由于社交退缩和网络交往动机存在紧密的联系，因此那些社交退缩个体的网络交往动机也更高，而本研究未能分离出社交退缩和网络交往动机对于网络及现实交往刺激加工的影响，后续的研究可以继续探索这一问题。

五、结论

1. 社交退缩水平与情绪判断（积极表情、中性表情和消极表情）正确率之间的交互作用不显著。

2. 社交退缩水平与判断图片情绪类型（积极情绪、中性情绪和消极情绪）之间的交互作用显著。具体来说，在判断积极表情图片时，高社交退缩高网络交往动机组被试的反应时显著高于低社交退缩中度网络交往动机组；在判断中性表情图片时两组无显著差异；在判断消极表情图片时低退缩中度动机组被试的反应时显著高于高退缩高动机组。

3. 社交退缩、网络交往动机与不同交往情景（现实交往情景和网络交往情景）判断之间的交互作用不显著。

4. 社交退缩及网络交往动机水平与图片情景类型（现实交往情景和网络交往情景）之间的交互作用显著。具体来说，在判断现实交往情景图片中，高退缩高动机组被试的反应时显著高于低退缩中度动机组被试；在判断网络交往情景图片中，低退缩中度动机组被试的反应时显著高于高退缩高动机组。

第十四章

不同水平社交退缩、网络交往动机
大学生的网络交往：脑电特征

在已有的神经生理实验研究方法方面，Schmidt 和 Fox (1994) 发现不同社交退缩水平个体的 EEG、心率、心率变化程度存在显著差异。Schmidt (1999) 通过测量额叶的静息脑电活动，考察了害羞与社交性的关系，发现害羞与额叶偏右部较高程度的脑电活动相关，社交性则与额叶偏左部较高程度的脑电活动相关。Bar-Haim 等 (2003) 比较了社交退缩儿童和控制组儿童在额叶、中央和顶叶电极区波形听觉 MMN 的差异，发现社交退缩儿童的波幅比控制组儿童小，潜伏期较长。社交焦虑障碍与大脑不同解剖部位有着密切联系。有研究者用 PET 观察包括社交焦虑障碍在内的各种形式的焦虑障碍患者大脑各区域的功能情况，发现患者脑桥、双侧额叶、右侧颞叶、部分枕叶及顶叶、丘脑和基底节等脑区均出现不同程度的葡萄糖代谢率下降，且病情的严重程度与上述部位葡萄糖代谢率降低程度呈正相关（苏亮，施慎逊，2004）。赖永秀等人 (2008) 对羞怯个体的 EEG 数据进行 AR 模型谱估计，发现羞怯者在颞叶电极上的 β2 波段 (20～30 Hz) 能量均值显著低于不害羞被试，表明害羞被试在颞叶的活动水平显著低于不害羞被试。国外一些研究者采用事件相关的功能性核磁共振 (fMRI) 研究发现，羞怯被试在面对陌生面孔是杏仁核两边的激活度强烈；在面对熟悉面孔是杏仁核左侧的激活则会更强烈（Beaton, Schmidt, Schulkin, Antony, Swinson, & Hall, 2008）。核磁共振技术还被应用于考察社交焦虑障碍患者在静息状态下血氧水平依赖（blood oxygen level-dependent, BOLD）信号的局部同步性（local synchronization）（Qiu, Liao, Ding, Feng, Zhu, Nie, Zhang, Chen, & Gong, 2011）。

基于此，本研究拟设计两个实验，通过脑电实验数据尝试比较不同水平社交退缩个体的网络交往特点及差异。实验一以青年期群体为被试，以视觉信息作为刺激，尝试验证以往研究中社交退缩引起失匹配负波产生的脑区主要集中于颞叶和额叶的相关结论；实验二尝试新的实验范式对社交退缩个体的网络交往信息加工特征进行探讨。

实验一 不同水平社交退缩和网络交往动机个体对情绪图片的脑电特征

一、实验目的

以往研究运用了多种方法探讨社交退缩及其相关概念，但是，大多研究都倾向于考察社交退缩个体的面孔识别特征及其与社会交往正常个体的差异，另外，随着网络交往媒介的发展和普及化，考察现实生活中交往退缩的个体在互联网中交往状况是很有必要的，而这类相关研究尚不多见（Brunet & Schmidt, 2007）。此外，以往关于社交退缩被试脑电成分的探讨主要集中在对失匹配负波（MMN）的研究，研究发现社交退缩个体所产生的失匹配负波主要集中颞叶和额叶。但在此类研究主要以儿童为主，对于青少年以及年龄更长的被试群体研究较少。此外，以往关于失匹配负波的研究主要以听觉刺激为主，缺乏对视觉刺激的考察。

本研究以青年期群体为被试，以视觉信息作为刺激，尝试验证以往研究中社交退缩引起失匹配负波产生的脑区主要集中于颞叶和额叶的相关结论。研究假设对社交退缩个体来说，由视觉信息所引起的失匹配负波将产生于额区（F3，F4）和颞区（T3，T4），网络社交信息（QQ 表情图片）能诱发不同社交退缩被试产生失匹配负波，并且，不同社交退缩水平被试产生的失匹配负波存在差异。

二、研究方法

1. 被试

采用整群抽样的方法选取武汉某两所大学大二和大三的学生 275 名。根据他们在大学生社交退缩量表及虚拟关系动机问卷上的得分，从社交退缩总分和虚拟关系动机总分均在前 27% 的被试中选取 15 名作为高社交退缩高网络交往动机被试组，从社交退缩总分在后 27%、虚拟关系动机总分在中间 46% 的被试中随机选取 15 名作为低社交退缩中度网络交往动机被试组。高退缩高动机组中男生 8，女生 7 人。平均年龄 20.3 岁（$SD = 0.46$），在社交退缩上平均得分 55.13（$SD = 3.81$），在网络交往动机上平均得分 42.47（$SD = 3.38$）；低退缩中动机组中男生 7 人，女生 8 人，平均年龄为 20.4 岁（$SD = 0.51$），在社交退缩上平均得分 27.53（$SD = 5.19$），在网络交往动机上平均得分 32.00（$SD = 2.48$），两组被试在社交退缩维度上得分差异显著。

所有被试均为右利手，视力或矫正后视力正常。所有被试均未参加过脑电实验，获得实验的知情同意后再完成实验。实验结束后付给被试一定酬劳。

2. 实验材料

实验材料包含三张 QQ 表情图片（积极图片、消极图片中性各 1 张），QQ 表情图片采用白底黄色面孔，所有图片大小一致（132120 像素），分辨率 72 像素，见图 14-1。

选取 40 名心理学专业研究生对三张图片进行吸引力、愉悦度、唤醒度 1—9 级评分，以及情绪效价（1 积极 QQ 表情、2 中性 QQ 表情、3 消极的评分）。方差分析表明，三类图片存在显著差异，进行事后多重发现，三种性质图片之间两两差异显著。

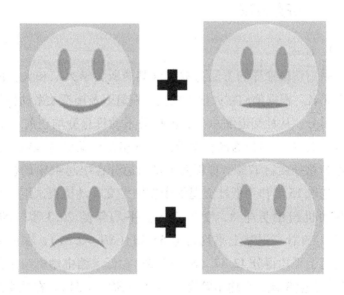

图 14-1 实验一材料

3. 实验设计

采用22混合实验设计，组间变量为被试不同社交退缩和网络交往水平，分为高社交退缩高网络交往动机组被试（后简称"退缩组"）和低社交退缩中度网络交往动机组被试（后简称"对照组"），组内变量为偏差刺激类型，分别为积极 QQ 表情和消极 QQ 表情。

实验中要求被试注视屏幕中央的"＋"，判断"＋"的大小是否发生变化。如果增大，按"/"键；如果减小，按"Z"键。要求被试又快又准确地按键。实验开始前有两秒空屏，可以用来调整手的位置，为实验做好准备。先进行练习，然后开始正式实验。按空格键开始练习。

4. 实验程序

被试坐在隔音、电磁屏蔽室内的座椅上，要求注意计算机屏幕中央。被试离显示器的距离为 80cm，视角约为 4.8°4.8°。显示器背景为白色，显示器亮度、对比度和色彩均为统一设置。实验材料均采用 E-Prime 软件来呈现。左、右手按键在被试间进行平衡，同时要求被试在刺激出现的时候控制眨眼。实验刺激随机呈现于 17 英寸计算机的屏幕中央。实验中共 1200 个视觉刺激，标准刺激为中性 QQ 表情，840 个（占 70%），偏差刺激分别为积极 QQ 表情和消极 QQ 表情各 180 次分别占到刺激总数的 15%。两种刺激均为呈现 30 ms，刺激间隔在 350 ~ 450 ms 之间随机。标准刺激和偏差刺激按以下伪随机顺序排列：每个偏差刺激前至少有两个标准刺激，相邻的两个刺激不能同为偏差刺激。呈现刺激同时记录脑电，以鼻尖做参考，实验结束后储存脑电备离线分析。

实验分为 3 个阶段，每个阶段包括 400 个 trials。每个阶段结束后被试休息 2 分钟，正式记录时间大约 40 分钟。

5. 脑电的记录与获得

使用美国 NEROSCAN 公司的 ERPs 记录与分析系统，按照 10-20 国际脑电记录系统扩展的 64 导电极帽记录 EEG。脑电采样率为 500Hz，带宽为 DC：0.05-100Hz。实验采用鼻尖连线为参考电极，前额接地，同时在两眼外侧记录水平眼电（HEOG）和左眼上下记录垂直眼电（VEOG）。脑电采集的同时记录被试的行为数据。

完成连续记录 EEG 后离线（offline）处理数据，自动校正 VEOG 和 HEOG，并充分排除其他伪迹。根据本实验的目的，分别分析积极情绪和消极情绪图片出现后所诱发的 ERP。对脑电记录的叠加平均处理脱机进行，分析中对伴有眨眼、眼动、肌电等伪迹的数据均被排除，排除标准为 ±50μV。对正确反应的 EEG 进行叠加，叠加次数均大于 50 次，波幅大于 -t80V 者被视为伪迹自动剔除。使用 SPSS 17.0 软件对 4 个代表性电极点：T3，T4（颞叶）；F3，F4（额叶）进行重复测量的两因素方差分析（repeated measure ANOVA）：组别 2（社交退缩组、对照组）偏差刺激类型 2（积极 QQ 表情、消极 QQ 表情）进行数据分析，方差分析的 P 值采用 Greenhouse Geisser 法校正。

6. 数据分析

离线分析：用 Scan 4.3 软件，用偏差刺激所诱发的 ERP 减去标准刺激所诱发的 ERP 得到 QQ 表情图片变化引发的 MMN。对 MMN 在 70~270 ms 潜伏期窗口内以 50ms 为一段，分成 4 段（70~120 ms，120~170 ms，170~220ms，220~270 ms），提取每一段 MMN 的平均波幅分别进行统计分析，见图 14-2。

退缩组 ————
对照组 ---------

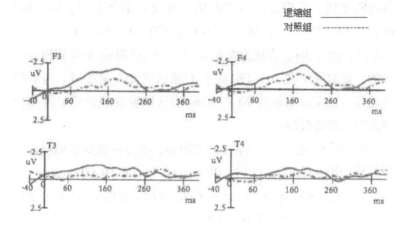

图14-2　社交退缩组与对照组的 MMN 波幅总平均图

三、研究结果

　　组别主效应：在 70~220ms，社交退缩组和对照组的 MMN 平均波幅有显著差异，70~120ms：$F (1, 28) = 11.31$，$p = 0.03$；$120~170ms$：$F (1, 28) = 6.59$，$p = 0.02$；$170~220ms$：$F (1, 28) = 5.66$，$P = 0.03$，表现为退缩组显著高于对照组。在 210~270ms 潜伏期二者无显著差异，$F (1, 28) = 2.797$，$p = 0.106$。

　　脑区主效应：在 70~270ms，左右脑区主效应没有显著差异，但退缩组和对照组 MMN 波幅总平均后表现为左侧脑区略高于右侧。

　　组别与脑区交互作用：在 70~170ms，二者交互作用显著，$70~120ms$：$F (1, 28) = 6.59$，$p = 0.016$；$120~170ms$：$F (1, 28) = 4.28$，$p = 0.04$，表示退缩组和对照组的脑区分布可能不同。对社交退缩组左右脑区电极间平均波幅进行 Post hoc 均数两两比较，发现左右脑区电极间波幅有显著差异，70～120 ms：$F(3, 59) = 18.66$，$p < 0.00$；120～170 ms：$F(3, 59) = 4.28$，$p = 0.04$，表现为左侧脑区在70～170ms平均波幅高于右侧；而对照组在70～170ms左右脑区间无显著差异。与对照组比较，社交退缩组在70～170ms潜伏期窗发现出明显的左侧额区电压优势效应。

电极位置间主效应：在70～270ms，电极位置间波幅存在显著差异，70～120ms：$F(1, 28) = 40.78$，$p < 0.00$；120～170 ms：$F(1, 28) = 23.64$，$p < 0.00$；170～210ms：$F(1, 28) = 52.47$，$p < 0.00$；210～270ms：$F(1, 28) = 6.22$，$p = 0.02$。社交退缩组和对照组均表现为额区电极位置（F3、F4）平均波幅显著高于颞叶（T3、T4）。

在70～270ms电极位置与脑区间交互作用无显著差异。在70～270ms电极位置与组别间交互作用无显著差异。在70～270ms电极位置，脑区和组别两因素交互作用无显著差异。

四、讨论

以往研究认为，MMN产生于大脑颞上回皮层和前额叶皮层，正常个体MMN约起始于刺激变化后50～100ms，在100～200ms之间达峰值，而且波幅的头皮分布表现为右侧半球大于左侧半球，额区最大。MMN反映颞叶皮层对信息变化的自动处理（产生MMN的颞叶成分），并进而引发额叶皮层对信息变化的自动处理（产生MMN的额叶成分）。Bar-Haim等人（2003）比较23名社交退缩儿童和22名控制组儿童听觉MMN（mismatch negativity）任务（让被试观看无声卡通，给被试正常和异常的声觉刺激，探讨被试在听见异常音时的反应）额叶（frontal）、中央

（central）和顶叶（parietal）电极区波形的 MMN 差异。结果发现社交退缩儿童的波幅比控制组儿童小，潜伏期较长。本研究结果进一步证实了社交退缩引起失匹配负波产生的脑区主要集中于颞叶和额叶与已有相关研究结论一致。

额叶皮层对信息变化的自动处理（产生 MMN 的额叶成分），有研究者（Moscovitch, Santesso, Miskovic, McCabe, Antony, & Schmidt, 2011）测量了 23 名患者在 CBT 前后大脑局部静息电位的变化，发现患者由接受治疗前额叶右侧的静息脑电活动较强，转变为额叶左侧的脑电活动较强。说明额叶的 EEG 静息脑电活动是社交焦虑障碍患者接受治疗后焦虑症状有所改变的有效指标。本研究通过对正常个体与高社交退缩高网络交往动机个体在颞叶和额叶的 MMN 的比较，证实社交退缩个体 MMN 存在异常。

信息由前注意转向注意的主要控制作用是 MMN 的机制，两者在时间进程上密切相关。退缩组在 70~220ms 潜伏期 MMN 波幅的显著增高，表明高社交退缩高网络交往被试可能对 QQ 表情信息的调控能力较低，对信息变化较为敏感。退缩组在 MMN 产生早期（70~170ms）表现出明显的左侧脑区优势效应，而对照没有这种特点，这表明退缩组的左侧脑区可能在信息的早期处理过程中起了重要作用，使许多无意义的信息也被纳入处理机制，从而引起 MMN 波幅的显著提高。

生活环境中具有消极或者危随性意义的信息会自动被人脑处理，以便机体能够及时采取应对措施保证生存，而大量无意义的信息则会被自动滤掉，这主要是 MMN 所反映信息自动处理过程。可以推测，退缩组信息调控能力较低，使某些非真实的消极或者危险信息不能有效的滤除，从而导致社交退缩个体易于产生不适当的防御和焦虑恐惧反应，甚至表现出惊恐。由于这一过程不依赖于意识，社交退缩组甚至不知道为什么会出现这种感受，进而引起退缩者警觉性增高，对各种信息变化更加敏感，最终出现更明显的社交退缩导致恶性循环。

本研究证实，网络社交信息（QQ 表情）作为素材仍然能够激发社交退缩个体的失匹配负波，研究结果验证了研究三和研究五实验一中的结论，表明网络社交信息在个体社交情境中，具有与现实社交信息类似的效应。

实验二　不同水平社交退缩和网络交往动机
个体对交往情景的脑电特征

一、实验目的

以往的大量研究都证实社交退缩具有情境性。Benenson 和 Heath（2006）将 96 名 10 岁儿童随机分为同性对子（dyads）或 5 人小组，比较男生和女生在对子或小组中共同完成词汇生成任务（word generation task）的表现（记录任务完成数、书写和交流的表现），发现男生在小组中完成的词汇显著多于在对子中，女生在两种社交结构中没有显著差异；分析书写花费的时间，发现男生在对子中表现更多的退缩行为，女生在小组中有更多退缩行为。

Brunet 和 Schmidt（2007）进一步以网络这个新型载体来考察自我报告的害羞与情境的交互作用。研究者让 60 位相互不熟悉的大学生随机两两配对，在网络上进行 10 分钟的自由聊天，控制聊天环境为有网络摄像头的视频聊天（无音频）和无摄像头的纯文字聊天两种情境。实验结束后研究者对 60 位被试的聊天记录一一分析，进行编码的变量有：总词数、总轮次（total number of turns）、每轮的平均词数、连续轮（double turns）、原始性提问（original questions）、回答问题（reply questions）、促进性自我表露次数（number of promoted self-disclosures）、自发性自我表露次数（number of spontaneous self-disclosures）、引发话题分数（topic started score）、纠正（corrections）、使用第一人称次数、使用第二人称次数、英语/网络用语、情绪。结果发现，只有在有网络摄像头的情境下，自我报告的羞怯与促进性自我表露次数呈显著负相关，说明害羞是情境依赖性的。

在以往关于社交退缩情境性的研究中，直接针对网络情境的研究较少，针对社交情境中交流信息性质对社交退缩行为影响的研究也较为缺乏。实验一已经验证了前人关于社交退缩引起集中于脑区颞叶和额叶的失匹配负波的研究结论。本研究针对上述问题，采用脑电研究技术，尝试新的实验范式，选取网络情境中 QQ 交往方式，对社交退缩个体的网络交往信息加工特征进行探讨。晚期正成分（Late Positive Components，LPC）是与心理因素关系最为密切的成分之一。LPC 反映了大脑对某种刺激的持续加工过程，属于 ERP 的内源性成分。因此，本研究假设不同社交水平被试在对积极和消极网络社交情景图片的反应中在晚期正成分（LPC）上存在差异。

二、研究方法

1. 被试

同实验一。

2. 实验材料

实验材料包含两类共 120 张社交情景图片（积极网络图片、消极网络交往图片各 60 张），以 QQ 对话框呈现的社交情景图片作为网络交往图片，采用白底蓝色边框，所有图片尺寸为 15cm ×15cm，425×425 像素。

首先，对图片进行标准化评定。由 4 名心理学专业研究生作为评分者对 200 张以 QQ 对话框方式呈现的社交情境图片进行社交情景性质（积极网络交往情景、消极网络交往情景）的初次评定，选取评价一致性较高的图片 165 张。再由 60 名评分者（男 26，女 34）对其进行唤醒度 1—9 级评分（见附录四），以及情绪效价（1-积极、2-中性、3-消极）的评分。根据评定结果进行筛选，最终选取了各属性相对平衡的 120 张图片作为实验材料，将图片排序后划分为两种类型：积极网络社交图片、消极网络社交图片，见图 14-3。对 60 名评分者评分结果方差分析表明，两种类型存在显著差异，事后多重比较发现，它们之间也存在显著差异（$p < 0.05$）。

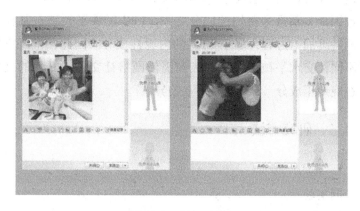

图 14-3 实验二材料

3. 实验设计

采用22混合实验设计,组间变量为被试不同社交退缩和网络交往水平,分为高社交退缩高网络交往动机组被试(后简称"退缩组")和低社交退缩中度网络交往动机组被试(后简称"对照组"),组内变量为2种刺激类型,包括积极网络社交图片、消极网络社交图片。

4. 实验程序

被试坐在隔音、电磁屏蔽室内的座椅上,要求注意计算机屏幕中央。被试离显示器的距离为80cm,视角约为4.8°×4.8°。显示器背景为白色,显示器亮度、对比度和色彩均为统一设置。实验材料均采用E-Prime软件来呈现。左、右手按键在被试间进行平衡,同时要求被试在刺激出现的时候控制眨眼。实验刺激随机呈现于17英寸计算机的屏幕中央。

首先呈现实验指导语,在被试清楚实验任务后进行练习程序,练习结束后直接进入正式实验。实验中,首先在屏幕正中央呈现注视点500ms,随后是300ms的空屏,再呈现刺激图片1000ms,随后是1500ms的空屏。被试的任务是判断所呈现图片是积极社交情景还是消极社交情景。如果是积极社交情景按"1"键,如果是消极社交情景按"2"键做出反应。每个阶段前的练习程序包括10张图片,用以熟悉试验流程和实验规则。正式实验中,积极网络社交图片和消极网络社交图片各60张。刺激图片呈现共有2个阶段,每个阶段包含60个trials,总共有120个trials。每个阶段结束后被试休息2分钟,正式记录时间大约12分钟。

5. 脑电的记录与获得

使用美国Neuroscan公司的ERPs记录与分析系统,按照

10-20国际脑电记录系统扩展的64导电极帽记录EEG。脑电采样率为500Hz，带宽为DC：0.05-100Hz。实验采用双侧乳突连线为参考电极，前额接地，同时在两眼外侧记录水平眼电（HEOG）和左眼上下记录垂直眼电（VEOG）。脑电采集的同时记录被试的行为数据。

完成连续记录EEG后离线（offline）处理数据，自动校正VEOG和HEOG，并充分排除其他伪迹。根据本实验的目的，分别分析判断任务中图片出现后所诱发的ERP。对脑电记录的叠加平均处理脱机进行，分析中对伴有眨眼、眼动、肌电等伪迹的数据均被排除，排除标准为±50μV。对正确反应的EEG进行叠加，叠加次数均大于50次，波幅大于－t80V者被视为伪迹自动剔除。分析时程（epoch）选择实验图片出现后600ms，基线为刺激出现前200ms。根据实验所得到的反应任务的ERP总平均图，进行社交情景（积极和消极）和记录点7（Fz、FCz、Cz、CPz、Pz、Poz、Oz）的两因素重复测量的方差分析。方差分析使用SPSS17.0软件进行，方差分析的P值采用Greenhouse Geisser法校正。

三、研究结果

对晚期正成分LPC（450～600ms）进行重复测量方差分析，结果显示，在LPC的波幅上社交情景（$F_{(1, 27)} = 5.05$，$p < 0.05$）和电极点（$F_{(6, 156)} = 10.41$，$p < 0.001$）的主效应均显著。最大正波偏转点是FCz。社交情景性质与被试类型存在显著的交互作用（$F_{(1, 27)} = 6.32$，$p < 0.05$），此外，简单效应分析显示，在对照组社交情景的主效应显著（$F_{(1, 14)} = 16.413$，$p < 0.001$），消极社交情景的波幅显著小于积极社交情

景。而在社交退缩组社交情景的主效应不显著（$F(1, 13) = 0.75$，$p = 0.87$）。

四、讨论

ERP 波形（见图 14-4）显示，社交情景性质与被试类型存在显著的交互作用。简单效应分析显示，对照组被试在晚期正成分（LPC）上，消极社交情景所产生的波幅显著大于积极社交情景。

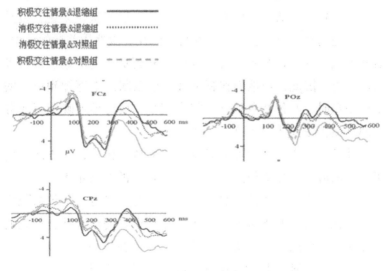

图 14-4 社交退缩组与对照组的 ERP 波形图

晚期正成分（LPC）是对刺激意义进行认知评价的重要指标之一（王小潞，2009）。LPC 反映了大脑对某种刺激的持续加工过程，属于 ERP 的内源性成分。个体对信息进行评价时能够产生晚期正成分（LPC），尤其是在对消极信息的评价过程中体现得更为明显。因此，具有威胁的消极信息对晚期正成分

（LPC）的激活通常被认为大于积极信息对它的激活。消极社交情景对个体来说属于带有威胁的消极的信息，这一原因就导致了消极社交情景图片对照组所诱发的 LPC 的波幅显著大于积极社交情景所诱发的被试。结果说明，消极网络社交信息是一类对个体产生威胁的消极信息。

对于社交退缩组被试而言，消极社交情景所激活的晚期正成分（LPC）与积极社交情景所激活的 LPC 差异不显著。这与对照组的结果不一致。晚期正成分（LPC）主要产生于个体对信息的评价，它的波幅的大小与刺激性质变化有关，刺激信息的性质变化越大激活的 LPC 就越大。对于对照组被试来说，差异来自于他们对威胁信息的感知以及对两种刺激性质差异的认识。有研究表明社交退缩被试往往能够感知到更多的敌意、排斥等负面信息。因此，当他们在积极社交情景图片中感知到更多的消极信息时，两种情景的差异就会变小，最终导致晚期正成分（LPC）波幅的差异不显著。

此外，社交退缩者可能具有独特的认知模式，一方面它们可能会回避消极社交信息，因此对于 LPC 的激活不大。另一方面，人格因素对个体的信息加工产生影响。作为一种较为稳定的特征社交退缩的被试可能由于感知到更多的消极社交信息而导致对此类信息评价加快所以导致 LPC 波幅较小。在对于社交焦虑的被试的研究中，Clark 和 Well（1995）构建了"自我聚焦和安全行为"模型。社交退缩组被试面对社交情景往往会产生焦虑，它们也很有可能基于自我保护尽可能地回避消极社交信息，而对消极信息的评价是导致晚期正成分（LPC）的重要原因之一，对于此类信息的回避可能导致了他们在两类社交情景上所产生的（LPC）波幅的差异不显著。这说明社交退缩被试具有消极的认知图式，LPC 可以作为衡量个体社交退缩的指标之一。

第六篇
进退之间—青少年的社交退缩与网络交往

第十五章

社交退缩的干预

自 1970 年代以来，国内外研究者已经提出了多种不同的干预方法，期望促进社交退缩儿童青少年的同伴交往频率和质量，并提高他们的社会适应能力。这些方法主要包括：（1）社会技能训练；（2）同伴介入法；（3）自我管理策略的运用；（4）认知行为疗法（5）沙盘游戏疗法。

第一节　社会技能训练

社会技能训练（Social Skills Training，SST）的理论依据是，儿童青少年之所以表现出社交退缩行为，是因为他们缺乏必备的社会技能，如果儿童熟练掌握基本的社会技能，便可使社交退缩得到有效的改善（Greco & Morris，2001）。社会技能训练是社交退缩干预领域历史最长，应用范围也最广的干预方法之一，包括针对语言和非语言沟通技巧、问题解决等技能的培训。

研究发现，社交退缩儿童在课堂上的发言比其他儿童更少（Rezendes, Snidman, Kagan, & Gibbons, 1993），在标准测验中表达性语言上的表现也比其他儿童更差（Beinert & Schneider, 1995；Jupp & Griffiths, 1990；Sheridan, Kratochwill, & Elliott, 1990）。这说明，作为社会技能之一的语言沟通技巧对儿童的亲社会行为有一定的促进作用。有研究证实，儿童青少年在学校的成功与社会能力显著相关（Kerr & Nelson, 2006；Walker, Ramsey, & Gresham, 2004），社会能力的提高能够促进儿童青少年学校表现的满意度（教师接受度和学业成就）、同伴间积极的社交关系、同伴接受与拥有亲密友谊、适应和处理学校环境要求等多方面能力的发展（Walker, Ramsey, & Gresham, 2004）。但是社会退缩的儿童青少年却常常因为缺乏社会能力而遭受挫败，感到沮丧。教育工作者和研究人员一直不断寻求干预措施来提高儿童青少年的社会能力，以期改善其社交退缩行为。

最初的社会技能训练受社会学习理论影响，对社交退缩儿童呈现亲社会行为模式或对儿童偶然表现出的亲社会行为给予强化，但这种训练的效果不甚理想。之后一些研究者开始针对儿童社会技能的不同缺陷进行专门的技能训练，涉及的技能更为广泛，如 Christo 等人（1985）对 6 名 12～14 岁儿童进行了为期 4 周的社会技能问题解决训练和语言交流训练，干预效果维持了 5 个月；Blonk 等人（1996）向表现出外部和内部问题行为的儿童教授包括倾听、适宜的非言语沟通、情绪识别和情绪表达、如何进入同伴群体、如何回应他人的批评与拒绝以及如何应对欺侮等社会技能。干预结束，儿童的社会适应能力也有显著提升。

　　从训练的方式上看，社会技能训练常用的方式有：示范、联系、指导、小组讨论、反馈以及强化等。有研究者提出，不管训练的程序如何，有两点应必须做到：（1）直接教授社会技能，并经常提供练习机会；（2）当个体正确地运用这些技能时，给予强化（Christensen，Young，& Marchant，2007）。

　　相对于早期的社会技能训练，这些训练的结果更为有效和持久。但需要指出的是，目前并没有足够的研究和证据能够证明，社会技能训练的干预效果可以长期保持，且社会技能训练虽然能够提高儿童的社交频率，但它是否有益于儿童的同伴关系与社会地位的改善，这点仍遭到众多质疑，这种训练的效果是否能够顺利迁移到儿童青少年的日常生活中也缺乏有效的研究支持。我们倾向于认为，社会技能训练可以作为其他干预方法的基础和辅助方法应用与社交退缩儿童的干预计划中，效果应优于单独使用。

第二节　同伴介入法

　　社交退缩儿童几乎很少亲密接触同龄人，很少主动发起对话，并且需花更多时间才能开始亲密交谈。他们追寻更低社交成本的目标，比如他们会问"你能看到这个吗？"而不像追求高成本社交目标的孩子那样会问："你能和我一起玩吗？"有学者推测，社交退缩儿童被动的独处行为可能是对社会不关心或不感兴趣的一种标志（Rubin & Asendorpf，1993）。这种对社会不感兴趣的儿童花更多时间独处的假设看似合理，但 Copeland 和他的同事却认为社会不关心或不感兴趣与不同形式的独处行为没有任何关系，他们指出，对于一些害羞的孩子来说，被动独处行为可以作为一种应对社交不安感的策略，尤其是童年早期的男孩更可能因为不同的原因有沉默倾向和被动独处行为（Copeland，2001；Nelsonetal，2005）。

社交退缩的孩子在实现参与同伴社交目的时，更可能比社会化的同龄伙伴体验到被忽视和被拒绝，这就不难理解为什么他们不喜欢他们的同伴了。由于其行为有悖于具体年龄的准则和社会交互、关系、组织参与的预期，同伴拒绝是童年中期到青少年时期社交退缩最强的一个关联和结果。越来越多的研究表明，同伴对儿童发展的影响至关重要，缺乏同伴互动经验的儿童青少年通常存在近期和长期的社会适应问题。

因此，同伴的干预和介入也就显得如此的重要和有效了，这种方法被称为同伴介入法（Resilient Peer Treatment，RPT）。同伴是儿童青少年世界的各类规则及微妙运作过程的传递者，同伴在干预活动中的介入不仅有助社交退缩儿童青少年社交地位的改善，也有助于他们将在社会技能训练中习得的社会技能迁移至日常生活情境中。目前，应用于社交退缩干预的同伴介入方式主要有：（1）提供同伴互动机会；（2）同伴帮助；（3）同伴积极报告。

其实简单来说，首先正如在 Furman，Rahe 和 Hartup（1979）的研究中，研究者提供机会让表现出社交退缩的学龄前儿童与更年幼的儿童自由玩耍，观察实验组儿童与同伴的互动频率有没有显著提升。许多社交退缩儿童的交往困难源自他们在社交情境中的焦虑情绪抑制了他们的行为表现，因此有必要让他们暴露于引起他们焦虑情绪的情境中，直至焦虑反应消失或降低。而大多数的干预研究是将暴露与其他干预手段结合起来。

再者，可选择社会适应良好的儿童青少年，让他们主动发起并有意识地保持与社交退缩儿童的互动，即：将退缩儿童与社会交往能力较好的儿童配对，以提供榜样。这些同伴帮助者可由班级教师选出，需满足以下条件：出勤良好；与同学互动良好；听从老师的指导；能模仿训练者示范的行为；能较长时间地从事某项任务等。在进行互动前可按要求对每名同伴帮助者进行培训，培训他们引导社交退缩儿童积极参与各种活动，如教授、示范、角色扮演等，并能对他人行为予以反馈。

另外，教师可给予班级同学相互报告积极行为的机会，并对报告了他人积极行为的同学一定的强化。良好的社会能力依赖于儿童青少年能够不断地在实际生活中反复运用这些技能，让同伴或其他社会交往对象不断强化社会技能的正确运用，塑造良好社会行为。可创设一定条件对社交退缩儿童青少年在日常生活中偶然表现出的积极行为，有意识地发现并在同伴群体中公开他们，有助于强化这些行为和消极印象的改变。也可让退缩儿童参与学校各类活动的设计和组织，提高其互动动机。

如有研究者用有关测量量表和一系列同伴导入法干预社交退缩儿童的研究：

①用同伴交互式玩耍观察编码系统（Fantuzzo et al.，1996）直接观察同伴社交互动的数量和质量；②用 Penn 同伴交互玩耍量表（Fantuzzo，Coolahan，Mendez，McDermott，& Sutton-Smith，1998；Fantuzzo et al.，1995）作为教师评估同伴玩耍的交互作用的依据；③用社交技能等级系统（Gresham & Elliott，1990）通过一个行为等级量表，评估儿童的社交行为。

每个老师按照亲社会行为水平将所有孩子从低分到高分划分等级，研究助理用同伴交互式玩耍观察编码系统验证他们划分的等级的可靠性。将处于最低亲社会水平的学生称为 potential participates；把亲社会水平最高的学生称为 Play Buddies。

将所有孩子随机配对后，分配到相同的教室环境里自由玩耍（Play corner），里面包含每组相同的各种玩具，控制额外变量，采用双盲设计，用隐藏的录像机记录两个星期的干预过程。整个干预过程包括 15 次（计划每星期 3 次），分布于两个月的不同时间。在正式开始干预前，研究者花几分钟一对一教授 Play Buddies 明确的共同玩耍活动，并用积极的互动方式开始正式的玩耍阶段。干预的效果用目标儿童参与互动玩耍的平均率作为评估条件。

这个研究与先前 Head Start study（Fantuzzo et al.，1996）的结果一致。治疗前社交退缩儿童的共同玩耍显著地低于非社交退缩的同伴。另外，RPT 干预有高保真度，儿童在治疗团体中忽略了受害地位，证明在玩耍角治疗后比控制组儿童有更高层次的同伴交互玩耍和更低层次的独自玩耍，老师也有着同样的评价结果。有研究也显示社交退缩儿童和非退缩儿童在 RPT 治疗后都会改善交互玩耍。

RPT 可进一步创造一个发挥情境，促进退缩孩子积极玩耍行为并得到强化以及在社区同伴和成人指导者那得到亲社会经验。

实验结果证明，仅对社交退缩者训练社会技能是不充分的，因为在大部分情况下，社交退缩的孩子知道他们该怎么做，但从认知转变为行动却是一个很大的问题。退缩儿童如果不能控制社交畏惧和焦虑情绪，主动交往对他们来说是极其困难的。因此，对于这一点研究者得到了较为一致的结论，即社会退缩行为在学龄前已经相当稳定，所以，预防和干预应该越早越好，社交技能应与同伴导入交互合并。干预不仅要训练其社交技能，而且要调节情绪；不仅让熟悉和非熟悉的同伴参与，而且要让教师、家长等相关人员介入。

　　父母作为退缩儿童最早或某种程度上接触最多的"同伴"，父母与子女关系有着更重要的影响力，父母敏感觉察孩子行为抑制的特点和需求，鼓励其自立，并提供与同伴互动机会（如安排约会），可帮助他们的孩子变得不那么害羞并在童年早期学习更多社会技能。最近的证据表明对父母的教育和培训课程可减少害羞退缩年幼儿童的社交焦虑和改善学龄儿童焦虑的治疗结果。

　　目前，同伴介入受到的关注相对较多，积累了一定的研究基础，该种方法的有效性也得到了一定程度的支持，但是父母和教师的介入，少有研究纳入。后续应有更多研究尝试探讨父母和教师介入社交退缩干预的方式，并评估其独特作用。

第三节　自我管理策略

　　自我管理策略（Self-Monitoring Strategies，SMS）的目的是教导个体从事或维持一个特定的行为（shapiro，1981）。在自我管理策略的实施程序中，某种行为或它的某一方面被定义为目标行为，例如：在社交退缩儿童的干预计划中，研究者将儿童与同伴的互动定义为目标行为，当儿童与同伴发生互动时，要求儿童记录下这一行为并做出评价与反馈。

　　自我管理程序包括自我监测（也被称为"自我观察"）、自我记录、自我评价、自我强化和自我惩罚。其中，自我监控要求个体判断目标行为是否发生，这个过程通常也包含了自我反省。例如，儿童可能会问："我刚才的行为足够友好吗？"这就表示，他会思考自己的动作表情是否符合友好的标准、是否使他人感到舒适等。自我评价则包含了目标的设定和目标的实现两个步骤。我们要求和鼓励社交退缩儿童在目标实现时给予自己奖励，而当目标没有实现时对自己施以一定的惩罚。这种强化方式的目的在于提高社交退缩儿童在自我管理策略中目标行为的发生率。

Cooper 等人（2007）比较了其他干预措施后总结了自我管理策略的优点，他们指出，自我管理策略较大程度上改变了儿童的一般性行为，使得教师的管理时间缩短到最少，并且这种策略有效适用于各种不同环境。

自我管理策略在社会退缩以及自闭症儿童的行为干预计划中广泛适用，研究者和治疗师通常选择将自我管理策略与社交技能训练和同伴介入法同时使用，期望得到更好的干预效果。如 Lynnette 和 Richard（2007）对一个表现出社交退缩行为的 8 岁儿童 Jose 同时使用了社会技能训练及同伴介入的自我管理策略。他们为 Jose 安排了每天 1 个小时的阅读和数学任务，并规定一些课堂上的合理行为作为目标行为，如专心听讲、回答问题、适当引起老师的注意等，要求 Jose 自己记录每天完成的任务，并向老师汇报。同时安排一名同伴介入他的自我管理过程中，每天的任务结束时，这名同伴会对他进行评价，当 Jose 完成目标行为时同伴会给予积极的反馈。该研究采用 ABAB 实验范式，干预前设置基线，干预一段时间后暂停干预措施，间隔一段时间后再重新实施干预。结果显示，Jose 在干预期间社交退缩行为有明显的改善，且暂停干预计划期间也表现出相对干预前较好的社会适应性行为，重新进行干预后逐渐降低各种强化，干预效果依然保持。

自我管理策略作为一种方式来提高注意力和学业能力、减少课堂不规范行为的有效方式已被广泛研究与使用。但作为社交儿童干预措施之一，通常倾向于与其他干预方法相结合，因此，有研究者质疑其单独使用的效果。但考虑实际情况，社交退缩儿童在表现出社交退缩行为的同时经常伴有不良的学业成绩和注意力不集中等不利于学习成长的特征，自我管理策略在社交退缩儿童的干预计划中仍然具有较高价值。

第四节　认知行为疗法

现实生活中的同伴拒绝能够预测退缩儿童消极的思想和感情，这些消极情感使得他们感觉到自身的社会困难处境。因此在童年早期到青春期，寂寞和抑郁可能会一直伴随着他们，对同伴的消极反应造成了退缩儿童负面思想和感情的内化。

Rubin 和他的同事指出退缩儿童被拒绝和被伤害的经历很可能发展为具有一致性和稳定的"归因图式"，在这种图式中个体倾向于把社会交往失败归咎于内部因为而不是外部的情境。此外，当问他们如何继续解决所经历的困境时，退缩儿童优先选择了退缩和逃避的策略。这一推论与 Graham 和 Juvonen（2001）的研究结果一致，他们认为有些个体会把自己看成是同伴关系问题的受害者。

自责和逃避型应对策略可能导致各种负面的内化特性结果，如抑郁、自卑，并增加退缩行为，社交退缩个体更容易陷入一种负面自我强化社会动机和社会认知的恶性循环中。因此，改善和调节社交退缩个体的认知行为因素显得格外重要。

认知行为疗法（Cognitive Behavior Therapy，CBT）多见于临床中严重的社交退缩，如社交恐惧症（social phobia）、社交焦虑障碍（socialanxiety disorder）等的治疗。一般而言，社交恐惧症的认知行为治疗包含以下步骤：（1）心理知识介绍：治疗师向社交恐惧症患者介绍与社交恐惧症相关的各种信息，如焦虑障碍的一般症状、在人群中的发生率、社交恐惧症患者的消极认知、安全行为（指社交恐惧症患者在社交情境中为避免他人消极评价所采取的各种认知或行为策略，如回避与他人的目光接触以免他人看出自己的焦虑）、自我关注（即社交恐惧症患者在社交情境中过度关注自己，很少关注外部信息）等等；（2）社会技能训练；（3）认知重组，帮助社交恐惧症患者学会用积极的认知方式代替原有的消极认知方式；（4）放松训练，教授社交恐惧症患者学习在感受到焦虑时放松，如何放松身体的肌肉群、调整呼吸、通过想象放松等；（5）焦虑情境再现，让社交恐惧症患者暴露于会让其引发焦虑反应的情境，鼓励患者运用已经习得的交往技能、放松技巧和认知策略等；（6）预防复发，在治疗结束之前，治疗师采取一些措施帮助患者应对复发的可能性，通常采用的措施包括再次评估者症状、确定对于患者而言的"危险"情境、逐步减少指导、让患者制定一份自助计划等（Overholser，2002）。

Ewa Mörtberg（2007）对 29 例患社交恐惧症的病人在一个随机对照试验中实施两个星期的个人认知疗法，每周的过程和测量结果采用多级中介模型进行分析。治疗的主要步骤（16 周）为：（1）用病人的思想、想象、焦虑症状、安全行为和关注策略派生出个性化版本的认知模型；（2）用行为实验来说明安全行为和自我关注的不利影响；（3）使用视频反馈修改扭曲的自我意象；（4）训练注意力的外部集中（将注意力从自身转移到社会情境）；（5）用行为实验测试病人在不同社交场合下负面预测的有效性；（6）识别和修改问题预测和事发后的消极处理；（7）识别和修改有关社会焦虑功能失调的假设。干预结果显示三种治疗方式（个人认知行为治疗，集中团体认知行为治疗和一般治疗）都可显著降低社交焦虑水平，其中，改变自我关注水平的个人认知行为治疗效果最为显著。

认知行为疗法在临床中运用于社交恐惧症的治疗被证明是非常有效的治疗方法，其治疗效果在治疗结束后的保持也得到了验证。不过长期以来，系统的认知行为疗法局限于临床治疗，用于学校环境中对学生的干预仍然较少，Masia 等人对临床中的认知行为干预方案进行了修改，运用于学校情境。研究者通过结合学生自评、教师提名、对父母和学生本人进行访谈等多种方法，在两所中学里确定了愿意参与研究的患有社交焦虑障碍的青少年。不过在学校环境中开展认知行为干预也有一定难度，如一些学生可能不愿让其他同学知道自己在接受干预训练，连续数月的干预活动必定对学校日常教学带来一定干扰等，这些因素都影响教师和学生对干预计划的参与度。能否合理应对这些操作过程中的困难是在学校环境中成功实施认知行为疗法的前提。

进一步探寻认知因素的调节应用于一般社交退缩的矫正已成为今后研究发展的趋势。研究者假设，社交情境中过度焦虑的产生源自个体对自身和社会交往存在不合理的认知，如果不合理的认知也是导致一般性社交退缩的基础之一，认知行为疗法就可运用于一般性社交退缩的矫正。

第五节　沙盘游戏疗法

沙盘游戏（Sandplay Therapy）指的是在一个独立安静的空间内，治疗师陪伴儿童利用沙盘、沙、水和玩具模型进行游戏，它为儿童提供了一个自由安全的空间，在这个空间里儿童可以自由地通过沙盘、玩具模型等材料进行创作，回避语言表达的社交退缩儿童可以通过这样的非言语过程使内心的情绪与精神状态得以象征化的表达，同时发挥他们成长和自愈的内在潜力。

沙盘游戏最初来源于英国作家 H. G. Wells 在其著作《地板游戏》中的描述的场景——他的两个儿子在地板上用玩具模型游戏。Wells 认为这种游戏有助于创造性构架的形成，后来英国的小儿科医生 Margaret Lowenfeld 受到地板游戏的启发，在自己的诊所放置沙盘与玩具模型供儿童玩耍，发现并创立了"世界技术"，即借助儿童的沙盘游戏探索儿童的心理过程，以期促进儿童心理问题的解决。随后，瑞士的心理分析家 Kalff 结合荣格的分析心理学理论与 Lowenfeld 的技术、融合东方哲学思想，创立了现代沙盘游戏疗法。具体来说就是沙盘作品制作以及制作完成后治疗师与儿童进行交流，交流的目的是帮助儿童了解作品的主题和意义。从而使治疗师更好地了解儿童的心理状态。目前，国际上出现了许多沙盘游戏治疗组织和专业的沙盘游戏研究机构，沙盘游戏疗法已经被普遍看作是一种独立的、发展成熟的心理治疗体系，在表现出问题行为的儿童的干预计划中得到了广泛的应用。

国内有研究采用同伴配对的沙盘疗法，对一名表现出社交退缩行为的儿童进行了为期 3 个月的干预治疗。这名儿童接受治疗时约 4 岁半，研究者通过与其祖父母和教师的深度访谈，判定其社交退缩的主要原因是缺乏对他人的安全感和信任感、缺乏社会交往经验以及自我效能感。整个干预过程包括 9 次，每次 1 个小时的沙盘游戏，游戏结束后治疗师会与儿童进行交流。第一次干预要求儿童独自进行沙盘游戏，目的为找出个案问题的本质所在；随后的 8 次干预中都有另一名同伴与他共同完成沙盘游戏。结果发现，在干预治疗中退缩儿童表现出了三个明显的行为特征阶段。第一阶段，在最初的游戏过程中儿童表现出一系列问题行为，如游戏过程中以自我为中心不顾同伴的需要、对同伴有言语和身体的攻击行为、不会主动向同伴发起互动；第二阶段，儿童对自我的认识开始逐步整合，尝试反思和改变自己的行为方式，表现为与同伴的交流、协商、互助增多，以同伴为导向的互动主题增多，尝试主动发起与同伴的互动；第三阶段，儿童已经学会更多地考虑同伴感受，自我中心倾向明显减少，与同伴的互动主题多为表达交流、提供帮助，与同伴的冲突明显减少、参与同伴互动的主动性也明显提高（张文文，2010）。

　　随着对个体沙盘游戏疗法研究的深入，团体沙盘游戏也开始被研究者关注。团体沙盘游戏由一群表现出社交退缩等社会适应问题的儿童共同参与，除了个体沙盘游戏疗法所提供的治疗条件外，团体沙盘游戏疗法还为儿童提供了与同伴接触的机会，让他们在相处中共同得到治疗与行为的改善。有研究者通过自我报告、教师报告和家长报告筛选出 59 名表现出不同程度社交退缩、学业困难、社交技能障碍等社会适应不良症状的 9 ~ 12 岁儿童，将他们分为实验组和控制组，又将实验组分为 10 个小组进行了为期 10 周每周 1 次的团体沙盘游戏辅导。期间这些儿童共同参与沙盘游戏，治疗师在旁观察他们创作的沙盘但并不进行评论，同时观察儿童与同伴间的互动，在最后 15 分钟，治疗师请实验组的成员自愿分享他们的沙盘故事，目的在于通过言语沟通了解儿童的内心世界。团体沙盘游戏干预的整个过程由监视器记录下来供研究者后期分析。经过 10 周的沙盘游戏干预后，重新收取自我报告、教师报告和家长报告对儿童行为评估和分析。结果显示，实验组儿童的教师和家长报告的儿童整体行为的前后测结果有显著差异，表现为干预后儿童的问题行为得到控制和改善，而控制组则不存在差异，甚至有轻微的问题行为恶化现象。这个结果表明，团体沙盘游戏干预能够显著提高儿童的适应性行为，改善儿童的社交退缩等社会适应不良行为（Flahive & Mon – hsin Wang，2005）。

沙盘游戏疗法作为个体社会适应不良的干预方法之一，一直受到行业内治疗机构的广泛重视，不仅在儿童社交退缩领域有着广泛应用，在各种疾病愈后社会适应不良的干预治疗计划中也发挥着重要作用。

第六节　展　望

基于对已有研究的分析与反思，对该领域的后续研究提出几点展望。

第一，干预方法的确定应与儿童青少年社交退缩类型的分析相结合。表现出社交退缩的青少年并非都出自同一原因。比如：对于一些缺乏社会交往技能的个体来说，社会技能的训练是必要的；而对于另一些可能因为在社交情境中，焦虑抑制了其社交交往技能的正常表现的个体，焦虑情绪的调节、积极交往行为在日常生活中的强化可能是更为有效的干预方式。同样可先对干预对象的技能缺陷做必要评估再有针对性地进行训练应该能获得更大的收益。

第二，应更强调对干预效果社会意义的评估。干预是否带来个体生活质量的改变、对同伴交往的主观体验、个体在干预情境中表现出的改善能否泛化至自然情境、具有重要价值的改变能否长期保持等，作为评价干预活动成功与否的标准是当前相关研究的发展趋势所在，而不只是评估干预前后社交退缩儿童青少年在社交频率上的变化。

第三，开发新方法以评估识别社交退缩儿童。一些避免社会互动的孩子虽不强烈反对同伴互动（低社会回避动机），但他们还缺乏与同伴相互交往的强大动机（较低的社会实现方的动机）。这种偏爱独处的孩子如上述同伴介入干预部分所说的，在童年时期已经被贴上未社会化（Asendorpf，1990）或社会不关心（Copland et al.，2004）和成人时期的独处取向（Leary & Herbst，2003）的标签。

有证据表明，在儿童早期，社会不关心是相对良性的，但长期不爱交际的结果在很大程度上还未知。一些研究人员指出，不爱交际在童年中期后可能造成越来越大的不适应感，因为少社会互动会使其重要的社会认知技能大大落后于人。相比之下，有学者强调了独处在青春期和成年期潜在的好处（Larson，1997）。例如，他们认为成年人能够享受单独活动是幸福的一种积极迹象（Burke，1991；Maslow，1970）。如果不交际的青少年或成年人建设性地利用独处时间，如发展独立思考、阅读、写作或其他技能，独处也可提供实际的好处。事实上，对"独处偏爱"持不惧怕态度的成年人也可以和外向的同伴一样快乐。

为了解释这些不同的想法，早期童年之后需要更多的纵向研究去评估社会不关心的特殊性、稳定性和结果。Asendorpf（1990）也提出一些孤僻的孩子被描述为低社会实现高社会回避动机，这些逃避型孩子不仅渴望独处，也避免社会互动。在迄今唯一的社会退缩的经验研究中科普兰，威尔逊，Frohlick，Zelenski（2006）使用一种通用评估方法：奖励低退缩（行为激活系统或 BAS）和惩罚高回避（行为抑制系统或 BIS）来识别一群孩子谁是低 BAS 和高 BIS。与他同龄伙伴相比，逃避型儿童报告了最高水平的负面影响和抑郁症状和最低水平的积极影响和整体健康。由此开发新方法去识别社交退缩，以区别于害羞和社会不关心在未来的进一步探索是必要的。

第四，进一步探索和完善保护性因素。社交退缩的孩子和青少年更可能更多地表达内化消极情感（如：悲伤、焦虑、恐惧），这表明情绪调节是一个重要保护因素，同时也可结合认知行为调节。高危儿童青少年的社区也是一种保护因素（Werner，1995），例如：Finn and Copland 最近公布的证据表明，参与有组织的运动对其有着独特的防护作用。

温暖而支持感的学校环境被证明对退缩的儿童青少年是有益的。改善学校设施，建立项目以提高早期干预的有效性和普遍性。另外如转校，这种转变迫使退缩年轻人去应对新的同伴，但也可能提供一种可推翻以前消极同伴认识的保护性转折点。

第五，社会退缩的成因须考虑其文化背景。害羞、沉默寡言、保守行为在中国是被鼓励的，这些特点通常被父母、老师和同伴所接受和认可，而且与积极的社会能力、同伴接纳和学术成就相联系（Chen，Chen，& Kaspar，2001；Chen，Hastings，et al.，1998；Chen，Rubin，& Li，1995）。研究者认为，集体主义的价值观在中国文化里被强烈推崇，因此比起在西方文化中信奉个人主义的信仰和规范，害羞和矜持行为会得到更多的赞赏。目前，跨文化工作已在许多国家都有开展。在四个大洲正在进行行为抑制的研究中，Rubin 和他的同事们发现，2 岁的幼儿在陌生环境中的抑制行为已表现出外在差异。例如，澳大利亚和意大利幼儿比中国和韩国同龄孩子显示出更少的抑制性行为（Rubin，Hemphill，et al.，2004）。

尽管很多干预计划已被证明是成功的，但这方面的研究仍存在样本容量过小的问题，已有的相关研究也缺乏不同控制组的情况（如未包括社交退缩儿童的控制组），或是存在仅仅依赖老师推荐来识别退缩的孩子等概念和方法上困扰。治疗组选择不均匀也可能导致操作定义和社交退缩评估的问题。因此有必要研究和制定具有生态效度的、能够成为教师所掌握的、融合于课程和教学的干预方案；将改善情境和提高交往能力相结合，实现预防和干预的统一，并在探索社会退缩的病因上有更新的研究进展。

　　除了减少症状和改进治疗结果，修改社交退缩儿童生物学因素的干预以及观察生物因素（脑电图、心电图、皮质醇等）将成为未来的研究方向。另外，对干预施行更多的纵向研究，将其跟踪至童年后期、青春期甚至成年期，而不仅局限于婴幼儿时期已成为研究发展的趋势。

第十六章
研究启示与展望

第一节　研究结论及启示

　　研究者采用质化研究方法通过对我国青年期群体的访谈，探讨了如何界定社交退缩这一概念的内涵和外延；通过访谈、问卷调查编制了大学生社交退缩量表，修订了适用于内地大学生群体的虚拟关系动机问卷，并考察了网络交往动机、网络交往卷入度在大学生社交退缩与网络交往依赖关系中的多重中介作用。同时，通过复杂网络分析技术、行为实验和脑电实验考察了不同水平社交退缩、不同水平网络交往动机大学生的现实社会交往和网络交往的差异。并研究了社交退缩青少年的情绪调节方式和网络关系成瘾的干预和教育。这些研究得出的结论，对理解社交退缩与网络交往等网络使用行为之间的关系有重要启示。

　　1. 社交退缩的概念界定问题

　　前人研究习惯以情绪特征等单一维度界定社交退缩的含义和分类，而笔者将社交退缩界定为相关的五个域以及与之相对应的核心观点：社交退缩者所表现出来的行为特点（情绪、行为、情感、社会认知、社交技能）、与社交退缩相关的环境特点（客观环境、主观环境、先前和早期经验）、社交退缩者的内在人格特质、社交动机，以及由社交退缩导致的结果。

2. 着重本土化研究

通过文献分析，基于中国文化背景编制了适用于青年期被试群体的大学生社交退缩量表，将社交退缩确定为回避陌生环境、离群、回避公共场合发言三个维度，通过对量表的内部一致性信度、结构效度和效标效度的检验，表明该量表具有较好的理论构想和良好的信效度指标。修订由 Wang 和 Chang 编制的用于测量台湾在校大学生网络交往需求和动机的虚拟关系动机问卷（Cyber-Relationship Motives Scale）。将大学生网络交往动机确定为寻求友谊、寻求浪漫关系、社会补偿、逃避现实四个维度。修订的虚拟关系动机问卷具有较好的信效度。

3. 比较不同社交退缩水平的个体在网上网下行为的差异

采用社会网络分析方法，发现大学生网上的交往与网下交往存在较高相关；社交退缩水平较高个体同样存在网上交往强连接，社交退缩水平与个体网下弱连接交往的中心性存在显著负相关；社交退缩水平越高的人越倾向于在网上发展低频互动。

4. 探讨大学生社交退缩与网络交往的关系

研究发现大学生社交退缩不能直接预测网络交往依赖，而是分别通过网络交往动机和网络交往卷入度预测网络交往依赖。社交退缩通过网络交往动机、网络交往卷入度的完全多重中介作用对网络交往依赖产生影响。

5. 不同退缩水平的个体对情绪的反应也不同

通过行为实验发现，高社交退缩者对消极表情的网络交往图片比正常人更敏感；与现实交往图片相比，高退缩高网络交往动机者对网络交往图片更敏感。

6. 学习有效的情绪调节方式可以有效减少社交退缩青少年的负性情绪

社交退缩青少年在面临社交情境或遭遇群体拒斥后难免会

产生如焦虑、恐惧、抑郁这样的负性情绪。为减少这些不良情绪对心理健康的损害，要让社交退缩青少年对负性情绪进行正确认知，学会采用忽视调节来降低负性情绪感受，对负性情绪不要采用重视调节和抑制调节。

7. 有效的情绪调节方式也能改善网络关系成瘾

正性情绪-忽视调节、正性情绪-抑制调节、负性情绪-重视调节和负性情绪-抑制调节在社交退缩和网络关系成瘾间有中介作用，因此对正性情绪要多采用重视调节和宣泄调节，对负性情绪要多采用忽视调节和宣泄调节，才能有效地降低网络关系成瘾的程度。

8. 注重现实交往可以降低网络关系成瘾程度

社交退缩青少年在现实生活中人际交往受挫后，会在网络关系中寻找安慰和支持，一旦网络关系成瘾，更不利于社交退缩个体的现实交往和人际关系。因此要鼓励社交退缩青少年多与同学交往，体验现实交往的乐趣和益处，同时教育班级内其他成员要积极接纳社交退缩的学生，逐步改善社交退缩的情况，降低网络关系成瘾程度。

第二节　研究创新及展望

1. 本研究关注了青少年的社交退缩情况，是对以往以儿童社交退缩为研究重点的社交退缩领域的深化和扩充。但在被试选取时，由于条件的限制，只选取了职业高级中学的高一和高二学生作为研究对象，没有考察初中生和普通高中学生的具体情况，所以造成研究结果不足以概括整个青少年时期的特点。

2. 探讨了情绪调节方式在社交退缩和网络关系成瘾间的中介作用，在国内未见相关的研究报告，研究结果为社交退缩和网络关系成瘾的干预研究提供了依据。在研究二中，被试对于网络关系关联词语和中性词语的反应时没有差异，这与以往的研究结果和研究假设不符，说明在词语选取的过程中出现了偏颇，在以后的研究中要采用更严谨的方法来筛选实验材料。同时，采用视频材料诱发的负性情绪可能与社交退缩青少年在现实生活中产生的真实的情绪感受不一致，可能会影响实验结果的有效性，在今后的研究中要尽量诱发与真实情境下相符的负性情绪。

3. 以往研究多采用问卷法研究变量间的关系，本研究采用实验法探讨了社交退缩、情绪调节方式和网络关系成瘾间的关系，在研究方法上做了一次创新的尝试。但是影响社交退缩和网络关系成瘾的因素很多，本研究只考察了情绪调节方式的影响作用，社会支持、友谊、家庭等因素的影响没有考察，在今后的研究中，应该进行补充。

4. 研究发现了网络交往动机和网络交往卷入度在社交退缩和网络交往成瘾之间的完全中介作用。完全中介作用的启示在于，社交退缩通过网络交往动机和网络交往卷入度对网络交往成瘾产生影响，这些变量还可能会发生相互作用，这些都有待于进一步研究。

5. 本书中实验设计的思路和实验素材是研究者通过在以往社交退缩以及认知实验等相关研究的基础上进行的一次创新尝试，在于探索网络交往信息对不同水平社交退缩个体的脑电影响。在今后的研究中，还可以尝试比较现实交往和网络交往等不同交往情景与个体社交退缩的关系，更加深入探讨社交退缩群体的神经生理特征。

参考文献

中文文献

[1] 艾瑞咨询. (2011). 2010—2011 年中国即时通讯用户行为研究报告（简版）[R]. 2011-08-30 取自 http://report.iresearch.cn/1611.html

[2] 蔡春凤, 周宗奎. (2006). 童年中期同伴关系, 同伴关系知觉与心理行为适应的关系 [J]. 心理科学, 29 (5), 1086-1090.

[3] 蔡春凤, 周宗奎. (2009). 童年中期儿童受欺负地位稳定性与社会能力的关系 [J]. 心理发展与教育 (002), 21-27.

[4] 陈会昌, 孙铃, 张云运, 陈欣银. (2005). 儿童 4 岁到 7 岁社交退缩行为的适应意义 [J]. 心理科学, 28 (5), 1035–1038.

[5] 陈秋珠. (2006). 赛博空间的人际交往: 吉林大学博士学位论文 [D].

[6] 陈欣银, 李伯黍, 李正云. (1995). 中国儿童的亲子关系, 社会行为及同伴接受性的研究 [J]. 心理学报, 27 (3), 329-336.

[7] 陈赟文. (2000). 新的心理疾病: 网络成瘾症 [J]. 社会科学, 6, 22-24.

[8] 陈志霞. (2000). 网络人际交往探析 [J]. 自然辩证法研

究，16（11），69-72.

[9] 崔丽娟，王小晔.（2003）.互联网对青少年心理发展影响研究综述［J］.心理科学，26（3），501-503.

[10] 崔丽娟，赵鑫，吴明证，徐爱红.（2006）.网络成瘾对青少年的社会性发展影响研究［J］.心理科学，29（1），34-36.

[11] 范昱娟，费洁.（2009）.网络交往与大学生人际沟通能力的弱化研究［J］.前沿，12，144-146.

[12] 高文斌，陈祉妍.（2006）.网络成瘾病理心理机制及综合心理干预研究［J］.心理科学进展，14（4），596-603.

[13] 葛宜林.（2005）.网络社交与网络信任研究综述［J］.华南师范学院学报，7（6），80-82.

[14] 侯瑞鹤，俞国良.（2006）.情绪调节理论：心理健康角度的考察［J］.心理科学进展，14（3），375-381.

[15] 郭伯良，张雷.（2004）.儿童退缩和同伴关系的相关研究［J］.中国临床心理学杂志，12（2），137-141.

[16] 郭庆科，李芳，陈雪霞，王炜丽，孟庆茂.（2008）.不同条件下拟合指数的表现及临界值的选择［J］.心理学报，40（1），109-118.

[17] 郭习松.（2005）.网络交注中的负面效应［J］.新闻前哨，4，76-78.

[18] 郭永玉.（2005）.人格心理学：人性及其差异的研究［M］.北京：中国社会科学出版社.

[19] 郭志刚.（1999）.社会统计分析方法—SPSS软件应用［M］.北京：中国人民大学出版社.

[20] 侯杰泰，温忠麟，成子娟.（2004）.结构方程模型及其应用［M］.北京：教育科学出版社.

[21] 黄敏儿, 郭德俊. (2001). 情绪调节方式及其发展趋势 [J]. 应用心理学, 7 (2), 17-22.

[22] 黄敏儿, 郭德俊. (2002). 原因调节与反应调节的情绪变化过程 [J]. 心理学报, 34 (4), 371-380.

[23] 黄胜进. (2006). 网络社会交往行为问题的哲学反思 [J]. 重庆社会科学, 5, 30-32.

[24] 蒋军, 陈雪飞, 陈安涛. (2011). 情绪诱发方法及其新进展 [J]. 西南师范大学学报 (自然科学版), 36 (1), 209-214.

[25] 赖永秀, 任鹏, 贺强, 孙鑫, 尧德中. (2008). 害羞脑电的 AR 模型谱分析 [J]. 电子科技大学学报, 37 (1), 131-133.

[26] 雷雳, 伍亚娜. (2009). 青少年的同伴依恋与其互联网使用的关系 [J]. 心理与行为研究, 7 (2), 81-86.

[27] 黎琳, 徐光兴, 迟毓凯, 王庭照. (2007). 社会比较对大学生社交焦虑影响的研究 [J]. 心理科学, 30 (5), 1218-1220.

[28] 李毕琴, 徐展, 许海燕. (2008). 大学生网络成瘾与社会行为的关系研究 [J]. 南通大学学报: 教育科学版 (1), 43-45.

[29] 李国华, 仇小敏. (2004). 论网络交往对人的发展的二重效应 [J]. 长沙电力学院学报 (社会科学版), 19 (1), 29-31.

[30] 李建平, 张平, 王丽芳, 代景华, 阎克乐. (2005). 5 种基本情绪自主神经反应模式特异性的实验研究 [J]. 中国行为医学科学, 14 (3), 257-259.

[31] 李涛, 张兰君. (2004). 大学生网络成瘾倾向与父母教

养方式关系研究 [J]. 心理科学, 27 (3), 662-663.

[32] 李薇菡, 刘继红. (2003). 大学生网络交往导致的心理障碍 [J]. 人才开发 (1), 28-30.

[33] 梁宁建, 吴明证, 邱扶东, & 曹小燕. (2004). 互联网成瘾者内隐网络态度及其干预研究 [J]. 心理科学, 27 (4), 796-798.

[34] 梁晓燕, 刘华山. (2008). 网络社会支持对青少年心理健康的影响机制研究: 华中师范大学博士论文 [D].

[35] 刘爱书, 于增艳, 杨飞龙, 裴亮. (2011). 儿童社交退缩, 同伴关系和社会信息加工特点的关系 [J]. 心理科学, 34 (5), 1113-1119.

[36] 刘洋, 张大均. (2010). 评价恐惧理论及相关研究述评 [J]. 心理科学进展, 18 (1), 106-113.

[37] 刘一勤. (2011). 网络交往对主体行为影响浅析 [J]. 沧桑, 1, 218-219.

[38] 刘艳. (2012). 儿童青少年社交退缩的干预 [J]. 教育研究与实验, (1), 78-82.

[39] 吕玉平. (2000). 网络交往: 信息时代的新交往观 [J]. 理论观察, 4, 43-45.

[40] 罗家德. (2010). 社会网络分析讲义 [M]. 北京: 社会科学文献出版社.

[41] 罗喆慧, 万晶晶, 刘勤学, 方晓义. (2010). 大学生网络使用, 网络特定自我效能与网络成瘾的关系 [J]. 心理发展与教育, 26 (6), 618-626.

[42] 马利艳, 雷雳. (2008). 初中生生活事件, 即时通讯与孤独感之间的关系 [J]. 心理发展与教育, 4, 106-112.

[43] (美) 马斯洛. (1970). 动机与人格 (许金声 译) [M].

北京：中国人民大学出版社.

［44］（英）马汀·奇达夫.（2003）.社会网络与组织（蔡文彬 译）［M］.北京：中国人民大学出版社.

［45］马伟娜，曹亮，桑标.（2009）.从婴儿期到成年期的依恋稳定性［J］.心理科学，32（4），894-896.

［46］皮亚杰.（1981）.发生认识论原理（王宪钿 译）［M］.上海：商务印书馆.

［47］平凡，周宗奎，潘清泉.（2011）.大学生网络关系成瘾，自我表露和孤独感的关系［J］.中国临床心理学杂志，19（1），75-80.

［48］钱铭怡，王慈欣，刘兴华.（2007）.社交焦虑个体对于不同威胁信息的注意偏向［J］.心理科学，29（6），1296-1299.

［49］钱铭怡，章晓云，黄峥，张智丰，聂晶.（2006）.大学生网络关系依赖倾向量表（IRDI）的初步编制［J］.北京大学学报（自然科学版），42（6），802-806.

［50］沙利文.（1953）.精神病学的人际关系理论（李维 译）［M］.北京：北京大学出版社.

［51］苏亮，施慎逊.（2004）.焦虑障碍的功能性神经影像学研究进展［J］.中华精神科杂志，37（3），185-186.

［52］苏炫.（2008）.网络环境下学生的自我表露与师生关系促进［J］.医学教育探索，17（1），49-50 + 74.

［53］孙铃，陈会昌，单玲.（2004）.儿童期社交退缩的亚类型及与社会适应的关系［J］.心理科学进展，12（3），395-401.

［54］孙铃，陈会昌，彭晓明，陈欣银.（2005）.儿童早期到中期社交退缩行为的发展［J］.心理发展与教育，4，

19-23.

[55] 孙铃,陈会昌,郑淑杰,单玲,陈欣银.(2006).学前儿童社交退缩类型与气质 [J].中国心理卫生杂志,20(5),288-290.

[56] 孙晓军,周宗奎.(2007).儿童同伴关系对孤独感的影响 [J].心理发展与教育,23(1),24-29.

[57] 田佳,张磊.(2009).网络社会人际关系研究综述 [J].商业时代,6,84-85.

[58] 童星.(2001).网络与社会交往 [M].贵阳:贵州人民出版社.

[59] 秦前红,李少红.(2011).微博问政的规范化保护需求 [N].2011-11-27 取自 http://www.cssn.cn/news/431316.htm

[60] 万晶晶.(2002).初中生友谊发展及其与攻击行为的关系研究 [D].武汉:华中师范大学硕士论文.

[61] 万晶晶,周宗奎.(2005).社会退缩青少年的友谊特点 [J].心理发展与教育,21(003),33-36.

[62] 王陆.(2009).典型的社会网络分析软件工具及分析方法 [J].中国电化教育,4(267),95-100.

[63] 王倩倩,王鹏,韩磊,宫瑞莹,高峰强.(2009).大学生羞怯问题研究 [J].心理科学,32(1),204-206.

[64] 王小潞.(2009).汉语隐喻认知与 ERP 神经成像 [M].北京:高等教育出版社.

[65] 王小凡,李翔,陈关荣.(2005).复杂网络理论及其应用 [M].北京:清华大学出版社.

[66] 王玉花,于增艳,刘爱书,陈旭.(2010).儿童中期社交退缩亚类型的同伴关系特征 [J].中国特殊教育,1,

73 – 77.

[67] 魏华, 范翠英, 平凡, 郑璐璐. (2011). 网络游戏动机的种类, 影响及其作用机制 [J]. 心理科学进展, 19 (10), 1527-1533.

[68] 温忠麟, 侯杰泰. (2004). 结构方程模型检验, 拟合指数与卡方准则 [J]. 心理学报, 36 (2), 186-194.

[69] 温忠麟, 侯杰泰, 张雷, 刘红云. (2004). 中介效应的检验程序及其应用 [J]. 心理学报, 36 (5), 614-620.

[70] 肖崇好, 黄希庭. (2011). 社交焦虑个体外显与内隐自尊的研究 [J]. 心理科学, 34 (2), 289-292.

[71] 谢弗. (2000). 发展心理学: 儿童与青少年 (邹泓 译) [M]. 北京: 中国轻工业出版社.

[72] 谢弗. (2012). 社会性与人格发展 (陈会昌等 译) [M]. 北京: 人民邮电出版社.

[73] 徐夫真, 张文新. (2011). 青少年疏离感与病理性互联网使用的关系: 家庭功能和同伴接纳的调节效应检验 [J]. 心理学报, 43 (4), 410-419.

[74] 徐巍. (2007). 童年中期社交退缩类型与孤独感的关系研究 [D]. 武汉: 华中师范大学.

[75] 徐伟, 陈光辉, 曾玉, 张文新. (2011). 关系研究的新取向: 社会网络分析 [J]. 心理科学, 34 (2), 499-504.

[76] 徐莹, 张庆林. (2009). 吸烟者内隐态度的 ERP 研究 [J]. 心理学探新, 29 (2), 33-37.

[77] 杨小冬, 罗跃嘉. (2005). 焦虑障碍患者的注意偏向和自我注意特点 (综述) [J]. 中国心理卫生杂志, 19 (8), 545-548.

[78] 杨欣. (2010). 网络时代的人际交往伦理研究 [J]. 才

智，36，200-201.

[79] 叶平枝．（2004）．幼儿社交退缩游戏矫正的倒返实验研究 [J]．心理科学，27（1），231-233.

[80] 叶平枝．（2005）．儿童社会退缩的概念，分型及干预研究述评 [J]．学前教育研究，（11），22-24.

[81] 叶平枝．（2006）．幼儿社会退缩游戏干预的个案研究 [J]．学前教育研究，4，2.

[82] 余学军．（2008）．六度分割理论成就 SNS [J]．信息网络，11，37.

[83] 约翰·斯科特．（2007）．社会网络分析法（刘军 译）[M]．重庆：重庆大学出版社．

[84] 张春兴．（2010）．现代心理学（第三版）[M]．上海：上海人民出版社．

[85] 郑希付．（2008）．认知干扰还是情绪干扰：病理性网络使用大学生的内隐心理特点比较 [J]．心理学报，40（8），920-926.

[86] 张锋，沈模卫，徐梅，朱海燕，周宁．（2006）．互联网使用动机，行为与其社会—心理健康的模型构建 [J]．心理学报，38（3），407-413.

[87] 张国华，伍亚娜，雷雳．（2009）．青少年的同伴依恋，网络游戏偏好与"网络成瘾"的关系 [J]．中国临床心理学杂志，17（3），354-356.

[88] 张海涛，苏苓，王美芳．（2010）．网络成瘾与主观幸福感，人际关系和自尊的相关研究 [J]．黑龙江高教研究，12，30-32.

[89] 张琴，张婷，李红，王耘．（2011）．儿童特质推理与情绪和效价线索理解的关系 [J]．心理发展与教育，27

(5)，468－474.

[90] 张文海．(2006)．贫困大学生人际交往的团体心理辅导效果 [J]．中国临床康复，9 (40)，13-15.

[91] 张雯，张日昇，孙凌．(2010)．近十年来箱庭疗法在中国的研究新进展 [J]．心理科学，(2)，390-392.

[92] 张文文．(2010)．社会退缩幼儿的沙盘游戏特征与干预研究 [D]．华东师范大学．

[93] 张妍，孔繁昌，郭英，任俊，陈红．(2012)．内隐还是外显记忆：对女性面孔吸引力，记忆偏好的 ERP 研究 [J]．北京大学学报（自然科学版），48 (1)，160-168.

[94] 赵德华，王晓霞．(2005)．网络人际交往动机探析 [J]．社会科学 (011)，118-123.

[95] 郑淑杰，陈会昌，陈欣银．(2005)．儿童社会退缩行为影响因素的追踪研究 [J]．心理科学，28 (4)，833-836.

[96] 郑希付，沈家宏．(2009)．网络成瘾的心理学研究—认知和情绪加工 [M]．广州：暨南大学出版社．

[97] 第30次中国户联网络发展状况报告 [R]．(2013)．中国互联网络信息中心．

[98] 周涛．(2003)．大学生社交焦虑与网络成瘾的相关研究 [J]．湖南师范大学教育科学学报，2 (3)，85-87.

[99] 周筱芬．(2007)．博客对文化变迁的影响 [D]．湖南师范大学硕士学位论文．

[100] 周宗奎．(2002)．儿童的社会技能 [M]．武汉：华中师范大学出版社．

[101] 周宗奎．(2011)．儿童青少年发展心理学 [M]．武汉：华中师范大学出版社．

[102] 周宗奎，孙晓军，向远明，刘久军．(2008)．童年中期

儿童同伴交往与孤独感的交叉滞后分析 [J]. 心理科学, 30 (6), 1309-1313.

[103] 周宗奎, 朱婷婷, 孙晓军, 刘久军. (2006). 童年中期社交退缩类型与友谊和孤独感的关系研究 [J]. 心理科学, 29 (3), 536-540.

[104] 周宗奎, 赵冬梅, 孙晓军, 定险峰. (2006). 儿童的同伴交往与孤独感: 一项 2 年纵向研究 [J]. 心理学报, 38 (5), 743-750.

[105] 朱旭, 江光荣. (2011). 当事人眼里的工作同盟: 质的分析 [J]. 心理学报, 43 (4), 420-431.

英文文献

[1] Acquisti, A., & Gross, R. (2006). Imagined communities: Awareness, information sharing, and privacy on the facebook [J]. Privacy Enhancing Technologies Workshop (PET).

[2] Adelman, M. B., Parks, M. R., & Albrecht, T. L. (1987). Beyond close relationships: Support in weak ties [M]. In T. L. Albrecht & M. B. Adelman (Eds.), Communicating Social Support (pp. 126-147). Newbury Park, CA: Sage.

[3] Allen, J. P., McElhaney, K. B., Kuperminc, G. P., & Jodl, K. M. (2004). Stability and change in attachment security across adolescence [J]. Child Development, 75 (6), 1792-1805.

[4] Amichai-Hamburger, Y. (2002). Internet and personality [J]. Computers in Human Behavior, 18 (1), 1-10.

[5] Amichai-Hamburger, Y., & Ben-Artzi, E. (2003). Loneliness and Internet use [J]. Computers in Human Behavior, 19

(1), 71-80.

[6] Amichai-Hamburger, Y. , Wainapel, G. , & Fox, S. (2002) . "On the Internet no one knows I'm an introvert": Extroversion, neuroticism, and Internet interaction [J]. CyberPsychology & Behavior, 5 (2), 125-128.

[7] Amato-Zech, N. A. , Hoff, K. E. , & Doepke, K. J. (2006). Increasing on-task behavior in the classroom: Extension of self-monitoring strategies [J]. Psychology in the Schools, 43 (2), 211-221.

[8] Archenbach, T. , & Edelbrock, C. (1983) . Manual for the child behavior checklist and revised child behavior profile [J]. Burlington, Vt: University of Vermont.

[9] Asendorpf, J. B. (1990) . Development of inhibition during childhood: Evidence for situational specificity and a two-factor model [J] . Developmental Psychology, 26, 721-730.

[10] Asendorpf, J. B. (1990) . Beyond social withdrawal: Shyness, unsociability, and peer avoidance [J] . Human Development, 33 (4-5), 250-259.

[11] Asendorpf, J. B. (1991) . Development of inhibited children's coping with unfamiliarity [J] . Child Development, 62, 1460-1474.

[12] Askar, P. (2011) . Social network analysis for e-learning environments [J] . Procedia-Social and Behavioral Sciences, 28, 992.

[13] Bargh, J. A. , McKenna, K. Y. A. , & Fitzsimons, G. M. (2002) . Can you see the real me? Activation and expression of the "true self" on the Internet [J] . Journal of social is-

sues, 58 (1), 33-48.

[14] Bar-Haim, Y. , Marshall, P. J. , Fox, N. A. , Schorr, E. A. , & Gordon-Salant, S. (2003). Mismatch negativity in socially withdrawn children [J]. Biological psychiatry, 54 (1), 17-24.

[15] Beaton, E. A. , Schmidt, L. A. , Schulkin, J. , Antony, M. M. , Swinson, R. P. , & Hall, G. B. (2008). Different neural responses to stranger and personally familiar faces in shy and bold adults [J]. Behavioral Neuroscience, 122 (3), 704-709.

[16] Becker, E. S. , Roth, W. T. , Andrich, M. , & Margraf, J. (1999). Explicit memory in anxiety disorders [J]. Journal of Abnormal Psychology, 108 (1), 153-163.

[17] Ben-Ze' ev, A. (2003). Privacy, emotional closeness, and openness in cyberspace [J]. Computers in Human Behavior, 19 (4), 451 – 467.

[18] Beran, T. (2008). Stability of harassment in children: Analysis of the Canadian National Longitudinal Survey of Children and Youth data [J]. The Journal of Psychology: Interdisciplinary and Applied, 142 (2), 131-146.

[19] Berkman, L. F. , & Syme, S. L. (1979). Social networks, host resistance, and mortality: a nine-year follow-up study of Alameda County residents [J]. American Journal of Epidemiology, 109 (2), 186-204.

[20] Berkowitz, S. D. , & Heil, G. (1980). Dualities in Methods of Social Network Research [M]. Structural Analysis Programme. Toronto, Canada.

[21] Bessière, K. , Ellis, J. B. , & Kellogg, W. A. (2009).
Acquiring a professional second life: problems and prospects for
the use of virtual worlds in business [R]. Paper presented at
the 27th International Conference Extended Abstracts on Hu-
man Factors in Computing Systems, Boston, MA.

[22] Betsy, S. , Jenny, L. , & Daniel, M. W. (2011). Google
effects on memory: cognitive consequences of having informa-
tion at our fingertips [J]. www. sciencexpress. org.

[23] Bonetti, L. , Campbell, M. A. , & Gilmore, L. (2010).
The relationship of loneliness and social anxiety with children's
and adolescents' online communication [J]. Cyberpsycholo-
gy, Behavior, and Social Networking, 13 (3), 279-285.

[24] Braithwaite, D. O. , Waldron, V. R. , & Finn, J. (1999).
Communication of social support in computer-mediated groups
for people with disabilities [J]. Health Communication, 11
(2), 123-151.

[25] Brennan, P. F. , Moore, S. M. , & Smyth, K. A. (1992).
Alzheimer's disease caregivers' uses of a computer network
[J]. Western Journal of Nursing Research, 14 (5),
662-673.

[26] Brown, J. R. , Donelan-McCall, N. , & Dunn, J. (1996).
Why talk about mental states? The significance of children's
conversations with friends, siblings, and mothers [J]. Child
Development, 67 (3), 836-849.

[27] Brunet, P. M. , & Schmidt, L. A. (2007). Is shyness con-
text specific? Relation between shyness and online self-disclo-
sure with and without a live webcam in young adults [J].

Journal of Research in Personality, 41 (4), 938-945.

[28] Burgess, K., Wojslawowicz, J., Rubin, K., Rose-Krasn-or, L., & Booth, C. (2003). The" Extended Class Play": A longitudinal study of its factor structure, reliability, and validity [R]. Paper presented at the Biennial Meeting of the Society for Research in Child Development, Tampa, FL.

[29] Burt, R. S. (1995). Structural holes: The social structure of competition [M]. Cambridge, Massachusetts: Harvard University Press.

[30] Buss, A. H., & Plomin, R. (1984). Temperament: Early developing personality traits [M]. Hillsdale, NJ: Erlbaum.

[31] Buss, K. A., Schumacher, J. R. M., Dolski, I., Kalin, N. H., Goldsmith, H. H., & Davidson, R. J. (2003). Right frontal brain activity, cortisol, and withdrawal behavior in 6-month-old infants [J]. Behavioral Neuroscience, 117 (1), 11-20.

[32] Byrne, B. M., & Shavelson, R. J. (1987). Adolescent self-concept: testing the assumption of equivalent structure across gender [J]. American Educational Research Journal, 24 (3), 365-385.

[33] Cartwright, D., & Harary, F. (1956). Structural balance: A generalization of Heider's theory [J]. Psychological Review, 63 (5), 277-292.

[34] Chang, L., Li, K. K., Lei, L., Liu, H., Guo, B., Wang, Y., & Fung, K. Y. (2005). Peer acceptance and self-perceptions of verbal and behavioural aggression and social withdrawal [J]. International Journal of Behavioral Develop-

ment, 29 (1), 48-57.

[35] Chen, W. (2010). Internet-usage patterns of immigrants in the process of intercultural adaptation [J]. Cyberpsychology, Behavior, and Social Networking, 13 (4), 387-399.

[36] Chou, C. P., & Bentler, P. (1995). Estimates and tests in structural equation modeling. In R Hoyle. Structure equation modeling: concepts, issues, and applications [M]. Newbury Park, CA: Sage.

[37] Chou, T. J., & Ting, C. C. (2003). The role of flow experience in cyber-game addiction [J]. CyberPsychology & Behavior, 6 (6), 663-675.

[38] Christakis, N. A., & Fowler, J. H. (2007). The spread of obesity in a large social network over 32 years [J]. New England Journal of Medicine, 357 (4), 370-379.

[39] Christensen, L., Young, K. R., & Marchant, M. (2007). Behavioral intervention planning: Increasing appropriate behavior of a socially withdrawn student [J]. Education and Treatment of Children, 30 (4), 81-103.

[40] Chung, Donghan. (2003). I am not a lonely Person any more : interpersonal relationships in ComPuter- Mediated- Communieation. Finding Friends and Making Confessionsin in Cyb erspaee. [M] ICA.

[41] Clark, D. M., & Wells, A. (1995). A cognitive model of social phobia. In R. G. Heimberg, M. R. Liebowitz, D. A. Hope & F. R. Schneier (Eds.), Social Phobia: Diagnosis, Assessment, and Treatment [M] (pp. 69-93). New York: Guilford Press.

[42] Cohen, S. , Doyle, W. J. , Skoner, D. P. , Rabin, B. S. , & Gwaltney Jr, J. M. (1997). Social ties and susceptibility to the common cold [J]. The Journal of the American Medical Association, 277 (24), 1940-1944.

[43] Cole, J. (2000). Surveying the digital future [R]. UCLA Center for Communication Policy, Los Angeles.

[44] Coleman, J. A. , Galaczi, á. , & Astruc, L. (2007). Motivation of UK school pupils towards foreign languages: a large-scale survey at Key Stage 3 [J]. Language Learning Journal, 35 (2), 245-280.

[45] Cooper, N. S. (2006). The identification of psychological and social correlates of Internet use in children and teenagers [J]. Alliant International University, LOS ANGELES.

[46] Coplan, R. J. , Arbeau, K. A. , & Armer, M. (2008). Don't fret, be supportive! Maternal characteristics linking child shyness to psychosocial and school adjustment in kindergarten [J]. Journal of Abnormal Child Psychology, 36 (3), 359-371.

[47] Coplan, R. J, Rubin, K. H. , Fox, N. A. , Calkins, S. D. , & Stewart. S. L. (1994). Being alone, playing alone, and acting alone: Distinguishing among reticence and passive and active solitude in young children [J]. Child Development, 65 (1), 129-137.

[48] Coplan, R. J. , Prakash, K. , O' Neil, K. , & Armer, M. (2004). Do you" want" to play? Distinguishing between conflicted shyness and social disinterest in early childhood [J]. Developmental Psychology, 40 (2), 244-258.

[49] Coplan, R. J., Rose-Krasnor, L., Weeks, M., Kingsbury, A., Kingsbury, M., & Bullock, A. (2013). Alone is a crowd: Social motivations, social withdrawal, and socioemotional functioning in later childhood [J]. Developmental psychology, 49 (5), 861.

[50] Cranor, L. F., Reagle, J., & Ackerman, M. S. (2000). Beyond concern: Understanding net users' attitudes about online privacy. In B. M. Compaine & I. Vogelsang (Eds.), The Internet Upheaval: Raising Questions, Seeking Answers in Communications Policy [M] (pp. 47-70). Cambridge, MA: MIT Press.

[51] D' Amico, A. V., Whittington, R., Malkowicz, S. B., Fondurulia, J., Chen, M. H. U. I., Tomaszewski, J. E., & Wein, A. (1998). The combination of preoperative prostate specific antigen and postoperative pathological findings to predict prostate specific antigen outcome in clinically localized prostate cancer [J]. The Journal of Urology, 160 (6), 2096-2101.

[52] Davids, C. C. (2005). The sandplay therapy process of a thirteen year old girl: a case study (Doctoral dissertation, Stellenbosch: University of Stellenbosch) [J].

[53] Davis, R. A., Flett, G. L., & Besser, A. (2002). Validation of a new scale for measuring problematic Internet use: Implications for pre-employment screening [J]. CyberPsychology & Behavior, 5 (4), 331-345.

[54] Deci, E. L., & Ryan, R. M. (1985). Intrinsic motivation and self-determination in human behavior [J]. New York:

Plenum.

[55] Degnan, K. A. , & Fox, N. A. (2007) . Behavioral inhibition and anxiety disorders: Multiple levels of a resilience process [J] . Development and Psychopathology, 19 (3), 729-746.

[56] Donnellan, M. B. , Conger, R. D. , & Burzette, R. G. (2007) . Personality Development From Late Adolescence to Young Adulthood: Differential Stability, Normative Maturity, and Evidence for the Maturity - Stability Hypothesis [J]. Journal of Personality, 75 (2), 237-264.

[57] Dunn, J. , Cutting, A. L. , & Fisher, N. (2002) . Old friends, new friends: Predictors of children's perspective on their friends at school [J] . Child Development, 73 (2), 621-635.

[58] Ebeling-Witte, S. , Frank, M. L. , & Lester, D. (2007). Shyness, Internet use, and personality [J]. CyberPsychology & Behavior, 10 (5), 713-716.

[59] Ehrenberg, A. , Juckes, S. , White, K. M. , & Walsh, S. P. (2008) . Personality and self-esteem as predictors of young people's technology use [J] . CyberPsychology & Behavior, 11 (6), 739-741.

[60] Ellison, N. B. , Steinfield, C. , & Lampe, C. (2007). The benefits of Facebook "Friends:" Social capital and college students' use of online social network sites [J] . Journal of Computer-Mediated Communication, 12 (4), 1143-1168.

[61] Erath, S. A. , Flanagan, K. S. , & Bierman, K. L. (2007). Social anxiety and peer relations in early adoles-

cence: Behavioral and cognitive factors [J] . Journal of Abnormal Child Psychology, 35 (3), 405-416.

[62] Fantuzzo, J. , Manz, P. , Atkins, M. , & Meyers, R. (2005) . Peer-mediated treatment of socially withdrawn maltreated preschool children: Cultivating natural community resources [J] . Journal of Clinical Child and Adolescent Psychology, 34 (2), 320-325.

[63] Fine, A. , Sifry, M. , Rasiej, A. , & Levy, J. (2008). Rebooting America [M] . New York: Personal Democracy Press.

[64] Flahive, M. H. W. (2005) . Group sandtray therapy at school with preadolescents identified with behavioral difficulties (Doctoral dissertation, University of North Texas) [J] .

[65] Fogel, J. , & Nehmad, E. (2009) . Internet social network communities: Risk taking, trust, and privacy concerns [J]. Computers in Human Behavior, 25 (1), 153-160.

[66] Fox, N. , & Calkins, S. (1993) . Pathways to aggression and social withdrawal: Interactions among temperament, attachment, and regulation. In K. H. Rubin & J. B. Asendorpf (Eds.), Social Withdrawal, Inhibition, and Shyness in Childhood (pp. 81-100) [M] . Hillsdale, NJ: Lawrence Erlbaum Associates.

[67] Fox, N. A. , Henderson, H. A. , Marshall, P. J. , Nichols, K. E. , & Ghera, M. M. (2005) . Behavioral inhibition: Linking biology and behavior within a developmental framework [J] . Annu. Rev. Psychol. , 56, 235-262.

[68] Fox, N. A. , Henderson, H. A. , Rubin, K. H. , Calkins,

S. D. , & Schmidt, L. A. （2001）. Continuity and disconti-
nuity of behavioral inhibition and exuberance: Psychophysiolog-
ical and behavioral influences across the first four years of life
[J]. Child Development, 72 （1）, 1-21.

[69] Franzen, A. （2000）. Does the Internet make us lonely? [J]
European Sociological Review, 16 （4）, 427-438.

[70] Fu, F. , Liu, L. , & Wang, L. （2008）. Empirical analy-
sis of online social networks in the age of Web 2. 0 [J]. Phys-
ica A: Statistical Mechanics and its Applications, 387 （2-3）,
675-684.

[71] Garnifski, N. , Kraaij, V. , & Spinhoven, Ph. （2001）.
Negative life events, cognitive emotion regulation and emotion-
al problems [J]. Personality and Individual Differences, 30,
1311-1327.

[72] Gazelle, H. （2006）. Class climate moderates peer relations
and emotional adjustment in children with an early history of
anxious solitude: A childenvironment model [J]. Develop-
mental Psychology, 42 （6）, 1179-1192.

[73] Gazelle, H. （2008）. Behavioral profiles of anxious solitary
children and heterogeneity in peer relations [J]. Developmen-
tal Psychology, 44 （6）, 1604-1624.

[74] Gazelle, H. , & Ladd, G. W. （2003）. Anxious solitude
and peer exclusion: A diathesis-stress model of internalizing
trajectories in childhood [J]. Child Development, 74 （1）,
257-278.

[75] Gazelle, H. , & Rubin, K. H. （2010）. Social anxiety in
childhood: Bridging developmental and clinical perspectives

[J]. New directions for child and adolescent development, 2010 (127), 1-16.

[76] Gazelle, H., Workman, J. O., & Allan, W. (2010). Anxious solitude and clinical disorder in middle childhood: Bridging developmental and clinical approaches to childhood social anxiety [J]. Journal of Child Psychology, 38, 1-17.

[77] Gershuny, J. (2003). Changing times: Work and leisure in postindustrial society [M]. New York: Oxford University Press.

[78] Gosling, S. D., Rentfrow, P. J., & Swann, W. B. (2003). A very brief measure of the Big-Five personality domains [J]. Journal of Research in Personality, 37 (6), 504-528.

[79] Granovetter, M. S. (1973). The strength of weak ties [J]. American Journal of Sociology, 78 (6), 1360-1380.

[80] Grimmelmann, J. (2009). Facebook and the social dynamics of privacy [J]. Iowa Law Review, 95 (4), 1-52.

[81] Gross, E. F. (2004). Adolescent Internet use: What we expect, what teens report [J]. Journal of Applied Developmental Psychology, 25 (6), 633-649.

[82] Gross, J. J. (1998). Antecedent and response-focused emotion regulation: divergent consequences for experience, expression, and physiology [J]. Journal of Personality and Social Psychology, 74, 224-237.

[83] Gross, J. J. (1998). The emerging field of emotion regulation: An integrative review [J]. Review of General Psychology, 2 (3), 271-299.

[84] Gross, J. J. , & Ricardo, F. (1995) . Emotion regulation and mental health [J] . American Psychological Association, 95, 151-164.

[85] Guralnick, M. J. , Hammond, M. A. , Connor, R. T. , & Neville, B. (2006) . Stability, change, and correlates of the peer relationships of young children with mild developmental delays [J] . Child Development, 77 (2), 312-324.

[86] Hamilton, H. E. (1998) . Reported Speech and Survivor Identity in On-Line Bone Marrow Transplantation Narratives [J] . Journal of Sociolinguistics, 2 (1), 53-67.

[87] Hamre, B. K. , & Pianta, R. C. (2006) . Student-Teacher Relationships. In G. G. Bear & K. M. Minke (Eds.), Children' needs Ⅲ: Development, prevention, and intervention (pp. 59-71) [J] . Washington, DC: National Association of School Psychologists.

[88] Hamulic, I. , & Bijedic, N. (2009) . Social network analysis in virtual learning community at faculty of information technologies (fit), Mostar [J] . Procedia-Social and Behavioral Sciences, 1 (1), 2269-2273.

[89] Han, S. , & Kim, B. J. (2008) . Network analysis of an online community. Physica A: Statistical Mechanics and its Applications [J], 387 (23), 5946-5951.

[90] Hart, C. H. , Yang, C. , Nelson, L. J. , Robinson, C. C. , Olsen, J. A. , Nelson, D. A. , Porter, C. L. , Jin, S. , Olsen, S. F. , & Wu, P. (2000) . Peer acceptance in early childhood and subtypes of socially withdrawn ehavior in China, Russia, and the United States [J] . International Journal of

Behavioral Development, 24 (1), 73-81.

[91] Hastings, P. D. , Rubin, K. H. , & DeRose, L. (2005).
Links among gender, inhibition, and parental socialization in
the development of prosocial behavior [J] . Merrill Palmer
Quarterly, 51 (4), 467-493.

[92] Hegerl, U. , Pfeiffer-Gerschel, T. , Seidscheck, I. , &
Niedermeier, N. (2005). Suizid und Internet [J]. Ver-
haltenstherapie, 15 (1), 20-26.

[93] Heitner, E. I. (2002) . The relationship between use of the
Internet and social development in adolescence [J]. Disserta-
tion Abstracts International, 63 (1), 43-71.

[94] Henderson, H. A. , Marshall, P. J. , Fox, N. A. , & Ru-
bin, K. H. (2004). Psychophysiological and behavioral evi-
dence for varying forms and functions of nonsocial behavior in
preschoolers [J] . Child Development, 75 (1), 251-263.

[95] Henderson, L. , & Zimbardo, P. (1998). Shyness. Ency-
clopedia of mental health [M] . San Diego: Academic Press.

[96] Henderson, L. , & Zimbardo, P. G. (2001) . Shyness as a
clinical condition: The Stanford model [J] . In W. R. Crozier
& L. E. Alden (Eds.), International Handbook of Society
Anxiety (pp. 431- 447) . New York: John Wiley & Sons.

[97] Hill, C. E. , Knox, S. , Thompson, B. J. , Williams,
E. N. , Hess, S. A. , & Ladany, N. (2005) . Consensual
Qualitative Research: An Update [J] . Journal of Counseling
Psychology, 52 (2), 196-205.

[98] Hill, C. E. , Thompson, B. J. , & Williams, E. N.
(1997). A guide to conducting consensual qualitative research

[J] . The Counseling Psychologist, 25 (4) , 517-572.

[99] Hinde, R. A. (1987) . Individuals, relationships & culture: Links between ethology and the social sciences [M]. Cambridge, England: Cambridge University Press.

[100] Hoffman, D. L. , Novak, T. P. , & Venkatesh, A. (2004). Has the Internet become indispensable? Empirical findings and model development [J] . Communications of the ACM, 47 (7) , 37-42.

[101] Huisman, M. , & Van Duijn, M. A. J. (2005) . Software for social network analysis [M] . In P. J. Carrington, J. Scott & S. Wasserman (Eds.) , Models and Methods in Social Network Analysis (pp. 270-316) . Cambridge, England: Cambridge University Press.

[102] Isaacs, E. , Walendowski, A. , Whittaker, S. , Schiano, D. J. , & Kamm, C. (2002) . The character, functions, and styles of instant messaging in the workplace [R] . Paper presented at the 2002 ACM Conference on Computer Supported Cooperative Work, New Orleans, Louisiana, USA.

[103] Ishii, K. (2010) . Conflict management in online relationships [J] . Cyberpsychology, Behavior, and Social Networking, 13 (4) , 365-370. Doi: 10. 1089/cyber. 2009. 0272.

[104] Jernigan, C. , & Mistree, B. F. T. (2009) . Gaydar: Facebook friendships expose sexual orientation [J] . First Monday, 14 (10) .

[105] Jones, S. M. , Brown, J. L. , Hoglund, W. L. , & Aber, J. L. (2010) . A school-randomized clinical trial of an integrated social-emotional learning and literacy intervention: Im-

pacts after 1 school year [J] . Journal of consulting and clinical psychology, 78 (6), 829.

[106] John, P. , & Urs, G. (2008) . Born digital : understanding the first generation of digital natives [M] . New York: Basic Books.

[107] John, O. P. , & Srivastava, S. (1999) . The Big Five trait taxonomy: History, measurement, and theoretical perspectives [M] . In L. Pervin & O. P. John (Eds.), Handbook of personality: Theory and Research (Vol. 2, pp. 102-138). New York: Guilford.

[108] Jones, E. E. , Rhodewalt, F. , Berglas, S. , & Skelton, J. A. (1981) . Effects of strategic self-presentation on subsequent self-esteem [J] . Journal of Personality and Social Psychology, 41 (3), 407.

[109] Jucks, R. , Becker, B. M. , & Bromme, R. (2008). Lexical Entrainment in Written Discourse: Is Experts' Word Use Adapted to the Addressee? [J] Discourse Processes, 45 (6), 497-518.

[110] Jucks, R. , Bromme, R. , & Runde, A. (2007). Explaining with unshared illustrations: How they constrain explanations [J] . Learning and Instruction, 17, 204-218.

[111] Jünemann, E. , & Lloyd, B. (2003) . Consulting for virtual excellence: virtual teamwork as a task for consultants [J] . Team Performance Management, 9 (7/8), 182-189.

[112] Kagan, J. , Snidman, N. , Kahn, V. , & Towsley, S. (2007) . The preservation of two infant temperaments into adolescence: I. Introduction [J] . Monographs of the Society for

Research in Child Development, 72, 1-95.

[113] Kapferer, B. (1972). Strategy and transaction in an African factory: African workers and Indian management in a Zambian town (Vol. 10) [M]. Manchester, ND: Manchester University Press.

[114] Katz, J., & Rice, R. E. (2009). Technical opinion Falling into the net: main street America playing games and making friends online [J]. Communications of the ACM, 52 (9), 149-150.

[115] Katz, J. E., & Aspden, P. (1997). Friendship formation in cyberspace: Analysis of a national survey of users [N]. Retrieved March 15, 2012, from http://www.publicus.net/emfa/friendship.htm

[116] Knappe, S., Lieb, R., Beesdo, K., Fehm, L., Ping Low, N. C., Gloster, A. T., & Wittchen, H. U. (2009). The role of parental psychopathology and family environment for social phobia in the first three decades of life [J]. Depression and anxiety, 26 (4), 363-370.

[117] Knoke, D. (1994). Political networks: the structural perspective [M]. New York: Cambridge University Press.

[118] Kosslyn, S. M. (2007). Clear and to the point: 8 psychological principles for compelling PowerPoint presentations [M]. New York: Oxford University Press.

[119] Krackhardt, D. (1992). The strength of strong ties: The importance of philos in organizations [M]. In R. G. Eccles & N. Nohria (Eds.), Networks and Organizations: Structure, Form, and Action (pp. 216-239). Boston: Harvard Business

School Press.

[120] Kraut, R. , Patterson, M. , Lundmark, V. , Kiesler, S. , Mukophadhyay, T. , & Scherlis, W. (1998) . Internet paradox: A social technology that reduces social involvement and psychological well-being? [J] American psychologist, 53 (9), 1017-1031.

[121] Ladd, G. W. (2006) . Peer rejection, aggressive or withdrawn behavior, and psychological maladjustment from ages 5 to 12: An examination of four predictive models [J] . Child Development, 77 (4), 822-846.

[122] Ladd, G. W. , & Profilet, S. M. (1996) . The Child Behavior Scale: A teacher-report measure of young children's aggressive, withdrawn, and prosocial behaviors [J]. Developmental Psychology, 32 (6), 1008-1024.

[123] Lamberg, L. (1997) . Online support group helps patients live with, learn more about the rare skin cancer CTCL-MF [J] . JAMA: the journal of the American Medical Association, 277 (18), 1422-1423.

[124] Lampe, C. , Ellison, N. , & Steinfield, C. (2006) . A Face (book) in the crowd: Social searching vs. social browsing [R] . Paper presented at the 2006 20th anniversary conference on computer-supported cooperative work (CSCW2006), New York.

[125] Lansford, J. E. , Killeya-Jones, L. A. , Miller, S. , & Costanzo, P. R. (2009) . Early Adolescents' Social Standing in Peer Groups: Behavioral Correlates of Stability and Change [J] . Journal of youth and adolescence, 38 (8),

1084-1095.

[126] Layder, D. (1992). New Strategies in Social Research [M]. Cambridge: Polity Press.

[127] Leask, M. , & Younie, S. (2001). Building online communities for teachers: Issues emerging from research [M]. In M. Leask (Ed.), Issues in Teaching Using ICT (pp. 223-232). London: Routledge Falmer.

[128] Lei, L. , & Wu, Y. (2007). Adolescents' paternal attachment and Internet use [J]. CyberPsychology & Behavior, 10 (5), 633-639.

[129] Lenhart, A. , Rainie, L. , & Lewis, O. (2001). Teenage life online: The rise of the instant-message generation and the Internet' s impact on friendships and family relationships [R]. Washington, DC: Pew Internet & American Life Project

[130] Lieb, R. , Wittchen, H. U. , Hofler, M. , Fuetsch, M. , Stein, M. B. , & Merikangas, K. R. (2000). Parental psychopathology, parenting styles, and the risk of social phobia in offspring: a prospective-longitudinal community study [J]. Archives of General Psychiatry, 57 (9), 859-866.

[131] Lieberman, D. (1992). The computer' s potential role in health education [J]. Health Communication, 4 (3), 211-225.

[132] Loytsker, J. , & Aiello, J. (1997). Internet addiction and its personality correlates [R]. Paper presented at the Annual Meeting of the Eastern Psychological Association, Washington, D. C.

[133] Madell, D. , & Muncer, S. (2006) . Internet communication: an activity that appeals to shy and socially phobic people? [J] CyberPsychology & Behavior, 9 (5), 618-622.

[134] Marlatt, G. A. , Baer, J. S. , Donovan, D. M. , & Kivlahan, D. R. (1988) . Addictive behaviors: Etiology and treatment [J] . Annual Review of Psychology, 39 (1), 223-252.

[135] Masten, A. S. , Morison, P. , & Pellegrini, D. S. (1985). A revised class play method of peer assessment [J]. Developmental Psychology, 21 (3), 523-533.

[136] McClure, E. B. , & Pine, D. S. (2006) . Social anxiety and emotion regulation: A model for developmental psychopathology perspectives on anxiety disorders [J] . Developmental Psychopathology, 3 (12), 470-502.

[137] McCrae, R. R. , & Costa Jr, P. T. (1997) . Personality trait structure as a human universal [J] . American Psychologist, 52 (5), 509-516.

[138] McEvoy, P. M. , Nathan, P. , Rapee, R. M. , & Campbell, B. N. (2012) . Cognitive behavioural group therapy for social phobia: Evidence of transportability to community clinics [J] . Behaviour research and therapy, 50 (4), 258-265.

[139] McKenna, K. Y. A. , & Bargh, J. A. (1998) . Coming out in the age of the Internet: Identity" demarginalization" through virtual group participation [J] . Journal of personality and social psychology, 75 (3), 681-694.

[140] McKenna, K. Y. A. , & Bargh, J. A. (2000) . Plan 9 from

cyberspace: The implications of the Internet for personality and social psychology [J]. Personality and Social Psychology Review, 4 (1), 57-75.

[141] McKenna, K. Y. A., Green, A. S., & Gleason, M. E. J. (2002). Relationship formation on the Internet: What's the big attraction? [J] Journal of social issues, 58 (1), 9-31.

[142] Mehra, A., Kilduff, M., & Brass, D. J. (2001). The social networks of high and low self – monitors: Implications for workplace performance [J]. Administrative science quarterly, 46 (1), 121-146.

[143] Mercken, L., Snijders, T. A. B., Steglich, C., & De Vries, H. (2009). Dynamics of adolescent friendship networks and smoking behavior: Social network analyses in six European countries [J]. Social Science & Medicine, 69 (10), 1506-1514.

[144] Mercken, L., Snijders, T. A. B., Steglich, C., Vartiainen, E., & De Vries, H. (2010). Dynamics of adolescent friendship networks and smoking behavior [J]. Social Networks, 32 (1), 72-81.

[145] Mesch, G., & Talmud, I. (2006). Online friendship formation, communication channels, and social closeness [J]. International Journal of Internet Science, 1 (1), 29-44.

[146] Mesch, G. S. (2001). Social relationships and Internet use among adolescents in Israel [J]. Social Science Quarterly, 82 (2), 329-339.

[147] Mickelson, K. D. (1997). Seeking social support: Parents

in electronic support groups [M] . In S. Kiesler (Ed.),
Culture of the Internet (pp. 157-178) . Mahhwah, NJ: Er-
haum.

[148] Miller, S. R. , Murry, V. M. , & Brody, G. H. (2005).
Parents' problem solving with preadolescents and its associa-
tion with social withdrawal at school: Considering parents'
stress and child gender [J] . Fathering: A Journal of Theo-
ry, Research, and Practice about Men as Fathers, 3 (2),
147-163.

[149] Moody, E. J. (2001) . Internet use and its relationship to
loneliness [J] . CyberPsychology & Behavior, 4 (3),
393-401.

[150] Morahan-Martin, J. , & Schumacher, P. (2000). Inci-
dence and correlates of pathological Internet use among college
students [J] . Computers in Human Behavior, 16 (1), 13-
29.

[151] Mörtberg, E. , Hoffart, A. , Boecking, B. , & Clark,
D. M. (2013) . Shifting the Focus of One' s Attention Me-
diates Improvement in Cognitive Therapy for Social Anxiety
Disorder [J] . Behavioural and cognitive psychotherapy,
1-11.

[152] Moscovitch, D. A. , Santesso, D. L. , Miskovic, V. , Mc-
Cabe, R. E. , Antony, M. M. , & Schmidt, L. A.
(2011). Frontal EEG asymmetry and symptom response to
cognitive behavioral therapy in patients with social anxiety dis-
order [J] . Biological Psychology, 87 (3), 379-385.

[153] Mundt, M. P. (2011) . The Impact of Peer Social Networks

on Adolescent Alcohol Use Initiation ［J］. Academic Pediatrics.

［154］ Neustadtl, A. , & Robinson, J. P. （2002）. Social contact differences between Internet users and nonusers in the general social survey ［J］. IT & Society, 1 （1）, 73-102.

［155］ Nie, N. H. , & Hillygus, D. S. （2001）. Education and democratic citizenship. In D. Ravitch & J. P. Viteritti （Eds.）, Making Good Citizens: Education and Civil Society ［M］. New Haven, CT: Yale University Press.

［156］ Oh, W. , Rubin, K. H. , Bowker, J. C. , Booth-LaForce, C. , Rose-Krasnor, L. , & Laursen, B. （2008）. Trajectories of social withdrawal from middle childhood to early adolescence ［J］. Journal of Abnormal Child Psychology, 36 （4）, 553-566.

［157］ Okdie, B. M. , Guadagno, R. E. , Bernieri, F. J. , Geers, A. L. , & Mclarney-Vesotski, A. R. （2011）. Getting to know you: Face-to-face versus online interactions ［J］. Computers in Human Behavior, 27 （1）, 153-159.

［158］ Palfrey, J. （2008）. Enhancing Child Safety & Online Technologies ［M］. Retrieved Feb 20, 2012, from http://www. cap-press. com/pdf/1997. pdf

［159］ Papacharissi, Z. , & Rubin, A. M. （2000）. Predictors of Internet use ［J］. Journal of Broadcasting & Electronic Media, 44 （2）, 175-196.

［160］ Papageorgiou, C. , & Wells, A. （2004）. Depressive rumination: nature, theory, and treatment of negative thinking in depression ［M］. New York: Wiley.

[161] Parker, J. G. , & Asher, S. R. (1993) . Friendship and friendship quality in middle childhood: Links with peer group acceptance and feelings of loneliness and social dissatisfaction [J] . Developmental Psychology, 29 (4) , 611-621.

[162] Parker, J. G. , Rubin, K. H. , Erath, S. A. , Wojslawow-icz, J. C. , & Buskirk, A. A. (2006) . Peer relationships, child development, and adjustment: A developmental psycho-pathology perspective [J] . Developmental Psychopathology: Theory and Method, 1, 419-493.

[163] Parks, M. R. , & Floyd, K. (1996) . Making friends in cyberspace [J] . Journal of Communication, 46 (1) , 80-97.

[164] Peris, R. , Gimeno, M. A. , Pinazo, D. , Ortet, G. , Carrero, V. , Sanchiz, M. , & Ibanez, I. (2002) . On-line chat rooms: Virtual spaces of interaction for socially ori-ented people [J] . CyberPsychology & Behavior, 5 (1) , 43-51.

[165] Peter, J. , Valkenburg, P. M. , & Schouten, A. P. (2005) . Developing a model of adolescent friendship forma-tion on the Internet [J] . CyberPsychology & Behavior, 8 (5) , 423-430.

[166] Pfeil, U. (2007) . Online support communities for older people: investigating network patterns and characteristics of social support [J] . ACM SIGACCESS Accessibility and Computing (89) , 35-41.

[167] Pierce, T. (2009) . Social anxiety and technology: Face-to-face communication versus technological communication among

teens〔J〕. Computers in Human Behavior, 25 (6), 1367-1372.

〔168〕Pollard, M. S. , Tucker, J. S. , Green, H. D. , Kennedy, D. , & Go, M. H. (2010). Friendship networks and trajectories of adolescent tobacco use〔J〕. Addictive behaviors, 35 (7), 678-685.

〔169〕Pozzulo, J. D. , Crescini, C. , Lemieux, J. M. T. , & Tawfik, A. (2007). The effect of shyness on eyewitness memory and the susceptibility to misinformation〔J〕. Personality and Individual Differences, 43 (7), 1656-1666.

〔170〕Pratarelli, M. E. , Browne, B. L. , & Johnson, K. (1999). The bits and bytes of computer/Internet addiction: a factor analytic approach〔J〕. Behavior research methods, 31 (2), 305-314.

〔171〕Project, P. M. H. (1999). Parent-child rating scale〔S〕. Rochester, NY: Children's Institute.

〔172〕Qiu, C. , Liao, W. , Ding, J. , Feng, Y. , Zhu, C. , Nie, X. , Zhang, W. , Chen, H. , & Gong, Q. (2011). Regional homogeneity changes in social anxiety disorder: A resting-state fMRI study〔J〕. Psychiatry Research, 194 (1), 47-53.

〔173〕Quan-Haase, A. (2007). College students' local and distance communication: Blending online and offline media〔J〕. Communication and Society, 10 (5), 671-693.

〔174〕Rapee, R. M. , Schniering, C. A. , & Hudson, J. L. (2009). Anxiety disorders during childhood and adolescence: origins and treatment〔J〕. Annual Review of Clinical

Psychology, 5, 311-341.

[175] Ray, M. R. (1999). Technological change and association-al life [M]. In T. Skocpol & M. P. Fiorina (Eds.), Civic Engagement in American Democracy (pp. 297-330). Wachington D. C.: Brookings Institution Press.

[176] Reichow, B., & Volkmar, F. R. (2010). Social skills interventions for individuals with autism: Evaluation for evidence-based practices within a best evidence synthesis framework [J]. Journal of autism and developmental disorders, 40 (2), 149-166.

[177] Reysen, S., Lloyd, J. D., Katzarska-Miller, I., Lemker, B. M., & Foss, R. L. (2010). Intragroup status and social presence in online fan groups [J]. Computers in Human Behavior, 26 (6), 1314-1317.

[178] Riva, G. (1997). The virtual environment for body image modification (VEBIM): development and preliminary evaluation [J]. Presence-Teleoperators and Virtual Environments, 6 (1), 106-117.

[179] Riva, G., & Galimberti, C. (1997). The psychology of cyberspace: A socio-cognitive framework to computer-mediated communication [J]. New Ideas in Psychology, 15 (2), 141-158.

[180] Roberts, L. D., Smith, L. M., & Pollock, C. M. (2000). "U r a lot bolder on the net": shyness and Internet use [M]. In W. R. Crozier (Ed.), Shyness: Development, Consolidation and Change (pp. 121-138). New York: Routledge.

[181] Robinson, J. P. , Kestnbaum, M. , Neustadtl, A. , & Alvarez, A. (2000) . Mass media use and social life among Internet users [J] . Social Science Computer Review, 18 (4) , 490-501.

[182] Rosengren, K. E. , Windahl, S. , Johnsson-Smaragdi, U. , Sonesson, I. , Flodin, B. , Hedinsson, E. , ... J? nsson, A. (1989) . Media matter: TV use in childhood and adolescence [M] . Norwood, NJ: Ablex Publishing.

[183] Ross, C. , Orr, E. S. , Sisic, M. , Arseneault, J. M. , Simmering, M. G. , & Orr, R. R. (2009) . Personality and motivations associated with Facebook use [J]. Computers in Human Behavior, 25 (2), 578-586. Doi: 10. 1016/j. chb. 2008. 12. 024

[184] Rubin, K. H. (1982) . Nonsocial play in preschoolers: Necessarily evil? [J] Child Development, 53, 651-657.

[185] Rubin, K. H. (1989) . The play observation scale (POS) [S] . Waterloo, ON, Canada: University of Waterloo.

[186] Rubin, K. H. (1993) . The Waterloo Longitudinal Project: Correlates and consequences of social withdrawal from childhood to adolescence [M] . In K. H. Rubin & J. B. Asendorpf (Eds.), Social Withdrawal, Inhibition, and Shyness in Childhood (pp. 291-314) . Hillsdale, NJ: Lawrence Erlbaum Associates.

[187] Rubin, K. H. , & Asendorpf, J. B. (1993) . Social withdrawal, inhibition, and shyness in childhood: Conceptual and definitional issues [M] . In K. H. Rubin & J. B. Asendorpf (Eds.), Social withdrawal, inhibition, and

shyness in childhood（pp. 3-17）. Hillsdale, NJ: Lawrence
Erlbaum Associates.

[188] Rubin, K. H. , Bowker, J. , & Gazelle, H. （2010）. So-
cial Withdrawal In Childhood and Adolescence: Peer Rela-
tionships and Social Competence. In K. H. Rubin &
R. J. Coplan（Eds.）, The Development of Shyness and Social
Withdrawal in Childhood and Adolescence（pp. 131-156）.
New York: Guilford.

[189] Rubin, K. H. , Bukowski, W. M. , & Parker, J. G.
（1998）. Peer interactions, relationships, and groups
[M]. In N. Eisenberg（Ed.）, Handbook of Child Psychol-
ogy: Social, Emotional and Personality Development（5th）
（Vol. 3, pp. 619-700）. New York: John Wiley and Sons.

[190] Rubin, K. H. , Bukowski, W. M. , & Parker, J. G.
（2006）. Peer interactions, relationships, and groups
[M]. In W. Damon, R. M. Lerner & N. Eisenberg（Eds.）,
Handbook of Child Psychology（Vol. 3, pp. 571-645）. New
York: John Wiley and Sons.

[191] Rubin, K. H. , & Burgess, K. B. （2001）. Developmental
psychopathology of anxiety [M]. London: Oxford University
Press.

[192] Rubin, K. H. , Burgess, K. B. , & Hastings, P. D.
（2002）. Stability and social – behavioral consequences of
toddlers' inhibited temperament and parenting behaviors
[J]. Child Development, 73（2）, 483-495.

[193] Rubin, K. H. , Coplan, R. J. , Fox, N. A. , & Calkins,
S. D. （1995）. Emotionality, emotion regulation and pre-

schooler's social adaptation ［J］. Development and Psycho-pathology, 7, 49-62.

［194］ Rubin, K. H. , & Coplan, R. J. （2010）. The develop-ment of shyness and social withdrawal ［M］. New York: The Guilford Press.

［195］ Rubin, K. H. , Coplan, R. J. , & Bowker, J. C. （2009）. Social withdrawal in childhood ［J］. Annual Review of Psy-chology, 60, 141-171.

［196］ Rubin, K. H. , LeMare, L. J. , & Lollis, S. （1990）. So-cial withdrawal in childhood: Developmental pathways to re-jection ［M］. In S. R. Asher & J. D. Coie （Eds. ）, Peer re-jection in childhood. （pp. 217-249）. New York: Canbridge University Press.

［197］ Rubin, K. H. , & Mills, R. S. （1988）. The many faces of social isolation in childhood ［J］. Journal of Consulting and Clinical Psychology, 56 （6）, 916-924.

［198］ Rubin, K. H. , Wojslawowicz, J. C. , Rose-Krasnor, L. , Booth-LaForce, C. , & Burgess, K. B. （2006）. The best friendships of shy/withdrawn children: Prevalence, stability, and relationship quality ［J］. Journal of Abnormal Child Psy-chology, 34 （2）, 139-153.

［199］ Rubin, K. H. , & Coplan, R. J. （2004）. Paying attention to and not neglecting social withdrawal and social isolation ［J］. Merrill-Palmer Quarterly, 50 （4）, 506-534.

［200］ Rugg, M. D. , Mark, R. E. , Walla, P. , Schloerscheidt, A. M. , Birch, C. S. , & Allan, K. （1998）. Dissociation of the neural correlates of implicit and explicit memory ［J］.

Nature, 392, 595.

[201] Russell, J. A. (2003). Core affect and the psychological construction of emotion [J]. Psychological Review, 110 (1), 145-172.

[202] Saito, T. (2003). Individual treatment and therapy for "Hikikomori" cases [J]. Seishen Igaku [Clinical Psychiatry], 45 (3), 263-269.

[203] Sanders, M. R., & McFarland, M. (2001). Treatment of depressed mothers with disruptive children: A controlled evaluation of cognitive behavioral family intervention [J]. Behavior Therapy, 31 (1), 89-112.

[204] Scealy, M., Phillips, J. G., & Stevenson, R. (2002). Shyness and anxiety as predictors of patterns of Internet usage [J]. CyberPsychology & Behavior, 5 (6), 507-515.

[205] Scheerhorn, D., Warisse, J., & McNeilis, K. S. (1995). Computer-based telecommunication among an illness-related community: Design, delivery, early use, and the functions of HIGHnet [J]. Health Communication, 7 (4), 301-325.

[206] Schiffrin, H., Edelman, A., Falkenstern, M., & Stewart, C. (2010). The associations among computer-mediated communication, relationships, and well-being [J]. Cyberpsychology, Behavior, and Social Networking, 13 (3), 299-306.

[207] Schmidt, L. A. (1999). Frontal brain electrical activity in shyness and sociability [J]. Psychological Science, 10 (4), 316-320.

[208] Schmidt, L. A. , & Fox, N. A. （1994）. Patterns of corti-
cal electrophysiology and autonomic activity in adults' shyness
and sociability [J] . Biological Psychology, 38 （2）,
183-198.

[209] Schnabel, K. , Asendorpf, J. B. , & Greenwald, A. G.
（2008）. Assessment of individual differences in implicit cog-
nition [J] . European Journal of Psychological Assessment,
24 （4）, 210-217.

[210] Schneider, B. H. , Richard, J. F. , Younger, A. J. , &
Freeman, P. （2000）. A longitudinal exploration of the con-
tinuity of children's social participation and social withdraw-
al across socioeconomic status levels and social settings [J].
European Journal of Social Psychology, 30 （4）, 497-519.

[211] Schwartz, D. , McFadyen-Ketchum, S. A. , Dodge, K. A. ,
Pettit, G. S, & Battes, J. E. （1998）. Peer group victimiza-
tion as predictor of children's behavior problems at home and
in school [J] . Development and Psychopathology, 10,
87-99.

[222] Seeman, T. E. , & Syme, S. L. （1987）. Social networks
and coronary artery disease: a comparison of the structure and
function of social relations as predictors of disease [J]. Psy-
chosomatic Medicine, 49 （4）, 341-354.

[223] Seepersad, S. （2004）. Coping with loneliness: adolescent
online and offline behavior [J] . CyberPsychology & Behav-
ior, 7 （1）, 35-39.

[224] Segrin, C. , & Taylor, M. （2007）. Positive interpersonal
relationships mediate the association between social skills and

psychological well-being ［J］. Personality and Individual Differences, 43 (4), 637-646.

［225］ Selfhout, M., Burk, W., Branje, S., Denissen, J., Van Aken, M., & Meeus, W. (2010). Emerging late adolescent friendship networks and Big Five personality traits: A social network approach ［J］. Journal of personality, 78 (2), 509-538.

［226］ Selfhout, M. H. W., Branje, S. J. T., Delsing, M., Ter Bogt, T. F. M., & Meeus, W. H. J. (2009). Different types of Internet use, depression, and social anxiety: the role of perceived friendship quality ［J］. Journal of adolescence, 32 (4), 819-833.

［227］ Shamir-Essakow, G., Ungerer, J. A., & Rapee, R. M. (2005). Attachment, behavioral inhibition, and anxiety in preschool children ［J］. Journal of Abnormal Child Psychology, 33 (2), 131-143.

［228］ Sharf, B. F. (1997). Communicating breast cancer online: support and empowerment on the Internet ［J］. Women & health, 26 (1), 65-84.

［229］ Sheeks, M. S., & Birchmeier, Z. P. (2007). Shyness, sociability, and the use of computer-mediated communication in relationship development ［J］. CyberPsychology & Behavior, 10 (1), 64-70.

［230］ Shepherd, R. M., & Edelmann, R. J. (2005). Reasons for internet use and social anxiety ［J］. Personality and Individual Differences, 39 (5), 949-958.

［231］ Slaughter, V., Dennis, M. J., & Pritchard, M. (2002).

Theory of mind and peer acceptance in preschool children [J]. British Journal of Developmental Psychology, 20 (4), 545-564.

[232] Shklovski, I. , Kraut, R. , & Rainie, L. (2004) . The Internet and social participation: Contrasting cross-sectional and longitudinal analyses [J] . Journal of Computer-Mediated Communication, 10 (1) .

[233] Shklovski, I. , Kraut, R. , & Rainie, L. (2004) . The Internet and social participation: Contrasting cross-sectional and longitudinal analyses [N] . Retrieved Feb 20, 2012, from http: //jcmc. indiana. edu/vol10/issue1/shklovski _ kraut. html.

[234] Southall, C. M. , & Gast, D. L. (2011) . Self-management procedures: A comparison across the autism spectrum [J] . Education and Training in Autism and Developmental Disabilities, 46 (2), 155.

[235] Spangler, G. , & Schieche, M. (1998) . Emotional and adrenocortical responses of infants to the strange situation: The differential function of emotional expression [J]. International Journal of Behavioral Development, 22 (4), 681-706.

[236] Steinfield, C. , Ellison, N. B. , & Lampe, C. (2008). Social capital, self-esteem, and use of online social network sites: A longitudinal analysis [J] . Journal of Applied Developmental Psychology, 29 (6), 434-445.

[237] Stoll, C. (1996) . Silicon snake oil: Second thoughts on the information highway [M] . Doublday, NY: Anchor.

［238］ Stritzke, W. G. K. , Nguyen, A. , & Durkin, K. (2004). Shyness and computer-mediated communication: A self-presentational theory perspective ［J］. Media Psychology, 6 (1), 1-22.

［239］ Stutzman, F. , & Kramer-Duffield, J. (2010) . Friends Only: Examining a Privacy-Enhancing Behavior in Facebook ［R］. Paper presented at the CHI 2010, Atlanta, GA, USA.

［240］ Suler, J. R. (1999) . To get what you need: Healthy and pathological Internet use ［J］. CyberPsychology & Behavior, 2 (5), 385-393.

［241］ Sundar, S. S. , & Nass, C. (2000) . Source Orientation in Human-Computer Interaction Programmer, Networker, or Independent Social Actor ［J］. Communication Research, 27 (6), 683-703.

［242］ Tremblay, R. E. , Loeber, R. , Gagnon, C. , Charlebois, P. , Larivee, S. , & LeBlanc, M. (1991) . Disruptive boys with stable and unstable high fighting behavior patterns during junior elementary school ［J］. Journal of Abnormal Child Psychology, 19 (3), 285-300.

［243］ Turkle, S. (1996) . Virtuality and its Discontents Searching for Community in Cyberspace ［J］. The American Prospect, 7 (24), 50-57.

［244］ Uslaner, E. M. (1998) . Social capital, television, and the "mean world": Trust, optimism, and civic participation ［J］. Political Psychology, 19 (3), 441-467.

［245］ Van Brakel, A. M. L. , Muris, P. , Bögels, S. M. , &

Thomassen, C. (2006) . A multifactorial model for the eti-
ology of anxiety in non-clinical adolescents: Main and interac-
tive effects of behavioral inhibition, attachment and parental
rearing [J] . Journal of Child and Family Studies, 15 (5),
568-578.

[246] Vasa, R. A., & Pine, D. S. (2006) . Anxiety disor-
ders. In C. A. Essau (Ed.), Child and adolescent psychopa-
thology: Theoretical and clinical implications [M] . New
York:: Routledge/Taylor & Francis.

[247] Vasalou, A., & Joinson, A. N. (2009) . Me, myself and
I: The role of interactional context on self-presentation through
avatars [J] . Computers in Human Behavior, 25 (2), 510-
520.

[248] Vignovic, J. A., & Thompson, L. F. (2010) . Computer-
mediated cross-cultural collaboration: Attributing communica-
tion errors to the person versus the situation [J] . Journal of
Applied Psychology, 95 (2), 265-276. Doi:
10. 1037/a0018628

[249] Walker, S. (2009) . Sociometric stability and the behavior-
al correlates of peer acceptance in early childhood [J] . The
Journal of genetic psychology, 170 (4), 339-358.

[250] Walther, J. B., & Boyd, S. (2002) . Attraction to com-
puter-mediated social support [J] . Communication technolo-
gy and society: Audience adoption and uses, 153-188.

[251] Wang, C. C., & Chang, Y. T. (2010) . Cyber relation-
ship motives: Scale development and validation [J] . Social
Behavior and Personality: an international journal, 38 (3),

289-300.

[252] Ward, C. C. , & Tracey, T. J. G. （2004）. Relation of shyness with aspects of online relationship involvement ［J］. Journal of Social and Personal Relationships, 21 （5）, 611-623.

[253] Warner, W. L. & Lunt, P. S. （1942）. The Status System of a Modern Community ［M］. New Haven, CT: Yale University Press.

[254] Wasserman, S. , & Faust, K. （1994）. Social network analysis: Methods and applications ［M］. Cambridge, England: Cambridge University Press.

[255] Weiser, E. B. （2001）. The functions of Internet use and their social and psychological consequences ［J］. CyberPsychology & Behavior, 4 （6）, 723-743.

[256] Wejnert, C. （2010）. Social network analysis with respondent-driven sampling data: A study of racial integration on campus ［J］. Social Networks, 32 （2）, 112-124.

[257] Wellman, B. （1990）. The place of kinfolk in personal community networks ［J］. Marriage & Family Review, 15 （1-2）, 195-228.

[258] Wellman, B. （2001）. Physical place and cyberplace: The rise of personalized networking ［J］. International journal of urban and regional research, 25 （2）, 227-252.

[259] Wellman, B. , & Gulia, M. （1999）. Net surfers don't ride alone: Virtual communities as communities ［M］. In B. Wellman (Ed.), Networks in the global village (pp. 331-366). Boulder, CO: Westvies Press.

[260] Whang, L. S. M. , Lee, S. , & Chang, G. (2003). Internet over-users' psychological profiles: a behavior sampling analysis on internet addiction [J] . CyberPsychology & Behavior, 6 (2), 143-150.

[261] Wong, V. (2009) . Youth locked in time and space? Defining features of social withdrawal and practice implications [J] . Journal of Social Work Practice, 23 (3), 337-352.

[262] Wonjung Oh, Kenneth H. Rubin, Julie C. Bowker, Cathryn Booth-LaForce, Linda Rose-Krasnor, & Brett Laursen. (2008) . Trajectories of social withdrawal from middle childhood to early adolescence [J] . Journal of Abnormal Child Psychology, 36, 553-566.

[263] Wright, J. P. , Beaver, K. M. , & Gibson, C. L. (2010). Behavioral Stability as an Emergent Process: Toward a Coherence Theory of Concentrated Personal Disadvantage [J]. Journal of youth and adolescence, 39 (9), 1080-1096.

[264] Xiao, Y. , & Matsuda, F. (1998) . Aggressive, withdrawn, and aggressive-withdrawn children in China: Differences in perception by peer, teacher, and self [J]. Psychologia, 41 (2), 69-80.

[265] Xu, Y. , Farver, J. A. M. , Yu, L. , & Zhang, Z. (2009) . Three types of shyness in Chinese children and the relation to effortful control [J] . Journal of Personality and Social Psychology, 97 (6), 1061-1073.

[266] Yang, C. , Hsu, Y. C. , & Tan, S. (2010) . Predicting the determinants of users' intentions for using YouTube to share video: moderating gender effects [J] . Cyberpsycholo-

gy, Behavior, and Social Networking, 13 (2), 141-152.

[267] Yang, S. C., & Tung, C. J. (2007). Comparison of Internet addicts and non-addicts in Taiwanese high school [J]. Computers in Human Behavior, 23 (1), 79-96.

[268] Yeh, Y. C., & Luo, J. D. (2001). Are Virtual Social Relationships independent from Reality? [J] Journal of Cyber Culture and Information Society, 1, 33-55.

[269] Yen, J. Y., Ko, C. H., Yen, C. F., Wu, H. Y., & Yang, M. J. (2007). The comorbid psychiatric symptoms of Internet addiction: attention deficit and hyperactivity disorder (ADHD), depression, social phobia, and hostility [J]. Journal of Adolescent Health, 41 (1), 93-98.

[270] Young, K. S. (1996). Internet addiction: The emergence of a new clinical disorder [J]. Cyber Psychology and Behavior, 1 (3), 237-244.

[271] Yu, T. K., Lu, L. C., & Liu, T. F. (2010). Exploring factors that influence knowledge sharing behavior via weblogs [J]. Computers in Human Behavior, 26 (1), 32-41.

[272] Zywica, J., & Danowski, J. (2008). The Faces of Facebookers: Investigating Social Enhancement and Social Compensation Hypotheses; Predicting Facebook? and Offline Popularity from Sociability and Self-Esteem, and Mapping the Meanings of Popularity with Semantic Networks [J]. Journal of Computer-Mediated Communication, 14 (1), 1-34.

附　录

附录一　质化研究访谈提纲

指导语：你好，我是青少年网络心理与行为教育部重点实验室的研究人员。我们正在进行一项关于大学生现实交往与网络交往状况的研究，你是被随机抽到的同学之一，接下来我会问你几个问题，你的答案没有对错之分，请按照你的自身情况回答即可。我们的会谈会被录音，不过只会用于研究分析，而且会隐去你所有个人信息，确保不会对你产生任何影响。你可以随时退出，有任何疑问可以随时提出来。你是否愿意接受我们的访谈，如果愿意，我们现在可以开始了吗？

1. 我首先需要了解你的一些基本信息，比如年龄、年级、专业、家在哪里？

2. 你认为社交退缩是什么意思？你觉得社交退缩的人有哪些特点或者表现吗？社交退缩还有哪些意思相近的表达方式吗（近义词、相关的概念）？

3. 你认为人通常会在什么情境中或在哪些场合下社交退缩呢？

4. 你喜欢上网吗？在网上你都喜欢做些什么？

我们的访谈到此结束，你提供了非常有价值的信息。研究结束后，我们会将研究结果和今天的录音文字稿发给你，如果你愿意要的话请留下你的邮箱地址。另外，你可以挑选一个自己喜欢的小礼物作为我们的答谢。非常感谢你的参与，再见！

附录二　CQR 的结果说明

研究方法与研究过程

本研究采用研究者协同一致质化研究（Consensual Qualita-tive Research，CQR）的方法对 16 名被试的访谈文本进行分析，探索当事人眼中的社交退缩的概念界定、特点以及社交退缩可能出现的环境。首先，将访谈逐字稿中所有与研究主题相关的信息划分为特点、环境、人格特质、动机、结果以及其他等六个域（domain）；其次，分配到各个域中的个案访谈信息进行整理和归纳，进一步概括成核心观点（core idea）；最后，将所有个案中同一个域中的全部核心观点进行交叉分析与整合（cross analysisi），聚合成为不同的类别（category），最终得到本研究的结果。整个研究过程中的所有决策，如域的划分、核心观点的提炼以及交叉分析等均由全部研究小组成员共同参与完成，并且达成意见一致（整个过程花费 120 余小时）。

域的定义

行为特点：当事人认为社交退缩者所表现出来的特点，包括情绪、行为、情感（包括情感把握和情感联接）、社会认知和社交技能等方面的特点。

环境：本研究将与社交退缩相关的环境特点概括为客观环境、主观环境，以及先前和早期经验。

人格特征：当事人认为的社交退缩个体性格上的内在特征。

动机：社交退缩个体在与人交往时产生退缩的内在驱力。

结果：由于个体社交退缩而可能导致的结果。

其它：现阶段尚不能归纳到以上任何一个域中，但是小组成员共同认为是值得研究的核心观点，或者是只在某一个个案中提及的核心观点。

符号

CQR 依据每个类别所包含的个案的多少来衡量类别的代表性，依次有以下几个等级：

（1）General：包括所有个案，或只有一个个案除外；

（2）Typical：包括一半以上的个案；

（3）Variant：包括四个至一半的个案；

（4）Rare：包括两至三个个案；

只有一个个案不能形成类别；P = Participant；T = Teacher。

一、行为特点

1 行为特点（Genreal；16/16cases）

1.1 情绪（Typical；14/16cases）

case1：P 认为是在与他人交往或沟通过程中出现的紧张，社交恐惧等情绪。

Case2：P 认为是不愿意与人交往，与人交往时胆怯，产生社交恐惧。

Case3：P 认为是不敢跟人交往，交往过程中会紧张，胆怯。

Case4：P 认为是不敢与人交往，并且害怕与人交往。

Case5：P 认为是与人交往时紧张。

Case6：P 认为是一种社交焦虑，并且社交不舒服，感觉不自在，会产生社交恐惧感。

Case7：P 认为社交退缩者不敢和别人交往，并且害怕，紧张，焦虑。

Case8：P认为社交退缩者心理会紧张，恐惧，忧郁。

Case9：P认为社交退缩者不敢与人交往，社交恐惧。

Case10：P认为就是社交恐惧。

Case11：P认为是害怕社交。

Case13：P认为社交退缩者内向，并且恐惧交往。

Case14：P认为社交退缩者比较压抑，郁闷。

Case16：P认为社交退缩者对社交比较恐惧，不大敢参与活动，社交恐惧。

行为（General；15/16cases）

1.2.1 行为模式（General；15/16cases）

case1：P认为社交退缩者是社交不能，不善言辞，交往的时候看的比说得多，一般都是在观察，他们一般不发言，无法清楚地表达自己的意思。

Case2：P认为社交退缩者不能主动去交往，不愿意主动与人家目光交流，一般在网上待的时间很长。

Case3：P认为社交退缩者产生了社交回避行为，关键时刻会退缩。

Case4：P认为社交退缩者见到人不敢说话，交流少，不自然，一般回避交往。

Case5：P认为社交退缩者不可能主动引导氛围，不能主动介绍自己，做事不够果断，不擅长与人交往，一般会选择逃避，不会注定去解决问题，不善表达，自我封闭，不能与周围的人融洽相处。

Case6：P认为社交退缩者不愿意社交，尽量回避那种社交场合，并且不合群，宁愿一个人待着，说话可能不注意场合。

Case7：P认为社交退缩者不主动，把自己封闭起来，只跟文字或者电脑打交道，不参加社会活动。

Case8：P 认为社交退缩者可能有沟通上的障碍。

Case9：P 认为社交退缩者不善于表达，不主动交往。

Case10：P 认为社交退缩者不愿与人交往，没有刻意维持人际关系，他们有社交障碍，脱群，缺乏交流并且有沟通障碍。

Case11：P 认为社交退缩者更喜欢独居，更喜欢一个人生活。

Case12：P 认为社交退缩者与人交往态度冷漠。

Case13：P 认为社交退缩者不善言辞，独立思考的时候比较多，并且喜欢自己承担压力。

Case14：P 认为社交退缩者喜欢安静，不跟人交往，有逃避的心态。

Case15：P 认为社交退缩者寡言少语。

Case16：P 认为社交退缩者是周围没有人引导的话就不会参加社会活动。

1.2.2 应激行为（Rare；2/16cases）

case12：P 认为在刚刚得知了一些不好的消息的时候会产生社交退缩。

Case14：P 认为社交退缩者在生活中遇到困恼或挫折，会选择一个安静的地方，回避，逃避。

1.3 情感（Variant；5/16cases）

1.3.1 情感联结（Rare；2/16cases）

case11：P 认为社交退缩者并不是很热衷社团活动，他们会参加，但是不会很亲密。

Case12：P 认为社交退缩者人情味淡薄。

1.3.2 情感把握（Variant；3/16cases）

case1：P 认为社交退缩者在情感的把握上，不善于了解或观察他人的情感或知觉。

Case13：P 认为社交退缩者更加脆弱。

Case14：P 认为社交退缩者比较孤独。

1.4 社会认知（Variant；4/16cases）

case5：P 认为社交退缩者缺乏自信，不断地否定自己，使其心理上产生障碍，觉得寻求他人的帮助就是否定自己。

Case13：P 认为社交退缩者比较悲观，具有消极的想法。

Case14：P 认为社交退缩者认知产生偏差，由于过于爱面子或过于关注他人的评价而产生回避或放弃行为。

Case15：P 认为社交退缩者不相信周围的人，失去了信心，思想意识方面发生了变化。

1.5 社交技能（Variant；3/16cases）

1.5.1 陈述性社交技能（Rare；2/16cases）

case9：P 认为社交退缩者在与人交谈的时候不知道从哪方面开始一个话题。

Case10：P 认为社交退缩者无法展开话题，缺乏社交能力。

1.5.2 程序性社交技能（Rare；2/16cases）

case10：P 认为社交退缩者对社交方面不是很擅长，不精通待人处世之道。

Case11：P 认为社交退缩者一般缺乏交际能力，交际能力很弱。

二、环境

2 环境（Typical；14/16cases）

2.1 客观环境（Typical；14/16cases）

case1：P 认为在大型的聚会场合中可能会发生社交退缩。

Case2：P 认为陌生的环境中可能会发生社交退缩。

Case3：P 认为陌生的环境或者是人比较多的场合会发生社交退缩。

Case4：P 认为大一些的社交场合会发生社交退缩。

Case5：P 认为公众场合会让人产生社交退缩。

Case6：P 认为在集体活动中，社交场所以及人际交往场合都会产生社交退缩。

Case8：P 认为陌生环境或者很多人的场所都会容易发生社交退缩。

Case9：P 认为不熟悉或者陌生的环境都会发生社交退缩。

Case10：P 认为新环境或者单一的环境可能会发生社交退缩。

Case11：P 认为社交退缩者在课堂这种公共场合可能会避免与老师进行交流。

Case12：P 认为特别热闹的时候，社交退缩者可能会融不进去。

Case13：P 认为在新环境中可能会产生社交退缩。

Case15：P 认为在不相关的领域中或者年龄差别比较大的场合中，可能会导致社交退缩。

Case16：P 认为人多的场合，或者有权威人士出现的时候都可能会导致社交退缩。

2.2 主观环境（Typical；15/16cases）

case1：P 认为碰到让人难以忍受或恐惧的情景的时候会出现社交退缩。

Case2：P 认为如果当时的状况给人是反馈是负面的，当事人不能主导场面的，不擅长当时状况的，对当事人有威胁的有冲击的都会出现社交退缩。

Case3：P 认为在涉及个人利益的时候会社交退缩。

Case4：P 认为没有得到正面反馈的场合会产生社交退缩。

Case5：P 认为专门让人互相认识的场合，或者是心虚，压力大甚至是受到打击后都会出现社交退缩。

Case7：P认为在与权威交往或者异性交往过程中容易产生社交退缩。

Case8：P认为让人不舒服、不安全和不信任的场所，或者陌生的场所都会产生社交退缩。

Case9：P认为紧张的场合会发生社交退缩。

Case10：P认为社交退缩者可能会有以原来的朋友或者以自己为中心，而不与其他的人交往，自己创造了一个排外的环境。

Case12：P认为社交退缩者在心情不好，会融不到当时的状况中。

Case13：P认为如果当事人有外界的外压，也许会社交退缩。

Case15：P认为当事人如果不支持所在场所的观点或者由于文化习俗的差异，也可能会发生社交退缩。

Case16：P认为如果是特殊场合，比如相亲场合或者在喜欢的人面前或者是有不喜欢的人在，都可能有社交退缩的状况发生。

2.3 先前经验和早期经验（Variant；6/16cases）

case10：P认为社交退缩者一般都有挫折经历。

Case12：P认为在得到一些不好的消息的时候会出现社交退缩。

Case13：P认为社交退缩可能是由于以前的某些事物的影响，与个人经历有关，幼年时期受到小伙伴的欺负或者是童年幼年时期的经历有关。

Case14：P认为退缩时在生活中遇到过困难或者挫折。

Case15：P认为可能是由于之前的一些经历使得社交退缩。

Case16：P认为社交退缩者心理可能有阴影。

三、人格特质

2 人格特质（Typical；13/16cases）

case1：P认为社交退缩者性格内向，拘谨，谨慎。

Case2：P认为社交退缩者内向且自卑。

Case3：P认为社交退缩者不够自信。

Case5：P认为社交退缩者内向，自闭，优柔寡断，不自信并且缺乏自信。

Case6：P认为社交退缩者内向，易妥协，易受暗示，自卑孤僻。

Case7：P认为社交退缩者内向自卑。

Case9：P认为社交退缩者内向。

Case10：P认为社交退缩者高傲固执，并且对待别人特别苛刻。

Case11：P认为社交退缩者内向。

Case12：P认为社交退缩者内向。

Case13：P认为社交退缩者内向忧郁。

Case14：P认为社交退缩者有内向的，也有外向的，但是孤僻安静。

Case15：P认为社交退缩者自卑害羞。

四、动机

4 动机（Variant；7/16cases）

4.1 外在动机（Rare；4/16cases）

case2：P认为社交退缩者是有与人交往的意愿的。

Case4：P认为社交退缩者有与人交往的意愿，但是没有行动。

Case8：P认为社交退缩者有沟通障碍，不愿意倾诉，不愿意交谈。

4.2 内在动机（Variant；4/16cases）

case3：P认为社交退缩者不愿意与人进行交往。

Case9：P认为社交退缩者不想尝试与人交往，也不愿意与人进行交往，不愿意敞开心扉。

Case10：P认为社交退缩者缺乏社交动机，不愿意跟人一起，不愿意参加社团活动。

Case11：P认为社交退缩者不愿意也不想与人进行交往。

五、结果

5 结果（Variant；5/16cases）

case2：P认为由于社交退缩而孤僻，可能会对他人有危险，甚至具有攻击性，心理不健康。

Case5：P认为社交退缩会限制人的表现范围，导致社交紊乱，使人却反自信，在心理上产生障碍，精神上造成摧残。

Case6：P认为社交退缩者由于社交退缩因而很容易被人忽视。

Case7：P认为社交退缩者可能由于社交退缩而不与人交往，因为社会交往会有困难。

Case14：P认为社交退缩严重时会导致自杀，或者厌倦讨厌这个世界。

六、其他

6 其他

6.1 兴趣

case9：P认为社交退缩者对别人的话题不感兴趣。

Case10：P认为社交退缩者兴趣上也产生了退缩，兴趣衰退。

6.2 防御机制

case13：P认为社交退缩者在面对陌生人时有一种防备心理，警惕性很高，有防卫心理。

附录三 大学生社交退缩及
网络交往状况调查问卷（部分）

指导语：你好！非常感谢你参与我们的问卷调查工作，本问卷仅供研究使用，你的个人信息不会被泄露更不会被侵犯，请你按自己的真实情况回答。

性　　别：男□　　女□

家庭所在地：城市□　　乡镇□　　农村□

是否独生子女：独生□　　非独生□

专业类别：文科□　　理科□　　工科□　　艺体□

年　　级：大一□　　大二□　　大三□　　大四□

年　　龄：＿＿＿＿＿＿

1. 你平时主要在哪里上网（浏览网页、E-mail、BBS 等）？

A. 学校宿舍　　　　　B 校外网吧　　　　C 家中

D 实验室或机房　　　E 其他（如　　　）

2. 你从初次使用网络到现在已经有

A. 不到 1 年　　　　　B 1 年~4 年

C 4 年~7 年　　　　　D 7 年以上

3. 你每天的平均上网时间是

A.1 小时以内　　　　B 1~4 小时

C 4~7 小时　　　　D 7 小时以上

4. 你有多少个 QQ 好友？

A. 10 个及以下　　　B 11~50 个　　　C 51~100 个

D 101~200 个　　　E 201 个及以上

5. 在过去一周，你平均每天在 QQ 空间或微博上的时间大概有多长？

A. 30 分钟及以下　　B 31~60 分钟　　C 1~2 小时

D 2~3 小时　　　　E 3 小时以上

大学生社交退缩量表

题目	完全不符	不太符合	不确定	比较符合	完全符合
当不太熟悉的人在一起时我感到紧张。	1	2	3	4	5
在与生人一起时，我很难表现得自然	1	2	3	4	5
在与我不太熟悉的同性谈话时，我常常感到紧张	1	2	3	4	5
我尽量避免迫使我参加交际应酬的情形	1	2	3	4	5
我经常想离开人群	1	2	3	4	5
我会避免走上前加入到一大群人中间	1	2	3	4	5
我尽量避开正式的社交场合	1	2	3	4	5
我害怕在会上表达自己的意见	1	2	3	4	5
同新认识的人谈话时，我感到非常不安	1	2	3	4	5
我在演说时太紧张，以致把我确实知道的事情都忘记了	1	2	3	4	5

虚拟关系动机问卷（部分）

你为什么在网上和他人交往：	完全不符	不太符合	不确定	比较符合	完全符合
因为我能找到和我共同渡过时光的伙伴	1	2	3	4	5
因为我能扩展我的社交网络	1	2	3	4	5
因为在现实生活中，我很少与他人交往	1	2	3	4	5
因为我在其他地方交不到朋友	1	2	3	4	5
因为我正在寻求一段一夜情	1	2	3	4	5
因为现实生活中有太多烦恼和忧虑	1	2	3	4	5
因为在网络中交朋友很有趣	1	2	3	4	5
因为我想要暂时逃离现实生活	1	2	3	4	5
因为我正在寻觅甜蜜的浪漫	1	2	3	4	5

网络交往卷入度问卷

题目	完全不符	不太符合	不确定	比较符合	完全符合
登录QQ空间或微博是我每天必做的	1	2	3	4	5
我很自豪地告诉他人我有QQ空间或微博	1	2	3	4	5
登录QQ空间或微博已成为我每天的习惯	1	2	3	4	5
当一段时间我没有登录QQ空间或微博，我感到失去联系	1	2	3	4	5
我感觉我是QQ空间或微博社区的一部分	1	2	3	4	5

脑电实验被试基本信息表

视力（含戴眼镜后的矫正视力）	5.0 以上（含5.0）	5.0 以下
是否色弱或色盲	是	否
利手情况	左利手	右利手
是否做过脑电实验	是	否
有无脑部疾病史	有	无
联系方式	姓名： 注：姓名和联系方式仅用于实验前和您联系以及预约实验时间，绝不用于其他用途。本实验为有报酬实验，实验后会给予相应的酬劳。	手机：

GSN（部分）

指导语：请你对照手上的名单，将你觉得与以下题目内容相对应的同学的序号填写在相应题目下的横线上，人数不限，有几个填几个。

1. 请问你最常和班上哪些人一起吃饭？

_____

5. 你曾跟班上哪些同学借过钱？

_____

6. 如果想知道班上的八卦，你会询问谁？

_____

8. 你曾跟班上哪些人通过网络谈心事？

_____

9. 你有哪些班上同学的 E-mail？（不包括 QQ 邮箱）

_____

11. 课业遇到困难时，你曾通过网络跟谁请教过？

_____

大学生社会交往及网络交往提名问卷

最近半年，您最常跟哪些人透过网络互动（包括同学、家人、朋友或者网络上的陌生人等）？请至少填写 5 个人以上。

顺序	姓名代称	关系（如好朋友、男/女朋友、同学、学长、师长、家人、陌生人）	互动内容（可复选）	互动频率	其他曾互动的媒介（可复选）
1			□询问时事、校园动态或生活信息 □课业上的讨论 □分享情感与心情 □解决生活中的问题（包括物质的交换等） □一起参与活动	□一周不到 1 次 □一周 1~6 次 □一周 6 次以上	□书信 □电话 □面对面
2			□询问时事、校园动态或生活信息 □课业上的讨论 □分享情感与心情 □解决生活中的问题（包括物质的交换等） □一起参与活动	□一周不到 1 次 □一周 1~6 次 □一周 6 次以上	□书信 □电话 □面对面
3			□询问时事、校园动态或生活信息 □课业上的讨论 □分享情感与心情 □解决生活中的问题（包括物质的交换等） □一起参与活动	□一周不到 1 次 □一周 1~6 次 □一周 6 次以上	□书信 □电话 □面对面

网络交往问卷

请从以下七种网络交往形式中选出最近三个月你最经常使用的三项（只选三个），然后在选项前面的数字上打"√"。

①即时聊天（如 QQ、MSN 等）②空间或博客（包括自己和他人）③BBS（论坛）

④社交网站（如开心网、校内网、QQ 农场等）⑤聊天室⑥E-mail（电子邮件）

⑦多人在线网络游戏（如跑跑卡丁车、魔兽世界、劲舞团等）

根据这三项网络交往方式回答下列问题，在每道题后最适合你情况的数字上打"√"。

题目	完全不符合	不太符合	不确定	比较符合	完全符合
1. 网络交往中的我更自信	1	2	3	4	5
2. 每天早上一起床我就想上网聊天或是上社交网站	1	2	3	4	5
3. 网络交往中的群体让我产生了归属感	1	2	3	4	5
4. 网络交往中表现的我才是真实的我	1	2	3	4	5
5. 我会向网友表达我的态度	1	2	3	4	5
6. 网络为我提供了一个良好的交友平台，我交到了很多朋友	1	2	3	4	5
7. 网友是我人际关系的重要部分	1	2	3	4	5
8. 我觉得我在网络上更招人喜欢	1	2	3	4	5
9. 相比于现实面对面的交流，在网络中我更能真实的表达自己的想法	1	2	3	4	5
10. 在网上可以建立亲密的人际关系	1	2	3	4	5
11. 我会向网友表露我的兴趣和爱好	1	2	3	4	5

题目	完全不符	不太符合	不确定	比较符合	完全符合
12. 我每天会花大量时间上社交网站	1	2	3	4	5
13. 每次不得不下线或者离开社交网站时，我都感觉不舍	1	2	3	4	5
14. 我会和网友分享我的人生观、价值观	1	2	3	4	5
15. 我会向网友表露我的个性特点	1	2	3	4	5
16. 我认为网上人际关系是肤浅的	1	2	3	4	5
17. 我曾多次试图控制或者减少上网聊天或上社交网站，都没有成功	1	2	3	4	5
18. 有些事情我不会告诉现实中的伙伴，但是会表露给网络上结识的朋友	1	2	3	4	5
19. 同学、朋友常说我花了太多时间上社交网站、上网聊天	1	2	3	4	5
20. 我在现实伙伴和网友面前所展示的是自己的不同方面	1	2	3	4	5
21. 我是个善于在网络上自我表露的人	1	2	3	4	5
22. 如果不能上网聊天或是上社交网站，我会觉得很难受	1	2	3	4	5
23. 我会向网友表露我学习（工作）的情况	1	2	3	4	5
24. 我在网络上没有什么朋友	1	2	3	4	5
25. 网络交往扩大了我的人际交往范围	1	2	3	4	5
26. 我会向网友袒露我的身体特征	1	2	3	4	5

羞怯问卷

题目	完全不符合	不太符合	不确定	比较符合	完全符合
1. 在社交场合中，我担心表现得不成熟	1	2	3	4	5
2. 在社交场合中，我经常感到没有安全感	1	2	3	4	5
3. 在社交场合中，其他人玩得比我更加开心	1	2	3	4	5
4. 如果遭到拒绝，我会认为是自己做错了什么事情	1	2	3	4	5
5. 对我来说，加入一群人的谈话是困难的	1	2	3	4	5
6. 大部分时间里，我都感到孤单寂寞	1	2	3	4	5
7. 对我来说，向别人表达出自己的真实感受是困难的	1	2	3	4	5
8. 我发现自己在进入新的社交场合时，总是害怕遭到拒绝或者受到注意	1	2	3	4	5
9. 当别人问及我的隐私时，我会感到焦虑	1	2	3	4	5
10. 当别人对我有消极反应时，我会对自己做出消极的判断	1	2	3	4	5
11. 我尽力去弄清特定场合中的行为规则，并照此去做	1	2	3	4	5
12. 当我看起来与众不同时，我就会感到尴尬	1	2	3	4	5
13. 我对自己比较失望	1	2	3	4	5
14. 如果事情没有如我所愿，我就会责备自己	1	2	3	4	5
15. 有时在社交活动后，我会对自己的行为表现感到羞耻	1	2	3	4	5
16. 我经常关注别人对我的想法或表现的认同度	1	2	3	4	5
17. 与人交往后，我会花很多时间考虑我的社交表现	1	2	3	4	5

附录四　实验材料效价及情绪唤醒度评定

序号	图片编号	效价 1：积极 2：消极	唤醒度	序号	图片编号	效价 1：积极 2：消极	唤醒度
1	wlp1	1	3.96	61	wln1	2	4.36
2	wlp2	1	5.42	62	wln2	2	4.54
3	wlp3	1	6.14	63	wln3	2	5.02
4	wlp4	1	4.00	64	wln4	2	5.18
5	wlp5	1	5.06	65	wln5	2	4.94
6	wlp6	1	5.88	66	wln6	2	6.26
7	wlp7	1	4.82	67	wln7	2	5.06
8	wlp8	1	5.78	68	wln8	2	4.48
9	wlp9	1	6.22	69	wln9	2	4.38
10	wlp10	1	4.04	70	wln10	2	4.88
11	wlp11	1	6.14	71	wln11	2	4.26
12	wlp12	1	4.76	72	wln12	2	6.84
13	wlp13	1	5.56	73	wln13	2	5.02
14	wlp14	1	5.44	74	wln14	2	6.34
15	wlp15	1	4.64	75	wln15	2	5.94
16	wlp16	1	4.22	76	wln16	2	5.38
17	wlp17	1	4.48	77	wln17	2	5.32

续表

序号	图片编号	效价 1：积极 2：消极	唤醒度	序号	图片编号	效价 1：积极 2：消极	唤醒度
18	wlp18	1	3.90	78	wln18	2	5.42
19	wlp19	1	5.52	79	wln19	2	4.88
20	wlp20	1	5.10	80	wln20	2	4.60
21	wlp21	1	3.68	81	wln21	2	4.64
22	wlp22	1	3.82	82	wln22	2	4.48
23	wlp23	1	4.84	83	wln23	2	5.02
24	wlp24	1	4.68	84	wln24	2	4.22
25	wlp25	1	4.02	85	wln25	2	5.24
26	wlp26	1	5.48	86	wln26	2	4.84
27	wlp27	1	4.30	87	wln27	2	4.56
28	wlp28	1	5.06	88	wln28	2	4.04
29	wlp29	1	5.24	89	wln29	2	6.68
30	wlp30	1	4.70	90	wln30	2	4.70
31	wlp31	1	5.68	91	wln31	2	4.68
32	wlp32	1	6.36	92	wln32	2	5.96
33	wlp33	1	5.68	93	wln33	2	6.46
34	wlp34	1	3.92	94	wln34	2	4.42
35	wlp35	1	6.16	95	wln35	2	4.24
36	wlp36	1	5.58	96	wln36	2	5.26
37	wlp37	1	4.82	97	wln37	2	5.86
38	wlp38	1	3.62	98	wln38	2	5.44
39	wlp39	1	4.58	99	wln39	2	5.98

续表

序号	图片编号	效价 1：积极 2：消极	唤醒度	序号	图片编号	效价 1：积极 2：消极	唤醒度
40	wlp40	1	4.92	100	wln40	2	6.24
41	wlp41	1	4.18	101	wln41	2	4.34
42	wlp42	1	5.80	102	wln42	2	5.5
43	wlp43	1	6.06	103	wln43	2	5.48
44	wlp44	1	5.68	104	wln44	2	5.14
45	wlp45	1	3.94	105	wln45	2	5.40
46	wlp46	1	3.90	106	wln46	2	5.66
47	wlp47	1	4.10	107	wln47	2	6.94
48	wlp48	1	4.94	108	wln48	2	5.84
49	wlp49	1	4.50	109	wln49	2	4.62
50	wlp50	1	3.78	110	wln50	2	5.1
51	wlp51	1	4.48	111	wln51	2	5.68
52	wlp52	1	4.96	112	wln52	2	5.2
53	wlp53	1	4.58	113	wln53	2	4.94
54	wlp54	1	4.86	114	wln54	2	4.24
55	wlp55	1	5.28	115	wln55	2	5.10
56	wlp56	1	5.64	116	wln56	2	4.96
57	wlp57	1	4.56	117	wln57	2	4.16
58	wlp58	1	4.56	118	wln58	2	3.78
59	wlp59	1	4.28	119	wln59	2	5.76
60	wlp60	1	4.76	120	wln60	2	5.44

注：wlp 为积极网络交往图片；wln 为消极网络交往图片

后 记

　　这本书的撰写工作历时近两年，从选题时的困惑与顿悟、研究进展中的收获与思考，一直到这本册子的最终成稿，整个过程伴随着自己一点点的成长，心中也满溢感恩之情。

　　感谢周宗奎教授、范翠英教授的支持，让我勇敢坚定地迈出每一步；感谢洪建中教授、邹泓教授、雷雳教授、方晓义教授、程跃教授给予我的鼓励和学术上的支持；感谢父母家人无私的爱和默默的奉献；感谢我最可爱的小伙伴们，你们的辛苦付出与协助大大提高了这本书的完成效率。

　　感谢华中师范大学心理学院！感谢青少年网络心理与行为教育部重点实验室！感谢世界图书出版公司的领导和同事！

　　一本成果的出版凝聚了太多人的心血和精力，要感谢的人也太多太多，我想自己唯有用尽一生气力与热情真正为孩子们的健康成长做点事才能对得起关心、支持和帮助我的人们！

二〇一三 江城 大雪